中外文明传承与交流研究书系

简帛学论稿

蔡万进　著

创于1897
商务印书馆
The Commercial Press

图书在版编目（CIP）数据

简帛学论稿 / 蔡万进著. — 北京：商务印书馆，
2022
（中外文明传承与交流研究书系）
ISBN 978-7-100-20855-0

Ⅰ.①简… Ⅱ.①蔡… Ⅲ.①简（考古）—研究—中国
②帛书—研究—中国 Ⅳ.①K877.54

中国版本图书馆CIP数据核字（2022）第041100号

简帛学论稿
蔡万进 著

商 务 印 书 馆 出 版
（北京王府井大街36号 邮政编码 100710）
商 务 印 书 馆 发 行
三 河 市 尚 艺 印 装 有 限 公 司 印 刷
ISBN 978 - 7 - 100 - 20855 - 0

2022年8月第1版 开本 710×1000 1/16
2022年8月第1次印刷 印张 17 1/2
定价：88.00元

首都师范大学历史学院
中外文明传承与交流研究书系

总　序

这套中外文明传承与交流研究书系，是首都师范大学历史学院于 2021 年获批北京人文科学研究中心后，开始策划出版的一套旨在集中反映本院教师在"中外文明传承与交流"这一主题下所作出的科研创新成果。书系拟分甲种和乙种两个系列。甲种确定为专著系列，乙种则为论文集系列。

首都师范大学历史学院力争入选北京人文科学研究中心，目的在于发挥自身在发掘和传播中华优秀传统文化，以及培养具有全球视野的各类高级复合型人才方面的经验和优势，强化为北京"四个中心"建设的服务意识，力争服务并解决国家重大战略需求，为构建中国特色人文社会科学话语体系贡献力量。是首都师大历史学科在新时代、新形势下，加强自身学科建设，加强社会服务意识，加强科研攻关能力，加强复合型人才培养的重要举措。我们有基础、有实力，也有信心，在"中外文明传承与交流"研究方面，做出足以代表北京人文社科最高水平的科研成果，以及提供足以解决北京市乃至国家现实需求的社会服务。

首都师范大学历史学院的前身是 1954 年成立的北京师范学院历史系。自创系伊始，我们建系的第一代教师就十分注重中国史和世界史协同发展。几位老先生当中，成庆华、宁可先生治中国古代史，谢承仁先生治中国近代史；戚国淦、齐世荣先生分别治世界中世纪史和现代国际关系史。他们为历史学科的发展奠定了基础，留下了"敬畏学术，追求卓越"的宝贵精神财富。2003 年，历史系开始设立考古学学科，并于 2004 年开始招收文物专业的本科生。历史系改为历史学院后，2011 年，一举获得教育部历史学门类下三个一级学科博士点，成为学院学科建设上一座新的里程碑。从此，首都师大历史学院也成为全国范围内为数不多的、按完整的历史学门类建设、三个学科协同发展的历史院系。

近二十年来，历史学院三个一级学科都有了较快的发展，并形成了自己的特色，有了明确的发展目标。其中世界史在连续几次学科评估中保持全国第三，至今仍是全校各学科在学科评估中排名最靠前的学科。除了我们的老前辈打下的坚实基础外，也是因为世界史学科的后继者们，具有勇于挑战自我、开辟新路的"敢为人先"的精神。世界史一方面保持了传统的优势学科方向，如世界上古中世纪史、国际关系史。另一方面则在国内率先引进全球史的学科理论，并对国别区域研究赋予新时代的新内涵。中国史是全国历史院系普遍都很强的学科。首都师大的中国史研究，从一开始就不追求"大而全"，而是把有限的力量集中在自己优势的方向上去。如出土文献的整理研究，包含简帛学和敦煌学等"冷门绝学"，秦汉、魏晋南北朝、隋唐、宋等断代史研究，近代社会文化史研究，并在历史地理学、宗教史研究等方面有新的拓展。考古学重点发展的是新石器时代至三代考古，特别是在中华文明起源研究、手工业考古等方面具有优势。此外还着重发展文物博物馆、文化遗产、科技考古等专业方向。

　　社会在发展，时代在进步，历史学的发展也应该在保持原有优势的前提下不断开创新的增长点。强调服务社会，强调学科交叉，等等，这些都要求我们在三个一级学科协同发展方面要有新的举措。

　　有鉴于此，首都师大历史门类，将建设"中外文明传承与交流"人文科研中心作为一个重要的契机，力争在过去三个学科互相支持、共同发展的基础上，进一步深化三个学科在具体科研课题方面的交流与合作。历史学院有三个一级学科博士点的有利条件，完全可以在中外文明起源与传承研究、中外文明交流互鉴研究等方面，实现合作攻关。虽然目前书系第一批的著作和论文集还有"各自为战"的意味，但我们的最终目标是能够推出代表中国历史学科最高水平的、能够充分体现历史学三个一级学科之间互通互补的科研成果，以及探索历史学三个一级学科之间，乃至与历史学之外其他学科之间交叉合作的研究模式。只有这样，才能达到"中外文明传承与交流"北京人文科学研究中心建设的目标。

编委会
2022 年 6 月

目 录

简帛史地新论

简帛学理论探讨

简帛发现概述与书评

云梦秦简初探

从云梦秦简看秦国粮仓的建筑与设置

秦国是战国时期最为富庶的一个诸侯国家，《史记·高祖本纪》云："秦富十倍天下"，《史记·张仪列传》、《战国策·楚策一》亦称秦国境内"积粟如丘山"、"粟如丘山"。1975 年湖北云梦县睡虎地秦墓竹简的出土[①]，又提供了不少这方面的资料。律文记载，秦境内到处都有"万石一积"的粮食仓库，栎阳的粮仓"二万石一积"，咸阳的粮仓竟达"十万石一积"。秦国国内积聚如此大量的粮食，是要修筑相当数量和规模的贮粮仓库的。现就此问题加以探讨，以期了解当年秦国粮仓的建筑、设置及有关情况。

一　秦国粮仓的建筑

秦国粮仓作为贮放粮食的重地，同时又是中央和地方主管粮食的行政部门，当时被称为"实官"。它的建造，除具有一般官府建筑的特征，必须遵循一般官府建筑的规定和要求外，还必须考虑到储放粮食这一特殊需求，即其房屋建筑的特殊性。从秦简来看，秦国对此有过专门规定。以"是县入之"的县仓为例，一般都应由仓房、吏舍、门卫房、办公房和围墙等几部分建筑构成。储放粮食的仓房大小一致，以容万石为准，彼此隔以篱笆，单独设置仓门。吏舍远离粮仓，围墙要比周围其他的为高，尤其是"它垣属焉者，独高其置乌廥及仓茅盖者"。总的来看，秦国粮仓建筑基本上满足了储放粮食所需的各项技术条件。

第一，它较好地解决了防潮湿问题。吕坤《积贮条件》中说："谷积在仓，

---

① 睡虎地秦墓竹简整理小组：《睡虎地秦墓竹简》，文物出版社 1978 年版。本文凡引云梦睡虎地秦简，均见此书。

第一怕地湿房漏。"如《效律》规定："仓漏朽禾粟，及积禾粟而败之，其不可食者，不盈百石以下，谇官啬夫；百石以到千石，赀官啬夫一甲；过千石以上，赀官啬夫二甲；令官啬夫、冗吏共偿败禾粟。禾粟虽败而尚可食也，程之，以其耗石数论负之。"同律另条又说："入禾及发漏仓，必令长吏相杂以见之。"看来，秦国粮食部门比较注意防止粮食雨淋以致发霉变质。为有效防止入仓粮食腐败变质，秦统治阶级除制定法律以约束和增强工作人员责任心外，也还采取了一些比较积极的保护和防御措施。如《田律》规定："禾、刍稾撤木、荐，辄上石数县廷。勿用，复以荐盖。"这里的木，是指贮存粮草的仓所用木材；荐，指垫在粮草下面的草垫，意思是说，在粮草已经从仓中全部移空的时候，撤下的木头和草垫不要移作他用，要再用它来垫盖粮草。这说明，战国时期秦国粮仓是普遍采用底部放木头和草垫来解决防潮湿问题的，这一点与西汉京师仓一号仓建筑在地面上架空木板、防潮、通风的建筑特点相似①。

第二，注意防治雀入鼠穿和虫害。作为积聚粮食的仓库，是怕雀入鼠穿和虫害的。从考古实物和文献看，秦人在建筑仓体时也注意到了这一点。如《法律答问》"仓鼠穴几何而当论及谇"条云："仓鼠穴几何而当论及谇？廷行事鼠穴三以上赀一盾，二以下谇。鼷穴三当一鼠穴。"答问表明鼠为害粮食不少，不然何以专门作出如此规定，并进行有效处理。关于虫害的防治，《仓律》"入禾仓，万石一积而比黎之为户"条说："长吏相杂以入禾仓及发，见屚之粟积，义积之，勿令败。"这里的屚，疑读为蝼，《汉书·货殖传》注："小虫也。"该律显然是说长吏共同入仓或开仓，如发现有小虫到了粮食堆上，应重加堆积，不要使谷物败坏。这种防治虫害的办法，在当时技术条件下，不失为一种很好的措施。

第三，有一套切实可行的防火措施。众所周知，所有的粮食都是有机物，都能燃烧，因此粮仓建筑无论是在建筑布局，还是在单体建筑上都必须考虑利于防火。秦国的粮仓一般都建在远离农舍的地方，"仓勿近舍"，有其他墙垣和它连接的，"独高其置刍稾及仓茅盖者"，充分说明仓在整体布局中是远离火源的。不唯如此，粮仓管理人员还要"善宿卫，闭门辄靡其旁火，慎守唯敬"以杜绝火源。秦国粮仓严密的防火措施，是富有成效的。史籍中尚未见到有关秦廪（粮仓）焚的记载。

第四，安全防盗系统严密。在阶级社会中，粮仓的安全和防盗在建仓时也

---

① 陕西省考古研究所：《西汉京师仓》，文物出版社 1990 年版。

是需要考虑的。秦国建筑的仓房，从简文中看，一般有闩，板门坚固、严实，"容指若抉"的情况很少，这不能不说是出于安全方面的考虑。此外，粮仓官府内喂养有狗，周围还有高大的围墙，有的甚至筑城驻兵以守卫。这表明，秦在建筑仓房时，在安全防盗方面是下了功夫的。

当然，秦仓在建筑技术上的成就和创造是很多的。除以上诸方面外，其在自身结构布局和艺术形象方面也是很成功的。

二　秦国粮仓的设置

秦国粮仓的设置是与其政治体制密不可分的。从简文材料看，秦时不仅都城所在地有仓，县、乡亦有仓，和封建国家的政治体制一样，从中央到地方，自上而下建立了一套完整的粮仓体制。

设置在都城内的粮仓，据秦简《仓律》云，被称为"大（太）仓"。"入禾仓，万石一积而比黎之为户……栎阳二万石一积，咸阳十万一积"，这二万石一积的栎阳仓和十万石一积的咸阳仓，可能就是上引律文所说的"太仓"。因为栎阳是秦献公二年至孝公十二年时的都城，咸阳是秦孝公十二年以后的都城。秦国在国都设置太仓，至迟始于战国时代。实际上，据文献记载，秦国于都城所在地设置大型粮仓早在都雍时即已开始。早期的雍城，由秦德公开始至献公徙栎阳为止，一直是秦国的政治经济中心。《史记·秦本纪》记载穆公十二年，"晋旱，来请粟"，"用百里傒、公孙支言，卒与之粟。以船漕车转，自雍相望至绛"。当时秦国支援晋国的运粮车船从秦国都雍一直排列到晋国都绛，可见数量之大，足以证明春秋时期秦国在自己的都城雍建立了巨大粮仓。后来，"戎王使由余于秦……秦缪公示以宫室、积聚"[①]，还向由余夸耀过秦国都城仓内储藏的大批粮食。

战国时期秦国在国内各县也普遍设有粮仓，这在云梦秦简中记载得比较清楚。《秦律十八种·仓律》有云："入禾，万石一积而比黎之为户……是县入之，县啬夫若丞及仓、乡相杂以封印之，而遗仓啬夫及离邑仓佐主稟者各一户，以饩人。"这里的"是县入之"，说的即是秦国在全国各县设置的地方粮仓。战国时代，秦国的地方行政机构主要是县。秦国政府在全国各县普遍设立由各县主

---

① 《史记》卷5《秦本纪》，中华书局1959年版，第192页。

管，业务上直接受中央内史、太仓指导的粮食机构——实官（粮仓），当是为了就地贮谷和发放的便利。

县置粮仓，储存大量粮食，这也可从秦简所反映的禀食制度得以证明。秦律中的《仓律》规定："宦者、都官吏、都官人有事上为将，令县贷之，辄移其禀县，禀县以减其禀。已禀者，移居县责之。"宦者、都官吏、都官人均为朝廷属官和宫廷人员。他们如果被朝廷派遣到地方上办事，到达各县就由各县代为垫发口粮，并立即通知原来发放口粮的县，停止发放。县能够发放口粮，说明县有仓储。实际上，秦简《仓律》等有关仓法的律文，基本上都是针对县仓而言的。

秦国县仓的设置，据秦简所知，有在治所，也有分散置于乡野即所谓"离邑"的。《仓律》"入禾仓，万石一积而比黎之为户"条说得清楚：县仓储纳谷物，以万石一积为准单独分仓置放。谷物入仓后，由"县啬夫若丞及仓、乡相杂以印之，而遗仓啬夫及离邑仓佐主禀者各一户以饩，自封印，皆辄出，余之索而更为发户"；同简《效律》又说："入禾，万石一积而比黎之为户，及籍之曰：'某廥禾若干石，仓啬夫某、佐某、史某、禀人某。'是县入之，县啬夫若丞及仓、乡相杂以印之，而遗仓啬夫及离邑仓佐主禀者各一户，以饩人。"这两条律文清楚地告诉我们，秦国县属粮仓，作为县廷的直属机构，除设职派官（主管粮仓的官员有仓啬夫、佐、史）进行管理外，平时还要接受县廷（县啬夫、丞、令史等）的指导和监督；另外，乡一级行政机构也要派员（如离邑仓佐）参与在本乡的国家粮仓的管理。试想，如果有的县仓不是设在所辖之乡，即所谓"离邑"的，何必专设此律予以强调呢？我们知道，战国中晚期的秦国，地方行政机构普遍实行的是县、乡两级制，乡作为里、聚等农村组织的最基层地方政权，面对广袤的田地和众多的人口，其重要地位不言而喻。同样，县属粮仓有分置于所辖诸乡，平时县廷派丞、长吏、令史等会同仓、乡官吏共同管理也就不难理解了。当然，"廥在都邑"即仓设在县治所的情况也是存在的。如《仓律》云："禾、刍禀积索出日，上赢不备县廷。出之未索而已备者，言县廷，廷令长吏杂封其廥，与出之，辄上数廷；其少，欲一县之，可也。廥在都邑，当□□□□□□□者与杂出之。"此律前节据其语意知其言的是仓在离邑即辖乡的情况，后节"廥在都邑，当□□□□□□□者与杂出之"指的就是仓设在"都邑"之内时使用的法律规定。《左传》庄公二十八年："凡邑，有宗庙先君之主曰都，无曰邑。"可见，"都"、"邑"均是指一些大一点的城池而言。秦在新、旧都城设立太仓，前文已经述及，而在国内各县县邑（即治所）内设仓，

"廥在都邑"也当是这种制度的反映。唯有如此，设在"都"、"邑"内的粮仓才有区别于设在所辖之乡即"都邑"之外粮仓的管理规定。无独有偶，秦简《效律》中的一则律文也给我们认为县属粮仓有设在县邑（即治所）提供了有力的旁证。该律文说："官啬夫赀二甲，令、丞赀一甲；官啬夫赀一甲，令、丞赀一盾。其吏主者坐以赀、谇如官啬夫。其他冗吏、令史掾计者，及都仓、库、田、亭啬夫坐其离官属于乡者，如令、丞。"这里所说的"都仓、库、田、亭啬夫"等官，从上下文看显系县的属官。如是可知不但中央都官设于县的分支机构称离官，就是县属各官府设于乡的分支机构也可称为离官。"都仓、库、田、亭啬夫"是"都仓啬夫、都库啬夫、都田啬夫、都亭啬夫"的省文。"都"之义可能与"都官"之"都"有别，而与见于《汉书·百官公卿表》的都水、都船等官名的"都"字相同，是主管、总官的意思，也可能都仓、库、田、亭就是指县邑内的仓、库、田、亭，都仓、库、田、亭啬夫既直接管理都仓、库、田、亭，又主管全县各地的仓、库、田、亭。不管采取哪一种解释，事情的实质并无不同。[1]所以我们认为，秦国各县不仅在乡野设有粮仓（离邑仓），而且在县邑（即治所）内也设有粮仓（称都仓）。设在"离邑"（乡）的"离邑仓"因是都仓的离官，地位又比都仓低一等，而只能设仓啬夫和离邑仓佐，因此，秦律中才有"而遣仓啬夫及离邑仓佐主稟者各一户以饩人，自封印"的特殊规定。

三　几点认识

综合以上所述，我们有如下几点认识：

第一，战国时期秦国在中央和地方普遍修筑的粮仓主要是太仓和县仓。有学者根据《后汉书·隗嚣公孙述列传》和《华阳国志》卷三的记载认为秦国国内曾有郡一级粮仓的设置[2]，我们认为值得商榷。因为秦自商鞅变法，国内地方行政机构普遍推行的是县制，虽然其后也曾有划地设郡之举，但为数甚少，秦简《置吏律》只提到"十二郡"，据《史记》载秦只有十二郡的时期，至少应在秦始皇五年以前，而且这些郡级辖区又基本上都在秦国故地以外凭武力侵占的

① 裘锡圭：《啬夫初探》，载中华书局编辑部：《云梦秦简研究》，中华书局1981年版，第232页。
② 卢鹰：《秦仓政研究》，《人文杂志》1989年第1期；杜葆仁：《我国古代粮仓的起源与发展》，《农业考古》1984年第2期、1985年第1期。

地区，如秦惠文王后元十三年（前 312 年）攻取楚汉中后建立的汉中郡（《史记·秦本纪》）、秦昭襄王二十八年（前 299 年）"拔郢"在楚北部地区设置的南郡，以及公元前 328 年魏国为求和献秦的上郡和公元前 316 年秦在四川建立的蜀郡等。秦国在新占领的地区建郡设治，丝毫无损于已被国内《秦律》固定下来的，以县为主导的政治体制和经济管理体制。相反，正如有的学者研究的那样①，《秦律》非但在国内故地实行，在新占领的地区同样使用。楚地发现的《秦律》即是一个明证。无怪查秦简有关粮仓法律，无一有关于郡仓管理的规定，而且郡治辖属各县粮仓也没见与郡发生任何联系，却直接与中央内史和太仓有业务往来。可见，秦国至统一前夕，有无郡一级粮仓设置有待商榷。何况，秦大规模设郡是在秦始皇二十六年（前 221 年）统一全国后，虽然蜀郡等有曾立于统一六国以前，治所史载有仓，但其是否为秦建待考；再者，《后汉书》以前的史籍也无见到同类记载，想必是汉人追述秦代时的情况。

第二，战国时期秦国粮仓种类单一，缺乏以赈贷和平籴平粜为主的仓储设施。如前所述，秦国在国内建立的粮仓主要是太仓和县仓，其社会功用根据对秦简材料的分析，不外有四端：第一，颁发官吏俸禄；第二，供给军队用粮；第三，发放刑徒口粮；第四，遗粮为种。查有关秦的史料，未尝闻有请发仓廪"恤农"之事，更无专为"恤农"而设之积贮制度，如后世之义仓、常平仓之制。每每遇到灾蓄饥荒之年，秦国政府或"请粟"邻国②，或"百姓内粟千石，拜爵一级"③，或"发五苑之草以活民"④，整个国家缺乏一种自我调节、控制的社会机制。无怪继之而起的秦王朝短命而亡，这与其没有处理好封建社会自身调节、控制功能和封建统治长期稳定的关系有关，也是战国时期秦国推行耕战政策在仓廪制度上的反映。

第三，秦国粮仓建筑无论是从其建筑布局或结构，还是从其设置看，都应在我国古代仓廪史上占有重要地位。从粮仓建筑的布局、结构看，秦国粮仓建筑的生活区与仓区严格分布两处、仓与仓之间有一定间距，相互不能相连、粮仓官府一般由仓房、办公用房、围墙等部分构成以及仓的屋面用覆瓦、室内地面有架空地板、仓房都比较高大等建筑特点，与近年发现发掘的西汉京师仓基

---

① 〔日〕工藤元男著，莫枯译：《云梦秦简〈日书〉所见法与习俗》，《考古与文物》1993 年第 5 期。

② 《史记》卷 5《秦本纪》，第 188 页。

③ 《史记》卷 6《秦始皇本纪》，第 224 页。

④ 《韩非子·外储说右下》："秦大饥，应侯请曰：'五苑之草著蔬菜橡果枣栗，足以活民，请发之。'"参见（清）王先慎撰，钟哲点校：《韩非子集解》，中华书局 1998 年版，第 337 页。

本一致；从秦国粮仓的设置看，秦国所建立的粮仓体制，到西汉时发展得更为系统、更为完备。以后的各个朝代，在仓的设置上，都沿用了战国秦汉创制的这一体制，基本上都是它的演变和进一步发展。这无可辩驳地告诉我们，早在我国的战国时期，我国仓储设施业已发展到了一个新的水平，而秦国正是这一发展过程中的开先河者。因此，秦国理应在我国古代仓廪发展史中占有重要历史地位。

　　以上诸点是笔者对秦国粮仓建筑的修建和设置进行的粗浅分析，限于资料，多处重要之点尚未展开论述。相信今后随着考古文献资料的不断出土，有关战国时期秦国仓廪史的研究会不断地深入、完善和丰富。笔者期待着这一时刻的到来。

（原载《中州学刊》1996 年第 2 期）

秦国廥籍制度探略

　　秦国廥籍制度是战国时期秦国粮仓管理方面的一项重要制度。然而，由于历史文献的缺载，这项制度长期不为人们所知。1975年湖北省云梦县睡虎地秦墓竹简的出土①，使我们有幸第一次窥见2300多年前的秦国廥籍制度的基本状况与内涵，加深了对秦国仓法的认识。

一　秦国廥籍的内容

　　廥籍，亦即仓的簿籍。《广雅·释宫》："廥，仓也。"从秦简秦律中看，秦国粮仓廥籍主要包含有如下几项内容：

（一）参与粮食入仓、出仓和增积人员的"名事邑里"

　　《秦律十八种》中之《仓律》及《效律》规定：谷物入仓，万石为一积进行贮放，并在仓的簿籍中登记上"仓啬夫某、佐某、史某、稟人某"；"其出禾，有（又）书其出者，如入禾然"。如果谷物入仓不满万石而要增积，也同样要书"入禾增积者之名事邑里于廥籍"。"名事邑里"，在秦简《封诊式》"有鞫"条中又作"名事里"。事，《说文》："职也。"用现代的话讲，"名事邑里"就是指某人的姓名、身份和籍贯等。秦国政府要求将所有参与粮食入仓、出仓和增积人员的个人情况，无论中途是否更换，统统记录在案，这一方面有利于粮仓管理，另一方面也加强了对粮仓主管人员的控制。

---

① 睡虎地秦墓竹简整理小组：《睡虎地秦墓竹简》，文物出版社1978年版。

（二）粮食入仓、出仓之石数

秦简《效律》规定："入禾，万石一积而比黎之为户，及籍之曰：'某廥禾若干石。'……终岁而为出凡曰：'某廥出禾若干石，其余禾若干石。'"这里明言谷物入仓要籍之曰"某廥禾若干石"，年终清仓要统计出"某廥出禾若干石，其余禾若干石"，说明战国时期秦国粮仓出入粮食的数目是要记入廥籍的。

另据《仓律》规定，秦国廥籍不是只登记一个粮食的总数，它还要求地方粮食主管部门将所有仓储粮食分门别类计账。如计禾，要"别黄、白、青"；程禾、黍……要"别其数"；稻谷收获后上报产量也要"别粲、糯秙稻"。究其原因，这主要是因为秦国向农民征收的粮食都是分类收藏入库的，像禾一类，就有黄、白、青三种；稻又有粲（粝米）和糯（糯米）之分；此外，作为留作种子用的麦子，也和谷物一样，另入粮仓收藏。这些粮食"岁异积之"，由仓啬夫及离邑仓佐"以饩人"。由是可见，秦国仓储粮食品种繁多，数量较大，不然是没有必要将各类粮食分门别类储放和分别记入廥籍的。

（三）仓库粮食损失、贪污、被盗数目及处理情况

《效律》"禾、刍稾积廥"条云："禾、刍稾积廥，有赢、不备而匿弗谒，及者（诸）移赢以赏（偿）不备，群它物当负赏（偿）而伪出之以彼（赇）赏（偿），皆与盗同法。大啬夫、丞智（知）而弗罪，以平罪人律论之，有（又）与主廥者共赏（偿）不备。至计而上廥籍内史。"这里的"有赢、不备而匿弗谒，及者移赢以赏不备，群它物当负赏而伪出之以彼赏"，即是指粮仓管理中几种常见的贪污舞弊行为。整条律文大意是说：谷物、刍稾贮存在仓里，有超出或不足数情形而隐藏不报和种种移多补少、假作注销而用以补垫其他赔偿的东西，都和盗窃同样论处。大啬夫、丞知情而不加惩处，以与罪犯同等的法律论处，并和管仓者一起赔偿缺数。到每年上报账目的时候，在廥籍上开列出数目呈报内史。如是，则有关仓库粮食损失、贪污和被盗的情况，亦是秦廥籍所要反映的一项重要内容。

《秦律》对于仓储粮食的损失和贪污盗窃的惩处是相当严厉的。据检验官府物资财产的《效律》规定：仓中粮食如因管理人员玩忽职守导致腐败变质不能食用不满一百石的，斥责其官啬夫；"百石以到千石"的，罚官府的啬夫一甲；过千石以上的，"赀官啬夫二甲"，并"令官啬夫、冗吏共赏（偿）败禾粟"。如因贪污舞弊而使粮食不足数的，除以盗窃罪论处外，以"有赢不备之律"责令其"复其故数"；如果县令、丞察而不惩，即是失职，秦法严惩不贷。秦国向以法网

严密著称，地方治狱情况当是中央考核地方官吏的重要方面。上引律文要求各县粮仓将有关仓库粮食损失和被贪污盗窃案件的惩治情况上呈中央，当是这一历史事实的反映，不然何以为此专设一律？

二 秦国廥籍的编造与呈递

秦国廥籍的编造是由各县储藏粮食的官府——粮仓编撰的。从前引秦律可知，这项工作不仅是粮仓主管人员的一项经常性工作，也是他们重要的职责。平时，无论是粮食入仓、出仓，还是增积，粮仓方面都要随时随地填写廥籍，做好记录。我们知道，粮仓主管人员除主持全面工作的仓啬夫外，其属下还有佐、史、稟人等。不过，粮仓廥籍的编造，执笔者只能有一人。从秦简《内史杂律》看，这个人极大可能是实官（粮仓）仓啬夫的僚属——史。因为史在秦国官府中主要从事的是文书工作，虽为"斗食佐史"之吏，但秦律对担任这一职务的人员要求甚严，从事这项工作的必须是从小受过读写文字教育的史的后代，品格德行高尚，其他人员即使是能够书写，也不准作史的事务。所以，我们推测编造廥籍的执笔是史，是不会有太大出入的。当然，我们也不排除每次记录有多人具名，史是其中之一。

战国时期秦国各县普遍都设有粮仓，它们在业务上一般要受县廷的指导和监督。"入禾仓"，"县啬夫若丞"要"相杂以印之"；"禾、刍稾积索出日，上赢不备县廷"；"出之未索而已备者"，亦"言县廷"。此外，"入禾及发漏仓，必令长吏相杂以见之"。长吏，《汉书·百官公卿表》云："丞、尉是为长吏。"从秦简看，丞参与粮仓事务最多，举凡县内粮仓粮食的征集、发放与管理，丞都有责任，或者要同直接主管者一样受到法律的惩处；或者需要亲自参与检查。丞在秦县级地方行政机构中地位仅次于县令，掌治全县民政、经济事务，权力较大。据秦简有关资料反映，一县公文、符传的封缄，财物、货币、入仓谷物的封存，司法中的查封等，都需要丞印。如《仓律》规定："啬夫免、效者发，见杂封者，以隁效之，而复杂封之，勿度县，唯仓自封印者是度县。"可见，有无丞印，干系重大。秦国廥籍是一种上呈文书，在呈送上级中央之前，储藏粮食的官府——粮仓当然要呈送给县廷，只有经过了县廷，尤其是丞的审核具名和加盖丞印后，方能由县直接报送中央，因为丞印和签名是中央认可的凭证。

各县呈送给中央的廥籍，据秦律规定，一律送交"掌谷货"的内史。《仓律》"入禾稼、刍稾，辄为劵籍，上内史"即是指此而言。内史一职，战国及秦代位列九卿，是主管封建国家国有经济的重要机构，"内史课县"说明由县主管的属于封建国家所有的厩苑、粮食等，直接由内史管辖。粮食是封建国家重要的财政收入，各县呈送劵籍给内史，想必即是这种制度的反映。当然，各县上报劵籍也是有时间规定的。《秦律十八种·效》中说："至计而上劵籍内史。"这里的"计"，亦即"上计"。上计制度是我国战国时期各诸侯国家所普遍实行的一种旨在加强中央集权的制度，它要求地方官吏于每年年终将施政情形，如户口、垦田、赋税收入、狱政等，编为簿籍，呈送朝廷，朝廷据此决定对地方官吏的奖惩、任免。从简文中看，秦国至迟在秦昭王时期已实行这种制度。上文提到的"至计而上劵籍内史"表明秦国上报粮仓劵籍也是在年终进行的。秦以农历十月为岁首，推测各县"上劵籍内史"的时间在八九月份不误。

三　秦国劵籍的作用

秦国劵籍作为地方向中央呈送的上行文书和粮食主管部门日常活动的实录，其作用主要有三：

第一，便于中央政府准确全面地掌握全国粮食的数量与分布。众所周知，战国时期的秦国是七雄中最为富庶的国家。史载秦"积粟如丘山"（《史记·张仪列传》）、"粟如丘山"（《战国策·楚策一》），虽有溢美夸大之辞，但"秦富十倍天下"（《史记·高祖本纪》）绝非无根据。云梦睡虎地发现的《秦律》中记载着秦国境内到处都有万石一积的粮食仓库，栎阳的粮仓二万石一积，咸阳的粮仓竟达"十万石一积"。这些粮食不仅供应着日益增长的秦国人口的需要，而且还支撑着连年不断的对外战争。如果秦政府不了解全国租税征收的情况，不了解各地粮草储存的情况，不能做到心中有数，随时调征，统一六国的战争何谈获胜。又如萧何随刘邦入关后，因收得了"秦丞相御史律令图书藏之"，遂使刘邦得以"具知天下阸塞，户口多少，强弱之处，民所疾苦者"[1]，并最终赢得了楚汉战争的胜利。因此说，劵籍有利于中央全面掌握全国各地粮食的数量及其分布。

第二，有助于粮仓自身管理。正如上文所述，秦国不仅在全国各地广置粮

---

① 《史记》卷53《萧相国世家》，中华书局1959年版，第2014页。

仓，更重要的是建立了一套完整的管理粮仓的制度，并以法律——《仓律》的形式固定下来。秦国廥籍制度即是秦国政府加强仓政建设和管理的重要措施之一。它规定：仓啬夫和佐、史，如有免职离任的，新任的仓啬夫和佐、史必须根据廥籍加以称量，如果不进行称量，后来发现不足，"代者与居吏坐之"，"去者弗坐"；如果称量了，发现谷物亏损短缺，管理人员又隐瞒不报、假作注销，应立即向县廷报告，县廷派长吏前去验核，并根据验核的结果对有关人员进行处理。这种建立在廥籍制度之上的严格的交接手续，有助于粮仓自身的管理，也说明廥籍在粮仓管理中具有不容忽视的作用。

第三，利于封建中央政府对地方官吏的考核。廥籍是各地粮仓收纳税谷和出给官禀等活动的记录。因此，一地之主要财政收入——粮食当然一览无余地反映在廥籍里面。我国历史上的战国时代，诸侯兼并战争不断，中原板荡不已，兵祸联结，各诸侯国为了争霸的需要，在国内都把地方官吏的搜刮能力作为对他们奖惩的依据。《韩非子·难二》："李兑治中山，苦陉令上计而入多。"《淮南子·人间训》云魏文侯时，"解扁为东封，上计而入三倍"。这"入多"、"入三倍"值得特书一笔，说明封建国家对地方官吏所报收纳田赋数额的重视。而廥籍正是这一内容的集中反映，难怪《秦律》中有"至计而上廥籍内史"等多处记载。

综上所述，秦在粮仓管理方面建立起来的廥籍制度，内容详备，传呈严密，反映了秦粮仓管理制度的科学。同时也说明，秦从一西戎小国，走上称霸于六国的大国，最后统一中国绝非偶然，它在国家机构中设立了一套行之有效的行政管理系统，是其强国的重要因素，粮仓管理制度即是一个明证。

（原载《中州学刊》1993 年第 4 期）

秦国"是县入之"粮仓社会功用述论

秦国是战国时期最为富庶的一个诸侯国家，史载其"积粟如丘山""粟如丘山"。1975年湖北省云梦县睡虎地秦墓出土的竹简也称其境内到处都有"万石一积"的粮食仓库[①]。这"万石一积"的粮食仓库，正是秦国所谓的"是县入之"粮仓（以下简称"县仓"）。

战国时期秦国在国内各县普遍设置"是县入之"粮仓，这在云梦睡虎地秦墓竹简中有比较明确的记载。《秦律十八种·仓律》云："入禾，万石一积而比黎之为户，及籍之曰：'其廥禾若干石，仓啬夫某、佐某、史某、稟人某。'是县入之，县啬夫若丞及仓、乡相杂以印之，而遗仓啬夫及离邑仓佐主稟者各一户，以饯人"，指的即是这种隶属各县的地方粮仓——县仓。秦袭前朝历代仓储之制，在县仓的运营管理上更加完善，其社会功用也得到了更加充分的发挥。现据秦简《仓律》等材料，撮其要者述之于下。

一 出给官禄

秦国县仓出给官吏俸禄，这是《秦律》所明确规定的。从《仓律》看，县仓出给官禄大致有几种情况：第一种是垫支在本县工作的朝廷属官和宫廷人员的口粮。《秦律十八种·仓律》规定："宦者、都官吏、都官人有事上为将，令县贷之，辄移其稟县，稟县以减其稟。已稟者，移居县责之。"都官吏、都官人是分布于秦国国内各县、直属中央管理的一些经济部门的官吏，宦者即阉人，

---

① 睡虎地秦墓竹简整理小组：《睡虎地秦墓竹简》，文物出版社1978年版。以下凡引云梦睡虎地秦简皆见本书，不再一一出注。

属宫廷人员。他们如果在地方县上工作，口粮则是由所在县发给的，倘若为朝廷办事需到他县，原发这些人员口粮的县应停止禀给，而由所到县垫发。如在原发粮食的县已经领取，后来停止的县有责任令其偿还。《仓律》还规定："县上食者籍及它费大（太）仓，与计偕，都官以计时禀食者籍。"县为都官代发的口粮，要登记造册，年终上报中央太仓，并经都官核对。

第二种是颁发本县"有秩吏"禄禀。据简牍研究专家高敏先生考证，战国时期秦国县一级行政机构官员的设置，一般有县令、丞、尉、县啬夫（大啬夫）、官啬夫（如仓啬夫、田啬夫、苑啬夫等）、令史等职[1]。因担任这些职务的官员，俸禄都在"有秩"之列，故秦简及文献又都称其为"有秩吏"。"有秩吏"领取禄粮，按秦简《仓律》规定，均应在每月初一朔日，如果因公出差，由沿途驿站供应饭食，以及休假到月底仍不归来的，俸禄粮食不应停发。另外，据《秦律》载，县级官吏也可以用公家牛车去粮仓领取自己每月的口粮。

第三种是供给"月食者"口粮。在战国时期秦国各级行政机构和部门中，有许多"佐、史"之类的小吏，因他们每月向官府领取口粮，故又称其为"月食者"。"月食者"口粮数额是很小的，月禾只有数斗，尽管如此，《仓律》规定，如果因公出差而"公使有传食"或"告归尽月"仍不归来的，还要遭到扣发口粮的厄运。

上引史料对秦国县仓出给官禄职能的阐述已十分清楚，这里无须再多饶舌。

二　供应军粮

众所周知，秦国是七雄中保持军事实力最为强大的帝国，有"虎贲之士百余万，车千乘，骑万匹"[2]，庞大的军事队伍，是要消耗大量粮食的。

秦军的粮食是由官府供应的。秦简《秦律杂抄》云："不当禀军中而禀者，皆赀二甲，法（废）；……军人卖禀禀所及过县，赀戍二岁；……军人禀所、所过县百姓买其禀，赀二甲，入粟公。"大意是说：不应当从军中领取粮食而领取了的，皆罚二甲，并革职永不叙用；军人在领粮的地方及所过县中途私卖军粮，罚戍边二年；军人领粮地方及所过县的老百姓私买了军粮，罚二甲，粮食

---

① 高敏：《从云梦秦简看秦的几项制度》，《云梦秦简初探》，河南人民出版社 1979 年版。
② 《史记》卷 70《张仪列传》，中华书局 1959 年版，第 2289 页。

没收归公。这则律文清楚地告诉我们秦军需用粮食是由官府提供的。任何人不得私自盗卖和买取军粮。只有军人才有资格从军中领取军粮。秦简《仓律》规定，到军中办事的人应自带口粮，不得食军粮。

关于军粮的集聚，从秦简和文献记载看，似乎没有专门的军仓，尽管上引律文中有"军人稟所"之称。因为它的来源有数途：一是战时由中央从各地调征转输。如秦始皇使蒙恬将兵 30 万北伐匈奴之役，"飞刍挽粟以随其后"；使尉屠睢将楼船之士南伐百越，"监禄凿渠运粮，深入越地"①。降至二世，军队从各县征调粮食的情况依然存在。这些征调的粮食，当然是各县县仓储备的一部分。二是平时让兵就食各县。秦国的军队组织通常分为三种，即宿卫军、边防军、郡县兵，是采取兵役形式征发和组织的。战时从各县调兵，临时命将统帅出征，战争结束将释兵、兵归田。如始皇九年嫪毐作乱，"矫王御玺及太后玺以发县卒及卫卒、官骑"等②；始皇十二年，"发四郡兵助魏击楚"③；十八年，发上地、河内两地的兵卒，分别由王翦和端和统帅伐赵。这些郡县兵是由各郡县适龄服役的人员组成的。郡县的军队由郡尉统领。郡下辖县，县内设有县尉掌管一县之甲卒。平时郡县之兵主要接受军事训练，军事训练是以县为单位进行的，它主要由令、丞、尉领导，其次还有士吏、发弩啬夫、司马等官吏掌管训练事宜。既然县兵是以县为单位编制的，而不是把各县的兵集中到一处接受训练，那么县卒的口粮当然也应由各县（粮仓）发给。

三　发放刑徒口粮

秦国是个一向以法律严密著称的国家，从秦简《秦律》看，秦国法律可谓至善至备。由于法律的严苛，农民及其他自由民、下层官吏随时都存在着因触犯刑律而陷入被罚成为刑徒的可能性。他们中的轻者，或赀一甲、赀一盾，或"赀徭三旬"，重者则要受到服鬼薪、城旦的处罚，甚至还要受到宫、劓、刖和死刑枭首、磔、弃市等酷刑。严密至酷的刑法，致使秦国国内"赭衣塞道，囹圄成市"④，刑徒数以万计，大量的刑徒，也是要吃饭活命、消耗粮食的。

①《汉书》卷 64 下《严安传》，中华书局 1962 年版，第 2811 页。

②《史记》卷 6《秦始皇本纪》，第 227 页。

③《史记》卷 15《六国年表》，第 753 页。

④《汉书》卷 23《刑法志》，第 1096 页。

　　秦国刑徒的口粮，亦是由官府定量提供的。如《仓律》规定："隶臣妾其从事公，隶臣月禾二石，隶妾一石半；其不从事，勿稟。小城旦、隶臣作者，月禾一石半石；未能作者，月禾一石。小妾、舂作者，月禾一石二斗半斗；未能作者，月禾一石。婴儿之毋母者各半石；虽有母而与其母冗居公者，亦稟之，禾月半石。""隶臣、城旦高不盈六尺五寸，隶妾、舂高不盈六尺二寸，皆为小；高五尺二寸，皆作之。"这其中提到的小城旦、小舂等，他们或是囚徒的后代，或是未成年的罪犯，尽管缺乏劳动能力，官府也照样发放活命的口粮。这说明囚犯无论大小、年长年幼、具有劳动能力与否，官府都给予口粮，只是有多有少罢了。

　　秦的刑徒既有稽押在各县，也有征调到别处它县从事各项工程建设的。稽押在各县的囚徒，口粮当然由各县粮食部门供应，如《属邦律》规定："道官相输隶臣妾、收人，必署其已稟年月日，……受者以律续食衣之。"大意是，各道官府如果向中央输送隶臣妾或被收捕的犯人，必须写明已领口粮的年月日数。可见，这些隶臣妾和囚犯在被输送之前，所在县、道是应给他们发放口粮的。至于那些输送或征调至京师或边远地区从事修墓、筑城劳役的隶臣妾和囚犯，根据法律规定，一般就食附近各县，如果该地区乏粮，如同征用军粮一样，从全国各地送调。

四　遗粮为种

　　秦国县仓具备储藏粮食种籽的职能，秦简提供了不少这方面的证据。如《仓律》中说："县遗麦以为种用者，殽禾以藏之。"意思是说：各县所留作为种籽的麦子，应和谷子一样收藏。秦国粮食作物种类齐全，有稻、麦、粟、黍、秫、菽、麻等。上述律文当对其他作物同样适用。这说明封建国家是供给农业生产者以粮种的，而这些粮种一律就近由各县县仓贮存保管。

　　粮种既然由政府供应，政府对农业生产实施干预也就理所当然，具体表现在政府对不同粮食作物的种籽使用有严格的规定，如《仓律》云："种：稻、麻亩用二斗大半斗，禾、麦亩一斗，黍、苔亩大半斗，菽苗半斗。利田畴，其有不尽此数者，可殹（也）。其有本者，称议种之。"如果国家粮仓不储备和发放粮种，秦简中也就不可能出现这样的律文。

　　秦国地方粮仓——县仓，向农业生产者提供粮种，这有利于保障农业再生产的顺利进行。

五　用于驿站传食、牛马饲料

　　秦国县仓仓谷还用于驿站"传食"方面。所谓"传食",就是指官府对传递文书者及其他因公出差人员的免费伙食供应。战国末期的秦国,因国内政治及军事需要,曾在全国各地建立了交通方便、快速便捷的驿站,并制定了一套完备的文书传递制度和公务人员出差制度。秦简中的《传食律》就是记叙这方面的法律规定的。

　　关于各类人员的膳食供应标准,《传食律》对与"传食"有关的事宜作有详细规定。透过《传食律》,我们可以看出,免费供应的传食,有主食还有副食(配食),其中主食包括粺米、粝米;副食包括酱、菜、羹、韭、葱、盐;此外,还有牲口饲料刍、稾。主食的多少、类别,则按出差人员的官职高低与有无官爵而定。战国时期县是秦中央政府之下最重要的一级地方行政机构,到各县或路过各县的公务人员当不在少数,根据就食各县原则,驿站消耗的粮食当由所在县承担。每年年底或年初(指稻米),各县还需将"以给客"的粮食数量和就食者名册上报中央,送交内史、太仓审查。

　　另外,秦国县仓仓谷也用于牛马饲料开支。战国以降,武力相争,战争和运输需要大量的牛马;秦国官吏为数不少,国家要给他们提供必要的车马以应付公事往来;国家控制的农业生产,也需要一定数量的耕牛;为了应付上述需要,中央和地方各县饲养了大量的牛马,为此,政府每年要提供相当数量的牛马饲料。如《仓律》规定:每次驾用传马,喂饲一次粮食,"其顾来又一食禾",如连驾几次,"毋过日一食",如驾车路远,马疲劳了,"又益壹禾之"。关于牛马饲料的领取稾给,《田律》规定:"乘马服牛稾,过二月弗稟、弗致者,皆止,勿稟、致。稾大田而毋恒籍,以其致到日稟之,勿深致。"以上说的是官传车马和耕用牛马的饲料供应,军队中拉战车的马及骑兵马、"官长及吏"的"公牛乘马"的饲料供应,可以想见也应有一定的标准和规定。从"官长及吏"可以用公家车马直接去县仓将口粮和"公牛乘马之稾"一起领取送回等律文看,秦时县仓具有发放牛马的饲料的职能,并且每年在这方面的用项还是相当庞大的。

　　以上我们仅是择其大端而述之,从中不难看出,秦国县仓作为整个国家仓廪系统的重要组成部分,其在供军养官、维护封建专制政体方面,发挥了极其重要的作用，它有效地支撑了整个国家机器的运转，保证了翦灭六国、一并天下的胜利。然而，不可否认，秦国县仓如同秦国整个仓制一样，缺乏赈恤小农、维护封建经济基础这一重要职能，整个社会没有一种自我调节、控制的机制，如后世常平仓、义仓之制，而这正是秦国强大一时，进入秦代后旋即而亡的原因之所在，同时也是极端推行耕战政策之必然结果。由于这个问题并不在本文论述范围之内，也就不多说了。

（原载《秦文化论丛》第 7 辑，
西北大学出版社 1999 年版）

试论春秋战国时期秦国的赈灾

我国自古以来就是一个自然灾害发生频仍的国家，历代统治阶级无不把救灾防灾作为其治国的重要任务之一。春秋战国时期的秦国亦不例外。然而，学术界却无专文论及。本文拟就此问题予以探讨。

一　春秋战国时期秦国的灾况

有关秦国自然灾害的记载，主要见之于《史记》、《吕氏春秋》和近年发掘出土的云梦睡虎地秦墓竹简等[①]。

从《史记》所载秦的自然灾害情况可知，春秋时期偶有记载，战国时期逐渐增多，秦始皇时期更多。如始皇三年，"岁大饥"；始皇四年十月，"蝗虫从东方来，蔽天。民大疫"；始皇九年四月寒冷，"有死者"；始皇十二年，"天下大旱，六月至八月乃雨"。更有甚者，从始皇十五年至二十一年，灾害发生共有四次记录：始皇十五年，"地动"；十七年，"地动，民大饥"；十九年，又"大饥"；二十一年，"大雨雪，深二尺五寸"。短短十九年内见诸上述记载的自然灾害为数八次，占《史记》所载秦灾害次数的三分之二。这大概是秦在建国、初步发展时期辖区较小，史料相对缺乏，故记载很少。秦穆公位居五霸，故有关记载较多。其后秦国一直保持着大国地位，直至最后统一全国。故愈后辖区愈大，史料愈多，较大的自然灾害能见诸史载。总的看来，水、旱、蝗、寒、震等灾害在秦地不断，连年饥荒即是明证。

[①]　贺润坤：《从云梦秦简〈日书〉看秦国民间的灾变与救灾》，《江汉考古》1992 年第 2 期。此处参考了该文第一部分，同时也作了较大补充。

《吕氏春秋》成书于战国晚期，由秦丞相吕不韦主编。从该书所记的内容来看，其主要是为将来秦统一王朝的统治服务，但其中也有不少关于气候反常变化所引起的灾害种类的记述。《吕氏春秋·十二纪》较详尽地记载了因节气反常所导致的灾荒状况。《十二纪》所载的灾害种类：一是风雨雪霜雹等灾；二是草木生长反常；三是为害五谷的虫灾等。一般来说，旱灾多发生于春秋冬三季，秋季多发生水灾。灾害的直接后果是饥荒，而且还能引起一系列的社会问题，如迁徙、大恐、民多流亡、民多相掠等。有关多盗贼、民相掠、迁徙等方面的记载，反映了灾民难耐饥寒，被迫迁徙或为盗，铤而走险反抗统治者的史实。

《吕氏春秋·士容论》中的《上农》、《辩土》、《任地》、《审时》等四篇农学论文也涉及自然灾害问题。这里专指农业方面。关于农业的灾害种类，有草、虫、旱、涝之灾。

总之，《十二纪》和《任地》等文所记载的灾害现象，基本上包括了中国古代社会的自然灾害类型，即水、旱、虫、涝等。

近年出土的睡虎地秦墓竹简[①]，扩大了我们对秦国自然灾害状况了解的视野，尤其为害农业较大的水、风、旱、涝、蝗虫等。《秦律十八种·田律》中明确提出："旱及暴风雨、水潦、螽蚀、群它物伤稼者，亦辄言其顷数。近县令轻足行其书，远县令邮行之，尽八月□□之"，规定各县要及时报告农作物遭受风、虫、水、旱等自然灾害的情况。这不但反映了秦时自然灾害的诸种类型，同时说明了当时秦政府对农业遭受自然灾害极为重视。

《秦简》中的《日书》在记载当时人们的迷信占卜活动中，也涉及了秦时自然灾害的内容。《日书》甲种《稷辰》载：秀"虽雨霁，不可覆室盖屋。正月以朔，旱，岁善，有兵"。危阳"以雨，半日。正月以朔，多雨，岁半入；毋兵"。敫"正月以朔，多雨"。禹"正月以朔，旱"。结"正月以朔，岁中，有兵，有雨"。《星》载：危"有（又）数诣风雨"。《吏》载："壬申、癸酉，天以震高山。"以上是对已发生或可能发生的旱、涝、风、震之灾的记载。

由上所述不难看出，春秋战国时期秦国是一个经常发生自然灾害的国家，其发生的灾害种类基本上包括了中国古代社会的各种灾害类型，即水、旱、风、涝、蝗、震等。它向我们昭示，远在秦汉以前的秦国，统治阶级也同样面临着救灾恤农这一重大问题。

---

① 睡虎地秦墓竹简整理小组：《睡虎地秦墓竹简》，文物出版社 1990 年版。

二　春秋战国时期秦国的赈灾

关于春秋战国时期秦国的灾赈，传世历史及出土秦简文献记载只鳞片爪，我们爬梳归纳，知其途有三：

（一）"请粟"邻国

《史记·秦本纪》穆公十四年载："秦饥，请粟于晋。"《史记·晋世家》言及此事时亦说："秦饥，请籴于晋。"《左传》记载大致相同。在我国春秋战国时期的历史上，邻国饥馑，相输以粮以帮助受灾的国家解除饥荒的例子不少。如穆公十三年，晋国发生饥荒，"乞籴于秦"，秦"输粮于晋"，粮船自秦都雍至晋都绛相望，规模宏大。再如穆公十五年，晋国又发生了饥荒，虽然穆公十四年"请粟于晋"而晋未曾与秦，并由此发生了战争，但秦国还是从"饥穰更事耳，不可不与"、"补乏荐饥，道也，不可以废道于天下"的道义出发，慷慨地"又饩之粟"。逮至战国时期，秦国还有"与粟"邻国之举，如秦昭王十二年，秦"予楚粟五万石"。尽管《史记》未记何因输粮于楚，但我们考虑，这可能与楚地发生了饥荒有关。这说明，"请粟"邻国以解饥馑荒年，在春秋战国时代是普遍存在的，秦当不例外。

不过，各国间"输粟"，并非是无代价的赠送，而是要通过买卖来实现的。上述事实中的秦"输粮于晋"，以及秦"请粟于晋"，据《左传》僖公十三年、十四年记载，均为"乞籴"。"籴"，是买入的意思。也就是说，秦或晋向对方"请粟"，实际上是请求对方卖给自己粮食。在春秋战国时期那样的争霸兼并形势下，无偿援助对方的事是很少的。即使有，也一定暗藏着不可告人的目的。

（二）"驰苑囿"，让民谋食

苑囿，是统治阶级狩猎游玩的地方。《秦简·为吏之道》提到"苑囿园池"，《史记》、《韩非子》等都有关于秦苑囿方面的记载。据《史记·高祖本纪》载，仅秦在关中的苑囿园池就有多处。其中尤以上林、宜春为最大。秦国著名的上林苑，位于咸阳城西南，纵横于渭水以南，面积开阔，宏伟的阿房宫就建筑于此。杜南的宜春苑也属国家一级的苑囿，不过其规模较上林苑为小。在秦全国范围内，像上林苑、宜春苑这种类型的并不多，为数众多的是县邑附近的牛马苑和其他禁苑。如云梦睡虎地秦简《秦律十八种·田律》规定："邑之近皂及它禁苑者，麛时毋敢将犬以之田。百姓犬入禁苑中而不追兽及捕兽者，勿敢杀；其追兽及捕兽者，杀之。呵禁所杀犬，皆完入公；其他禁苑杀者，食其肉而入皮。"又《徭律》规定："县葆禁苑、公马牛苑，兴徒以堑垣篱散及补缮之，辄以效苑吏，苑吏徇之。"从这两条律文来看，国家在各县设置的苑囿，主要分为禁苑和牛马苑。禁苑是专门蓄养禽兽的，不许人们入内，私人的狗入内追捕兽类也要打死。牛马苑是牧养国家公有牛马的地方。苑囿周围建有堑壕、墙垣、藩篱。为数众多、占地广大的苑囿园池，必然占用大量耕地。因此，《韩非子·外储说右下》记载，秦国大饥，应侯曾请发五苑之可食草类、蔬菜、枣栗以活民，当有所本。

开放苑囿，让灾民就食以解饥荒，在秦国历史上不乏记载。《史记·秦本纪》云：孝文王元年，"赦罪人，修先王功臣，褒厚亲戚，驰苑囿"。孝文王元年即公元前 250 年，距秦昭王时期不远。这处记载未言及"驰苑囿"让民就食是出于灾荒考虑，但我们可以看出，"驰苑囿"确实扩大了人们的就食范围，当是一种仁政的表现，是赈孤济寡的重要手段。应侯（范雎，又名张禄）建议未得到秦昭王批准，这是战国晚期秦国耕战政策极端化的必然结果，然而在灾荒大饥之年"驰苑囿"，却不失为一种重要的救灾手段。

（三）纳粟拜爵

纳粟拜爵，《商君书·去疆》篇又称"粟爵"。秦国商鞅变法，大力推行耕战之策，为奖励军功，鼓舞士气，商鞅制定"武爵"即军功爵以赐之，云梦睡虎地秦简《秦律》中有《军爵律》专章为证。为富国强兵，商鞅同时又制定了"粟爵"。他规定："兴兵而伐，武爵武任"；"按兵而农，粟爵粟任"。凡努力务农、家有余粮的，都可以"以粟出官爵"，通过输粟于官府获得像战时那样的爵位和官职。《史记·秦始皇本纪》载：四年，"十月庚寅，蝗虫从东方来，蔽天。天下疫。令百姓内粟千石，拜爵一级"，就是这种输粟买爵制度的具体实施。

纳粟拜爵，是鼓励农业生产发展的措施之一，其本义不在于荒政。据秦汉史研究专家高敏先生考证，秦国实行的赐爵制度，其获爵者的主要权益是爵与官的合一，爵与赐田宅、食租税的结合和爵与免役等政治特权的一致[1]。那些不能在战场上杀敌立功、夺首拜爵的士伍百姓，平时在家务农，只要努力耕作，也是可以获得爵位的。《史记·商君列传》载商鞅变法令规定："致粟帛多者"

---

① 高敏：《从云梦秦简看秦的赐爵制度》，《云梦秦简初探》，河南人民出版社 1979 年版。

可免除徭役和赋税，不努力耕作怠惰而贫穷的人，则要连同妻子籍没入官府为奴。也就是说务农之人如果努力生产，获得爵位，是可以"归爵"以免其亲属父母子女奴隶身份的。又，睡虎地秦简《秦律十八种·军爵律》亦有类似规定："欲归爵二级以免亲父母为隶臣妾者一人，及隶臣斩首为公士，谒归公士而免故妻隶妾一人者，许之，免以为庶人。"可见，"粟爵粟任"的根本目的在于大力推动农业生产，为耕战政策服务。秦始皇四年，秦国发生了蝗灾，蝗虫遮天蔽日，天下大疫，"令百姓内粟千石，拜爵一级"，这是秦国粟爵制度在荒政方面的特别应用，属个别特殊事例，非"粟爵"之原旨。

当然，说到"输粟"拜爵之人，极可能是有余粮的地主，抑或即云梦秦简所说的"百姓"。秦律中常常提到"百姓"这一类人。据计，《秦律十八种》、《秦律杂抄》和《法律答问》中共十三见，其中有些地方直接反映了他们的经济地位。《司空律》说："百姓有赀赎债而有一臣若一妾，有一马若一牛，而欲居者，许。"百姓家里有少量的男女奴隶和牛马。《仓律》说："妾未使而衣食公，百姓有欲假者，假之，令就衣食焉，吏辄被事之。"百姓有资格从官府那里借用未成年的女奴隶。《秦律杂抄》还说："军人稟所、所过县百姓买其稟，赀二甲，入粟公。"百姓有钱购买军人的粮食。《金布律》说："公有债百姓未偿，亦移其县，县偿。"官府因为某种原因还要欠"百姓"的债。《田律》说："百姓居田舍者毋敢酤酒，田啬夫、部佐谨禁御之，有不从令者有罪。"百姓有多余的粮食酿酒。在奴隶制社会，奴隶没有姓氏，那时的"百姓"指的是奴隶主。秦律中的"百姓"已经不是奴隶主，当然也不是十分贫苦的农民。他们拥有为数很少的奴隶，有富裕的粮食、货币，处于这种经济地位的人，应当属于地主阶级的中下层即中小地主。秦律中谈到"百姓"的律文这么多，说明这一类人广泛存在于战国中晚期的秦国社会[①]。秦国统治阶级利用这种方式，有力地维护了中下层地主阶层的利益，扩大了统治联盟，反映了其粟爵制度的阶级本质。

三　秦国仓储与赈灾的关系

春秋战国时期秦国的仓储规模是相当庞大的。从文献记载来看，早在秦穆

---

① 吴树平：《云梦秦简所反映的秦代社会阶级状况》，载中华书局编辑部：《云梦秦简研究》，中华书局1981 年版。

公都雍时期，秦国国都所在地就设有大型粮仓。《史记·秦本纪》记载穆公十二年，"晋旱，来请粟"，"用百里傒、公孙支言，卒与之粟。以船漕车转，自雍相望至绛"。当时秦国支援晋国的车船从秦都雍一直排列到晋国都城绛，可见数量之大，足以证明春秋时秦在自己的都城雍就建立过巨大的粮仓。后来，"戎王使由余于秦，秦穆公示以宫室、积聚"，还向由余夸耀过秦国都城仓内储存的大批粮食。迨至战国，更有不少游说家用"粟如丘山"、"积粟如丘山"，以及"秦富十倍天下"来形容秦国的富庶。今证之湖北云梦睡虎地秦墓考古发掘所得秦简文献资料，秦国粮食储藏情况愈加了然。云梦睡虎地秦简所反映的时代是战国中晚期到秦始皇时期，在秦律中出现了《仓律》，这是有关仓储的专篇，保留下来的律文多达二十六条。它对粮食的收藏、保管、使用各个环节都作了详细的规定。这本身就反映了战国时期秦国仓储的普遍性和国家的高度重视。具体分析律文，可以获得两点明确的认识[①]：

第一，秦律所透露出来的粮食储藏量与文献记载给人们的印象是一致的。有一条律文提到："栎阳二万石一积，咸阳十万一积。"栎阳每一仓堆积粮食二万石，咸阳竟至十万石，其规模之大，确实是惊人的。秦献公"二年，城栎阳"，作为秦国的都城。秦孝公十二年，徙都咸阳。像栎阳、咸阳这样的新旧都城储藏的粮食数量之多，恐怕在全国都是著称的。律文中又说："入禾，万石一积而比黎之为户。""未盈万石而被出者，毋敢增积。"一般粮仓每仓堆积的粮食虽然少于栎阳、咸阳，但也在万石的标准，规模也是相当可观的。

第二，秦国粮食的储藏较为普遍。《仓律》云："禾、刍稾积索出日，上赢不备县廷。出之未索而已备者，言县廷，廷令长吏杂封其廥，与出之，辄上数廷；其少，欲一县之，可也。廥在都邑，当□□□□□□□者与杂出之。"《效律》亦云："入禾，万石一积而比黎之为户……是县入之，县啬夫若丞及仓、乡相杂以封印之，而遗仓啬夫及离邑仓佐主稟者各一户，以饩人。"可见，一般的县也有粮食储备。又《仓律》规定："宦者、都官吏、都官人有事上为将，令县贷之，辄移其稟县，稟县以减其稟。已稟者，所居县责之。"宦者、都官的吏或一般人员外出到各县为朝廷办事，所到之县，县给口粮。县能够发放口粮，说明县有仓储。当时秦国新旧都城、县邑可能都设有粮仓，储备着数目庞大的粮食，这些粮食主要是从农民那里搜刮来的。

---

① 吴树平：《云梦秦简所反映的秦代社会阶级状况》，载中华书局编辑部：《云梦秦简研究》，中华书局1981年版。

　　粮食是当时秦国重要的财政收入。秦国仓储粮食作为秦国最大宗的财政收入，其支出用项，据笔者研究，大致共有四端：一是出给官禄；二是供应军粮；三是刑徒口粮；四是遗粮为种①。查有秦一代史料，未尝闻有开仓赈粮之举。正如上文所述，秦国每遇到饥馑灾荒之年，秦政府或"请粟"邻国，或"纳粟拜爵"，或"驰苑囿"、"发五苑之草著蔬菜橡果以活民"。庞大的国家仓储根本无有赈灾之功用，更无专为恤民而设的积贮制度。秦主要靠动员社会力量和请求邻国援助的办法来解决国内饥荒危机，以求维护自耕农，保持社会稳定，暴露了秦粮仓制度重军事、政治方面，而轻视社会方面的需要的阶级本质。究其原因有二：一是秦自建国至统一，战争连年不断。当时政府的主要活动是如何聚集人力、物力取得战争的胜利，扩张疆域，因而对于赈灾并不十分重视。况且战争频仍，兵役、徭役沉重，致使丁壮充军伤亡，田园荒芜，影响农业生产，人为地造成灾荒。二是国君统治指导思想的作用。秦国在孝公以前，基本上继承周文化。秦穆公重视用贤，且熟悉《诗》、《书》、《乐》，为国家利益勇于改正过失，曾作《秦誓》，显然深受敬天保民思想的影响，故能重视民情。其能送粟于晋以解邻国饥荒，那么秦国的灾荒无疑也要救济。秦自孝公以后，主要采取法家思想施政，严刑峻法，横征暴敛，对灾害漠然处之。秦统一后十余年无灾害记载，非实无灾变，而是在秦始皇的极端专制体制下，大臣只能对之歌功颂德，岂敢言灾变这类有碍圣德之事。史官记载有意对之避而不谈，此即其主要原因。

　　综上所述，春秋战国时期秦国自然灾害的发生是比较频繁的。政府对赈灾基本上是采取一种敷衍的态度，主要靠动员社会力量和邻国援助的办法以解救灾荒，而国家"积粟如丘山"的粮食却不曾动用。这与春秋战国时期诸侯争霸兼并的形势密不可分，是秦孝公以后农战统一政策在仓廪制度方面的真实反映，也是秦国进入秦代后短促而亡的根本原因。

（原载《中州学刊》1997 年第 3 期）

---

① 蔡万进：《从云梦秦简看秦国粮仓的建筑与设置》，《中州学刊》1996 年第 2 期。

里耶秦简浅析

里耶秦简秦令三则探析

2002 年，考古工作者在湖南湘西龙山县里耶古城一号井中发掘出土一批秦代简牍，总数 36000 余枚。2003 年初，《中国历史文物》和《文物》分别以《湘西里耶秦代简牍选释》（以下称《选释》）和《湖南龙山里耶战国 —— 秦代古城一号井发掘简报》（以下称《简报》）为题公布了其中部分简牍的图版与释文[①]。笔者研读简文，发现秦代令文三则弥足珍贵。现分析考述于下。

一 "兴繇（徭）"令

里耶秦简 J1[16]5、J1[16]6 正面分别记录了秦始皇二十七年二月洞庭郡同一令文的传达，全文为：

> 廿七年二月丙子朔庚寅，洞庭守礼谓县啬夫、卒史嘉、段（假）卒史谷、属尉：令曰：传送委输，必先悉行城旦舂、隶臣妾、居赀赎责（债），急事不可留，乃兴繇（徭）。今洞庭兵输内史及巴、南郡、苍梧，输甲兵当传者多。节（即）传之，必先悉行乘城卒、隶臣妾、城旦舂、鬼薪白粲、居赀赎责（债）、司寇、隐官、践更县者。田时殹（也），不欲兴黔首。嘉、谷、尉各谨案所部县卒、徒隶、居赀赎责（债）、司寇、隐官、践更县者簿，有可令传甲兵，县弗令传之而兴黔首，兴黔首可省少弗省少而多兴

---

① 湖南省文物考古研究所等：《湘西里耶秦代简牍选释》，《中国历史文物》2003 年第 1 期；湖南省文物考古研究所等：《湖南龙山里耶战国 —— 秦代古城一号井发掘简报》，《文物》2003 年第 1 期。本文所引里耶秦简释文皆以《选释》为底本，并参校以《简报》释文和图版，特此说明。

者，辄劾移县，县亟以律令具论，当坐者言名夬泰守府。嘉、谷、尉在所县上书，嘉、谷、尉令人日夜端行。它如律令。

从 J1[16]5、J1[16]6 木简背面所记文书由中央→洞庭郡→县啬夫→乡这一传递过程看，该"兴徭"令是要求传布晓知于基层机关的。

睡虎地秦墓竹简《秦律十八种》中有《徭律》，规定：

> 御中发征，乏弗行，赀二甲。失期三日到五日，谇；六日到旬，赀一盾；过旬，赀一甲。其得殹（也），及诣。水雨，除兴。兴徒以为邑中之红（功）者，令結（嫴）堵卒岁。未卒堵坏，司空将红（功）及君子主堵者有罪，令其徒复垣之，勿计为繇（徭）。县葆禁苑、公马牛苑，兴徒以斩（堑）垣离（篱）散及补缮之，辄以效苑吏，苑吏循之。未卒岁或坏陜（决），令县复兴徒为之，而勿计为繇（徭）。卒岁而或陜（决）坏，过三堵以上，县葆者补缮之；三堵以下，及虽未盈卒岁而或盗陜（决）道出入，令苑辄自补缮之。县所葆禁苑之傅山、远山，其土恶不能雨，夏有坏者，勿稍补缮，至秋毋（无）雨时而以繇（徭）为之。其近田恐兽及马牛出食稼者，县啬夫材兴有田其旁者，无贵贱，以田少多出人，以垣缮之，不得为繇（徭）。县毋敢擅坏更公舍官府及廷，其有欲坏更殹（也），必瀳之。欲以城旦舂益为公舍官府及补缮之，为之，勿瀳。县为恒事及瀳有为殹（也），吏程攻（功），赢员及减员自二日以上，为不察。上之所兴，其程攻（功）而不当者，如县然。度攻（功）必令司空与匠度之，毋独令匠。其不审，以律论度者，而以其实为繇（徭）徒计。①

其中的"兴徒以为邑中之红（功）"、"兴徒以斩（堑）垣离（篱）散及补缮之"，"勿计为徭"、"欲以城旦舂益为公舍官府及补缮之，为之，勿瀳"，与里耶秦简秦令"传送委输，必先悉行城旦舂、隶臣妾、居赀赎债"以及洞庭郡贯彻此令要求"输甲兵当传者多。节（即）传之，必先悉行乘城卒、隶臣妾、城旦舂、鬼薪白粲、居赀赎债、司寇、隐官、践更县者"之义同。又，睡虎地秦墓竹简《效律》规定："上节（即）发委输，百姓或之县就（僦）及移输者，以

---

① 睡虎地秦墓竹简整理小组：《睡虎地秦墓竹简》，文物出版社 1990 年版，释文注释，第 47 页。

律论之。"① 文中的"百姓",睡虎地秦简秦律反映,他们不仅"有贷于公",而且拥有一定数量的奴仆、牛马、粮食等,他们有力量有能力雇车输送以逃避转输徭役之苦,如果不对这部分人雇人雇车行为予以禁止,势必会使大量不堪赋税、徭役的农户脱离土地,弃本趋末加入受雇于人的队伍,从而危害农业生产②。这种"重农"的精神,与里耶秦简"急事不可留,乃兴徭"、"田时殴(也),不欲兴黔首"及"嘉、谷、尉各谨案所部县卒、徒隶、居赀赎债、司寇、隐官、践更县者簿,有可令传甲兵,县弗令传之而兴黔首,兴黔首可省少弗省少而多兴者,辄劾移县,县亟以律令具论,当坐者言名夬泰守府"之精神也是完全一致的。

商鞅《商君书》中有关于粮食转输之役的规定和论述。《商君书·垦令》篇云:"令送粮无取僦,无得返庸"、"输粮者不私稽。"③ "令送粮无取僦",前已述明;"无得返庸"则是指运粮车马在返回途中不得私受人载而取值,要轻车急速返回。如此规定,正如商鞅所言,其目的就是使征发之车,"往速徕急,则业不败农,业不败农,则草必垦矣"。这里的"业"即是送"粮"之徭役,它的本意是不耽误农时。"输粮者不私稽",其大意是官役送粮之人不能在途中私自停留,往返予以期限,必须按时输送,按时到达,如此则"军市无得私输粮者,则奸谋无所于伏;盗输粮者不私稽,轻惰之民不游军市。盗粮者无所售,送粮者不私,轻惰之民不游军市,则农民不淫,国粟不劳,则草必垦矣"。这从根本上断绝商人及其一切"淫巧"不农之人的粮源,达到使商人等弃业归农的目的,同时也保证了农业不受损失。秦的强大与法律体系的确立,肇自商鞅及其变法。商鞅变法所倡导的"耕战"政策,看来自战国中期商鞅变法至秦始皇统一六国前后得到了有效贯彻,里耶秦简廿七年的"兴徭"令,明言军兴之时"传送委输"之徭役的征发,必先悉行"徒隶"(隶臣妾、城旦舂、鬼薪白粲)、"居赀赎债"、"司寇"、"隐官"及"践更县者","县弗令传之而兴黔首,兴黔首可省少弗省少而多兴者"将依律论罪;"田时殴(也),不欲兴黔首"更表明秦始皇仍一以贯之地执行自战国中期以来历代秦王所推行的"耕战"政策。

秦始皇时"兴徭"令的具体实施,还可证之于以下诸事实:

---

① 睡虎地秦墓竹简整理小组:《睡虎地秦墓竹简》,释文注释,第75页。
② 蔡万进:《秦国粮食经济研究》,内蒙古人民出版社1996年版,第93页。
③ 蒋礼鸿:《商君书锥指》,中华书局1986年版,第18页。以下凡引《商君书·垦令》,皆见本书。

二十八年，始皇大怒，使刑徒三千人皆伐湘山树，赭其山。

三十三年，发诸尝逋亡人、赘婿、贾人略取陆梁地，以适遣戍。

三十四年，适治狱吏不直者，筑长城及南越地。

三十五年，隐宫徒刑者七十余万人，乃分作阿房宫，或作丽山。①

其人员构成不外徒隶、治狱不直者、亡人、赘婿、商人等，与里耶秦简秦"令"所言必先悉行"徒隶、居赀赎债、司寇、隐官、践更县者"别无二致，没有明言征发黔首之事例。秦始皇东巡在琅邪刻石曰："皇帝之初，勤劳本事，上农除末，黔首是富"②，看来不是空穴来风，也不是夸饰誉美之词，而是得到了贯彻执行。当然，由于秦末的苛法急政，黔首贫穷或因触犯法律而沦为居赀赎债、刑徒，从而加入这一行列者，形成秦二世时"关东群盗并起，秦发兵诛击，所杀者甚众，然犹不止。盗多，皆以戍漕转作事苦，赋税大也"③的局面，也是完全可能的。不过，单就里耶秦简"兴徭令"的发现，就足以使我们有必要对秦之徭役制度予以重新审视和认识，其进步意义不容低估。

二 "恒以朔日上所买徒隶数"令

里耶秦简J1[8]154正、背面所载简文曰：

> 卅三年二月壬寅朔朔日，迁陵守丞都敢言之：令曰：恒以朔日上所买徒隶数。·问之毋当令者。敢言之。（正面）
> 二月壬寅水十一刻刻下二，邮人得行。 图手。（背面）

隶臣妾、城旦舂、鬼薪白粲等在秦汉人的观念中都是刑徒，其罪名都由政府判加，他们或因脱籍逃亡，或因偷盗杀人，或因治狱不直、受贿枉法，或因失职反叛，因错获罪，不一而足，但共同点是人身自由受到限制，有固定的服刑

---

① 《史记》卷6《秦始皇本纪》，中华书局1959年版。

② 《史记》卷6《秦始皇本纪》，第245页。

③ 《史记》卷6《秦始皇本纪》，第271页。

期限。那么，政府为什么会"买徒隶"呢？睡虎地秦简《封诊式》"告臣"条提供了这方面的线索，其文为：

某里士五（伍）甲缚诣男子丙，告曰："丙，甲臣，桥（骄）悍，不田作，不听甲令，谒卖（卖）公，斩以为城旦，受贾（价）钱。"·讯丙，辞曰："甲臣，诚悍，不听甲。甲未赏（尝）身免丙。丙毋（无）病殴（也），毋（无）它坐罪。"令令史某诊丙，不病。·令少内某、佐某以市正贾（价）贾丙丞某前，丙中人，贾（价）若干钱。①

丙为甲臣，即奴隶，因甲认为他骄悍，不田作，把他绑缚交给县廷，请求以法刑为城旦，付给身价。经官方审问诊察，丙罪行属实，且身体健康，于是在县丞面前，县少内负责人用市场上的标准价格将丙买下。这一类行为在秦代必不少见，否则不会颁布法令，要求各地以每月朔日上报所买进徒隶数量。只是迁陵县该年正月没有罢了（即"问之毋当令者"）。

以月朔日为时限的做法，秦时比较普遍，睡虎地秦墓竹简《秦律十八种·仓律》："月食者已致稟而公使有传食，及告归尽月不来者，止其后朔食，而以其来日致其食；有秩吏不止。"②"止其后朔食"即指从下月朔日起停发其口粮。又，《置吏律》："县、都官、十二郡免除吏及佐、群官属，以十二月朔日免除，尽三月而止之。其有死亡及故有夬（缺）者，为补之，毋须时。"③"以十二月朔日免除"、"其有死亡及故有夬（缺）者，为补之，毋须时"，意即任免官员都从十二月初一日起任免，如有死亡或因故出缺的，则可补充，即不必等到上述规定时间。里耶秦简 J1[8] 154 正面所载秦令"恒以朔日上所买徒隶数"及简文"卅三年二月壬寅朔朔日，迁陵守丞都敢言之：·问之毋当令者。敢言之"（正面）、"二月壬寅水十一刻刻下二，邮人得行"（背面），表明迁陵县官员是认真遵守上述规定和习惯做法的。

关于迁陵县上报徒隶数的机关，从该文书的纪年看，此时秦全境已执行郡县制，郡是县的上一级地方行政机关，县道上报徒隶数，自应是上报郡府了。张家山汉简《二年律令·徭律》有云："都吏及令、丞时案不如律者论之，而岁

---

① 睡虎地秦墓竹简整理小组：《睡虎地秦墓竹简》，释文注释，第 154 页。
② 睡虎地秦墓竹简整理小组：《睡虎地秦墓竹简》，释文注释，第 31 页。
③ 睡虎地秦墓竹简整理小组：《睡虎地秦墓竹简》，释文注释，第 56 页。

上徭员及行徭数二千石官。"①此律年代在汉初，汉承秦制，秦代自然亦应如此。徒隶编之于各县，载之于簿籍，有传输之役，必先悉行，这在秦代是普遍现象，如 J1[16] 5 正面文曰："嘉、谷、尉各谨案所部县卒、徒隶、居赀赎债、司寇、隐官、践更县者簿，有可令传甲兵，县弗令传之而兴黔首。兴黔首可省少弗省少而多兴者，辄劾移县，县亟以律令具论，当坐者言名夬泰守府。嘉、谷、尉在所县上书，嘉、谷、尉令人日夜端行。它如律令。"规定各县必须于月朔日上报所买徒隶数，当是便于上一级地方行政机关掌握和监督，以备时需征用，同时又可防止官员私用，如张家山汉简《奏谳书》案例："蜀守灂（谳）：佐启、主徒令史冰私使城旦环为家作，告启，启詐（诈）簿曰治官府，疑罪。·廷报：启为伪书也。"又，"蜀守灂（谳）：采铁长私使城旦田、舂女为蘁（饎），令内作，解书廷，佐悄等诈簿为徒养，疑罪。·廷报：悄为伪书也"②。汉初离秦代不远，秦时当亦存在类似情况。

三 "徙户移年籍"令

里耶秦简 J1[16]9 载一则秦令，文曰：

> 廿六年五月辛巳朔庚子，启陵乡□敢言之：都乡守嘉言：渚里□劾等十七户徙都乡，皆不移年籍。令曰：移言。·今问之，劾等徙□书告都乡曰：启陵乡未有枼（牒），毋以智（知）劾等初产至今年数□□□谒令都乡具问劾等年数。敢言之。（正面）
> □迁陵守丞敦狐告都乡主，以律令从事。/建手。即□
> 甲辰水十一刻刻下者十刻，不更成里午以来。犟半（背面）

按：启陵乡为迁陵县离乡，都乡为迁陵县治所所在乡，启陵乡渚里劾等十七户徙都乡，未按规定移年籍，都乡守嘉追问，启陵乡告知劾等未有名牒。因此，报告县廷，由县要求都乡自行问讯，迁陵守丞敦狐同意并通知都乡主者以律令

---

① 张家山二四七号汉墓竹简整理小组：《张家山汉墓竹简（二四七号墓）》，释文注释，文物出版社 2001 年版，第 189 页。

② 张家山二四七号汉墓竹简整理小组：《张家山汉墓竹简（二四七号墓）》，释文注释，第 217 页。

从事，审问劾等初产至今年数。文中所引"令曰：移言"，即秦汉户籍迁移管理中一则非常重要的"徙户移年籍"法令。

"徙户移年籍"令，西汉初年已固定为汉律。张家山汉简《二年律令·户律》：

> 恒以八月令乡部啬夫、吏、令史相襍案户籍。副臧（藏）其廷。有移徙者，辄移户及年籍爵细徙所，并封。留弗移，移不并封，及实不徙数盈十日，皆罚金四两，数在所正、典弗告，与同罪。乡部啬夫，吏主者及案户者弗得，罚金各一两。（简328—330）①

其中的"有移徙者，辄移户及年籍爵细徙所"与里耶秦简 J1[16]9 中启陵乡"渚里劾等十七户徙都乡"同。年籍，又称"年细籍"，张家山汉简《二年律令·户律》："民宅园户籍、年细籍、田比地籍、田命籍、田租籍，谨副上县廷，皆以筐若匣匮盛。"（简331）②《史记·秦始皇本纪》：秦始皇十六年，"初令男子书年"③。张家山汉简《二年律令·户律》："民皆自占年，小未能自占，毋父母、同产为占者，吏以□比定其年。自占、占子、同产年，不以实三岁以上，皆耐。产子者恒以户时占其☒。"（简325—326）④看来秦始皇及汉初"年籍"是一专门簿籍，主要记录百姓个人生年及年龄详细情况（即所谓的"初产至今年数"），民户有迁徙，移"年籍"是其中最为主要的项目之一。

秦汉年籍，一般县廷也都有保存，即所谓"副臧（藏）其廷"。县乡地方政府如此重视保存"年籍"并规定"移徙者，辄移户及年籍爵细徙所"，是与"年籍"的特殊作用和地位分不开的，通过"年籍"可以知晓初产年代（出生年日）、傅籍服役和免老免役情况，从而保证国家人口统计的准确和徭役、兵役、赋税的征发。里耶秦简的这则"徙户移年籍"令，既反映了秦户籍管理制度的严密，又显示出秦与西汉法律制度的继承，是一则重要的秦代令文。

令是我国古代法律令体系中一种重要的法律形式，但在过去相当长时间内，对于秦代是否有令这一形式却存在争论。日本学者大庭脩在《秦汉法制史研究》

① 张家山二四七号汉墓竹简整理小组：《张家山汉墓竹简（二四七号墓）》，释文注释，第177—178页。
② 张家山二四七号汉墓竹简整理小组：《张家山汉墓竹简（二四七号墓）》，释文注释，第178页。
③ 《史记》卷6《秦始皇本纪》，第232页。
④ 张家山二四七号汉墓竹简整理小组：《张家山汉墓竹简（二四七号墓）》，释文注释，第177页。

中指出:"秦令的是否存在及其内容,是将来应该解决的问题。"① 大庭氏在发表的《云梦出土竹书秦律的研究》一文中又说道:"是否可以这样认为:在秦代,追加法也称为某某律,而追加法用令的名称公布于世,很有可能是自汉代创始的,这个假设是否能够成立,当然还要经过深入的研究,但是我愿意提出来作为秦律研究工作中的一个值得考虑的问题。"② 张建国以张家山汉简《奏谳书》和睡虎地秦墓竹简为主,通过对秦汉文献的重新分析认为,秦不仅应当有"令"这一形式存在,而且还表明了秦"令"的一个重要功能,即补律之不足③。里耶秦简上述三则秦代令文的发现,可以说为秦令的存在又提供了新的证据,其意义不言而喻。

(原载《许昌学院学报》2004 年第 6 期)

---

① 〔日〕大庭脩著,林剑鸣等译:《秦汉法制史研究》,上海人民出版社 1991 年版,第 10 页。

② 参见〔日〕大庭脩:《云梦出土竹书秦律的研究》,载中国社会科学院考古研究所编:《考古学参考资料》5,文物出版社 1982 年版,第 82 页。

③ 张建国:《秦令与睡虎地秦墓竹简相关问题略析》,《中外法学》1998 年第 6 期。

里耶秦简研读二题

2002 年 5—6 月间湖南湘西龙山县里耶古城一号井发掘出土 36000 余枚秦代简牍，《文物》和《中国历史文物》2003 年第 1 期分别以《湖南龙山里耶战国 —— 秦代古城一号井发掘简报》（以下称《简报》）及《湘西里耶秦代简牍选释》（以下称《选释》）方式公布了其中部分简牍的图版与释文。笔者研读，偶有所得，兹将研读所及问题提出并略加讨论，敬祈方家是正。

一 "故荆积瓦" 中之 "故荆"

里耶秦简 JI[8] 134 正：

廿六年八月庚戌朔丙子，司空守樛敢言：前日言竟陵蘯阴狼假迁陵公船一，袤三丈三尺，名曰梅（？），以求故荆积瓦，未归船。狼属司马昌官，谒告昌官令狼归船。报曰：狼有逮在复狱，已。卒史衰、义报（？）。今写校券一牒上谒，言之卒史衰、义所，问狼船存所，其亡之。为责（债）券移迁陵，弗□□属谒报。敢言之。/ 六月庚辰，迁陵守丞敦狐郤（却）之司空，自以二月叚（假）狼船，何故□□辟□，今而补曰谒问复狱卒史衰、义，衰、义事已不智（知）所居，其听书从事。/ 庆手。即令□□行司空。①

按：《选释》释文作 "故荆绩瓦"，《简报》J1［8］134 正释文作 "故荆积

---

① 湖南省文物考古研究所等：《湘西里耶秦代简牍选释》，《中国历史文物》2003 年第 1 期。本文所引里耶秦简释文皆以《选释》为底本，并参校以《简报》释文和图版，特此说明。

瓦”，依图版简文字形，此字从禾从责，当以《简报》释文为是。

"故荆"称谓又见于《史记·秦始皇本纪》：

> （二世皇帝元年）七月，戍卒陈胜等反故荆地，为"张楚"。胜自立为楚王，居陈，遣诸将徇地。[①]

荆，即楚，《吕氏春秋·音初》"周昭王亲将征荆"高诱注："荆，楚也。秦庄王讳楚，避之曰荆。"[②]《史记·秦始皇本纪》张守节《正义》："秦号楚为荆者，以庄襄王名子楚，讳之，故言荆也。"[③] 庄襄王，《史记》作"庄襄王"，《睡虎地秦墓竹简·编年记》作"庄王"[④]，孝文王之子，立三年死，子政代立为秦王，即秦始皇。"当是之时，秦地已并巴、蜀、汉中，越宛有郢，置南郡矣；北收上郡以东，有河东、太原、上党郡；东至荥阳，灭二周，置三川郡。"[⑤] 秦王政（始皇帝）定荆地，史载有以下数条：

> 二十一年，王贲攻荆。昌平君徙于郢。
> 二十三年，秦王复召王翦，强起之，使将击荆。取陈以南至平舆，虏荆王。秦王游至郢陈。荆将项燕立昌平君为荆王，反秦于淮南。
> 二十四年，王翦、蒙武攻荆，破荆军，昌平君死，项燕遂自杀。
> 二十五年，大兴兵，使王贲将，攻燕辽东，得燕王喜。还攻代，虏代王嘉。王翦遂定荆江南地；降越君，置会稽郡。[⑥]

又，《睡虎地秦墓竹简·编年记》亦载：

> 十九年，□□□□南郡备敬（警）。
> 廿三年，兴，攻荆，□□守阳□死。四月，昌文君死。
> 廿四年，□□□王□□。[⑦]

---

① 《史记》卷6《秦始皇本纪》，中华书局1959年版，第269页。
② 转引自宗福邦等编《故训汇纂》"荆"字条义项（12），商务印书馆2007年版，第3597页。
③ 《史记》卷6《秦始皇本纪》，第234页。
④ 睡虎地秦墓竹简整理小组：《睡虎地秦墓竹简》，文物出版社1990年版，释文注释，第6页。
⑤ 《史记》卷6《秦始皇本纪》，第223页。
⑥ 《史记》卷6《秦始皇本纪》，第233—234页。
⑦ 睡虎地秦墓竹简整理小组：《睡虎地秦墓竹简》，文物出版社1990年版，释文注释，第7页。

　　秦王政（始皇帝）二十一年的"王贲攻荆"，当与《睡虎地秦墓竹简·编年记》中的"十九年，□□□□南郡备敬（警）"事有关，亦即《史记·秦始皇本纪》二十六年秦始皇所追述的"异日，……荆王许献青阳以西，已而畔约，击我南郡，故发兵诛，得其王，遂定其荆地"①。南郡于公元前278年（秦昭襄王廿九年）由楚并入秦国版图，故称"击我南郡"；"荆王许献青阳以西"，《正义》："青阳，长沙县也。"知荆王所献为南郡以南之未被秦定之荆地；"已而畔约，击我南郡"，是徙都陈地的荆王发兵攻打原来的郢都，即此时的秦国"南郡"，由此，秦开始迈出攻灭楚国、平定荆地的步伐，先取"陈以南至平舆"，次之"淮南"②，再次"荆江南地；降越君，置会稽郡"③，最终结束了灭荆（楚）历程。

　　上述事实，在里耶秦简及新近正式公布的张家山汉简中同样得到反映，里耶秦简 J1[12]10 正背：

　　　　廿六年六月癸丑，迁陵拔讯棳、蛮、衿☒（正面）
　　　　鞠之：越人以城邑反，蛮、衿害弗智（知）☒（背面）④

　　张家山汉简《奏谳书·南郡卒史盖庐、挚田、段（假）卒史鸼复攸庠等狱簿》：

　　　　御史书以廿七年二月壬辰到南郡守府，即下，……尽廿八年九月甲午已。……今复之：庠曰：初视事，苍梧守竈、尉徒唯谓庠：利乡反，新黔首往击，去北当捕治者多，皆未得，其事甚害难，恐为败。庠视狱留，以问狱史氏，氏曰：苍梧县反者，御者恒令南郡复。……令：所取荆新地多群盗，吏所兴与群盗遇，去北，以儋乏不斗律论；……⑤

　　"令：所取荆新地多群盗，吏所兴与群盗遇，去北，以儋乏不斗律论"，当

① 《史记》卷6《秦始皇本纪》，第235页。
② 《史记》卷6《秦始皇本纪》裴骃《集解》："徐广曰：淮，一作'江'。"张守节《正义》："楚淮北之地尽入于秦。"
③ 《史记》卷6《秦始皇本纪》张守节《正义》："言王翦遂平定楚及江南地，降越君，置为会稽郡。"
④ 《选释》中J1[12]10正、背面释文与图版所标示的正背面抵牾相反，疑为印刷排版错误所致。
⑤ 张家山二四七号汉墓竹简整理小组：《张家山汉墓竹简（二四七号墓）》，文物出版社2001年版，第223—224页。这是一则秦代案例文书，简文中的二十七、二十八年分别为秦始皇二十七、二十八年。

是随着秦王政（始皇）灭荆（楚）战争的开展和不断扩大而制定的，"所取荆新地"，应指除南郡外秦新占领之楚国领土。该文书中言"御史书以廿七年二月壬辰到南郡守府，即下"，知"利乡反"当在廿七年二月以前。《战国策·秦策三》蔡泽云：吴起"南收杨越，北并陈蔡"[1]；《后汉书·南蛮传》："吴起相悼王，南并蛮越，遂有洞庭、苍梧。"[2]《史记·秦始皇本纪》：秦始皇二十六年，"地东至海暨朝鲜，西至临洮、羌中，南至北向户，北据河为塞，并阴山至辽东"。北向户，一说汉日南郡，即今越南中部地区；一说泛指五岭以南中原王朝势力所及地区[3]。秦拥有五岭以南地区乃为秦始皇三十三年事，《史记·秦始皇本纪》："三十三年，发诸尝逋亡人、赘婿、贾人略取陆梁地，为桂林、象郡、南海，以适遣戍。"苍梧，《山海经·海内经》说："南方有苍梧之丘，苍梧之渊。其中有九疑山，舜之所葬，在长沙零陵界中。"[4]《逸周书·王会篇》："仓吾翡翠"[5]，仓吾亦即苍梧。苍梧既为山名，又为渊名，同时又作部族名和地区名，据考地在今江西南部和湖南、广西之间[6]。苍梧在长江中下游以南楚粤交界处，属汉代中原人地理观念中的"江南"范畴[7]。准此，苍梧入秦最迟应在秦始皇二十六年。《史记·秦始皇本纪》载：二十五年，"王翦遂定荆江南地，降越君"，上引里耶秦简 J1[12]10 正 "（廿六年六月）越人以城邑反"、张家山汉简 "苍梧县反者"[8]（廿七年二月以前）均应与二十五年王翦定荆（楚）江南地、降越君的占领有关，这标志着至此秦大规模地灭荆（楚）战争基本结束（秦王政二十五年），战后稳定（镇压反叛）、重建工作全面开始（秦始皇二十六年）。因此，里耶秦简 J1[8]134 正的记载，一方面反映了秦始皇二十六年楚已被秦灭，秦官方文书中已称新亡之楚为"故荆"这一重大历史事实，同时与文献所载秦灭楚战争进程亦相吻合。

---

① 诸祖耿编撰：《战国策集注汇考》（增补本），凤凰出版社 2008 年版，第 335 页。

② （南宋朝）范晔：《后汉书》卷 86《南蛮西南夷列传》，中华书局 1965 年版，第 2831 页。

③ 《中国历史大辞典·历史地理卷》，上海辞书出版社 1996 年版，第 227 页。

④ 袁珂：《山海经校译》，上海古籍出版社 1985 年版，第 229 页。

⑤ 孔晁：《逸周书》（丛书集成初编），商务印书馆 1937 年版，第 253 页。

⑥ 杨宽：《战国史》（增订本），上海人民出版社 1998 年版，第 195 页。

⑦ 王子今：《秦汉区域文化研究》，四川人民出版社 1998 年版，第 96 页。

⑧ "苍梧县反者"，陈伟先生认为这里的"苍梧县"应该是苍梧郡属县，而不是名为苍梧的县；苍梧县反者具体指属县攸之"利乡反"事。参见陈伟：《秦苍梧、洞庭二郡刍论》，《历史研究》2003 年第 5 期。

二　"巴、南郡、苍梧"中之"苍梧"

里耶秦简 J1[16]5 正：

　　廿七年二月丙子朔庚寅，洞庭守礼谓县啬夫、卒史嘉、叚（假）卒史谷、属尉：令曰：传送委输，必先悉行城旦舂、隶臣妾、居赀赎责（债），急事不可留，乃兴繇（徭）。今洞庭兵输内史及巴、南郡、苍梧，输甲兵当传者多。节（即）传之，必先悉行乘城卒、隶臣妾、城旦舂、鬼薪白粲、居赀赎责（债）、司寇、隐官、践更县者。田时殹（也），不欲兴黔首。嘉、谷、尉各谨案所部县卒、徒隶、居赀赎责（债）、司寇、隐官、践更县者簿，有可令传甲兵，县弗令传之而兴黔首，兴黔首可省少弗省少而多兴者，辄劾移县，县亟以律令具论，当坐者言名夬泰守府。嘉、谷、尉在所县上书，嘉、谷、尉令人日夜端行。它如律令。

　　又，J1[16]6 正也有内容大体相同的简文。两枚木简简文中，苍梧与巴、南郡、内史和洞庭郡并称，整理者认为"苍梧秦时已为郡无疑"①。

　　苍梧秦时为郡，史籍无征②。马非百《秦集史》在追述关于秦郡的研究时称：

　　自来言秦郡县者，分为二说。一以为三十六郡乃秦一代之郡数，而史家追述之。一以为三十六郡系始皇二十六年之郡数，而后此所置者不与焉。前者始于班固《汉书·地理志》，后者始于裴骃《史记集解》，而成于《晋书·地理志》。《汉志》所记郡国沿革，其称秦置者二十七，曰河东、太原、上党、东郡、颍川、南阳、南郡、九江、钜鹿、齐郡、琅玡、会稽、汉中、蜀郡、巴郡、陇西、北地、上郡、云中、雁门、代郡、上谷、渔阳、右北平、辽东、辽西、南海。称秦郡者一，曰长沙。称故秦某郡者八，曰三川、泗水、九原、桂林、象郡、邯郸、砀郡、薛郡。中有始皇三十三年置之南海、桂林、象郡三郡。裴骃不之数，而易以鄣郡、黔中，并数内史为三十六郡。《晋志》从之，益以后置之闽中、南海、桂林、象郡为四十郡。……至于近日，王国维始于上述二说之外，用以《史记》证《史记》之法，推而及

---

① 参见《湘西里耶秦代简牍选释》（《中国历史文物》2003 年第 1 期）J1[16]5 木简释文注释（8）。
② 《汉书·地理志》："苍梧郡，武帝元鼎六年开。"

于嬴秦一代所有之郡，定为四十八郡。……谭其骧复纠合众说，舍短取长，于王氏四十八郡之中，弃去陶郡、博阳、胶西、城阳四郡，外加常山、衡山二郡，并以河内易河间，定为四十六郡，而以鄣郡、东阳郡及庐江郡置于多闻阙疑之列。[①]

不论哪一种说法，均未见苍梧郡之名。"苍梧"之入秦版图，据张家山汉简《奏谳书·南郡卒史盖庐、挚田、叚（假）卒史鸸复攸庫等狱簿》，属秦"所取荆新地"；又由该文书简文内容知，"利乡反，新黔首往击，去北当捕治者多，皆未得"事应发生于"御史书以廿七年二月壬辰到南郡守府"之"廿七年二月壬辰"前。《史记·秦始皇本纪》二十五年，大兴兵，"王翦遂定荆江南地，降越君，置会稽郡"。简文中所涉及的苍梧应属本次所定"荆新地"范围，原因有三：一是"所取荆新地"是相对于秦王政（始皇）即位之前秦业已所取楚地而言，秦王政即位之时，秦所占楚（荆）地不包括上述地区，当时秦的版图仅"并巴、蜀、汉中，越宛有郢，置南郡矣；北收上郡以东，有河东、太原、上党郡；东至荥阳，灭二周，置三川郡"。秦始皇大规模攻楚（荆），据《史记·秦始皇本纪》在十九至二十五年之间，苍梧入秦已如前述，正在这一时期；二是《史记·秦始皇本纪》载二十六年"更名民曰黔首"，简文中"利乡反，新黔首往击，去北当捕治者多，皆未得"之"新黔首"，正如秦"令"所言"所取荆新地"一样，将居于"所取荆新地"之民统一视之为秦民，并依律称为"黔首"，因与秦故民有区别，以"新黔首"称之，这进一步证明了苍梧为秦"所取荆新地"；三是由里耶秦简 J1[12]10 记二十六年"越人以城邑反"，推测苍梧在秦始皇二十五年归属为秦"所取荆新地"不久，抑或二十六年就爆发了起义（苍梧郡属县攸之利乡反），反抗秦的统治，当地镇压未果，以致二十七年二月又"洞庭兵输苍梧"（J1[16]5），抽调旁郡兵（洞庭兵）增援。

里耶秦简释文公布前学术界有关"苍梧"行政归属的认识比较混乱。1995年张家山汉简《奏谳书·南郡卒史盖庐、挚田、叚（假）卒史鸸复攸庫等狱簿》释文公布[②]，李学勤先生撰文认为：

> 苍梧在今广西。汉置苍梧郡，治广信（今梧州），秦的苍梧当即其地。

① 马非百：《秦集史》下册，中华书局 1982 年版，第 564—565 页。
② 江陵张家山汉简整理小组：《江陵张家山汉简〈奏谳书〉释文（二）》，《文物》1995 年第 3 期。

《史记·秦始皇本纪》:"三十三年,发诸尝逋亡人、赘婿、贾人略取陆梁地,为桂林、象郡、南海,以适遣戍。"苍梧属桂林郡。由简文知道,秦始皇二十八年已有苍梧县。可能是因为新设的缘故,其政务是由攸县监管的。简中"苍梧守竈"、"攸守媱",都是代理县职的守令,和"攸令庳"省称"攸庳"一样,是省掉了"令"字。江西遂川车头埇山土的秦戈有"临汾守曈",也是守令。过去以为郡守,乃是误解。①

又,彭浩先生《谈〈奏谳书〉中秦代和东周时期的案例》一文认为:

此案涉及苍梧县和攸县两地。攸在今湖南省境内,一般认为秦代属长沙郡,但简文指明案件由南郡管辖,这似乎说明在秦始皇二十七年时攸县隶属南郡。简文指明秦始皇二十七年已设苍梧县,隶属南郡,至秦始皇三十三年设立桂林、象郡、南海三郡时,苍梧才从南郡分离出去,以往文献没有记载。②

概而言之,两文皆认为至少在秦始皇二十八年,苍梧为县而非郡。今证之里耶秦简 JI[16]5、6 两枚木简简文,"苍梧"两处与"洞庭"、"内史"、"巴"、"南郡"等并称,知最迟至二十七年二月秦已设"苍梧郡"。如同李学勤先生在《初读里耶秦简》一文中所说"里耶秦简发现后,'洞庭郡'问题曾引起不少讨论和推测。我对此郡名的存在也有过怀疑,及至看到J1[9]1—12简明云'某某戍洞庭郡不智(知)何县署',始觉释然"③一样,秦在"所取荆新地"之一——苍梧设置"苍梧郡"看来亦应属不易之论④。前引张家山汉简"苍梧守竈、尉徒唯"简文,依里耶秦简 JI[16]5、6 木简简文"洞庭守礼"等例,应作苍梧郡守、尉理解,苍梧守竈、尉徒唯"教谓庳新黔首当捕者不得,勉力善备,弗谓害难,恐为败","教"是上级官署给下属的命令文书⑤,这符合秦兴兵规定

① 李学勤:《〈奏谳书〉解说(下)》,《文物》1995 年第 3 期。
② 彭浩:《谈〈奏谳书〉中秦代和东周时期的案例》,《文物》1995 年第 3 期。
③ 李学勤:《初读里耶秦简》,《文物》2003 年第 1 期。
④ 关于秦苍梧郡的沿革,陈伟先生认为:"也许可作这样一种猜测:秦始皇二十五年将黔中一分为二后,西北一部没有沿用黔中旧名,而是改称洞庭郡;东南一部则称作'苍梧郡',后世以'长沙郡'称之,大概是采用汉人的习惯。"参见陈伟:《秦苍梧、洞庭二郡刍论》,《历史研究》2003 年第 5 期。此论可备一说。
⑤ 汪桂海:《汉代官文书制度》,广西教育出版社 1999 年版,第 51 页。

和官府来往文书惯例。攸县征调新黔首往击反盗却逃亡，苍梧郡守、尉要求攸县抓捕逃亡的新黔首，因攸县官员抓捕不力，被告劾至中央。监郡御史下书南郡，令南郡复治此案。张家山汉简《二年律令·具律》："乞鞫者各辞在所县道，县道官令、长、丞谨听，书其乞鞫，上狱属所二千石官，二千石官令都吏覆之。都吏所覆治，廷及郡各移旁近郡，御史、丞相所覆治移廷。"①《汉书》中有记治诸侯王狱诏别郡治例，如淮南王安狱，河南治②。汉承秦制，看来秦时对于重大案件的重新审理，为避免受当地官员干扰，同样也由中央指定某郡都吏去重新复审，也就是说，苍梧郡攸县庳案是移由"旁近郡"——南郡审理的，张家山汉简《奏谳书·南郡卒史盖庐、挚田、段（假）卒史瞗复攸庳等狱簿》中言"南郡复吏到攸"，正是秦国这种司法审理制度的具体体现。因为南郡入秦最早，对秦律熟悉，由御史下书令南郡复治苍梧郡攸县庳案是完全可能的。

（原载《湖南大学学报》2007年第1期，

收入本书时有删节，更名为现标题）

---

① 张家山二四七号汉墓竹简整理小组：《张家山汉墓竹简（二四七号墓）》，第149页。

② 《汉书》卷44《淮南衡山济北王传》，中华书局1959年版。

里耶秦简缀合与释文补正八则

　　2012 年，文物出版社出版《里耶秦简（壹）》（以下称《里耶（壹）》），正式整理公布了湖南省龙山县里耶古城一号井第 5、6、8 层出土的共计 2627 枚简牍的图版和释文[1]；其后，陈伟主编的《里耶秦简牍校释（第一卷）》（以下称《校释（一）》）出版，在《里耶秦简（壹）》公布简牍图版、释文基础上，进一步缀合断片、复原简册、校订释文并加以断读、释义[2]。上述两书的释文和缀合水平是相当高的，体现了作者的深厚学力，这是应该充分肯定的，但是智者千虑，百密一疏，书中的释文仍存在一些失误与不足，可缀合的简牍尚有遗漏，时贤学者也多已撰文述记[3]。今笔者不揣冒昧，就翻检所及，凡八处，提出新的缀合与释文补正意见。

一

　　☑斗。卅年九月丙辰朔己巳，司空守兹、佐得出以食舂、小城旦却等五十二人，积五十二日，日四升六分升一。I

---

① 湖南省文物考古研究所：《里耶秦简（壹）》，文物出版社 2012 年版。
② 陈伟主编：《里耶秦简牍校释（第一卷）》，武汉大学出版社 2012 年版。
③ 何有祖：《里耶秦简牍缀合（二一八）》，简帛网（http://www.bsm.org.cn），2012 年 5 月 14 日、2012 年 5 月 17 日、2012 年 5 月 21 日、2012 年 5 月 26 日、2012 年 6 月 4 日、2012 年 6 月 25 日、2014 年 2 月 12 日。胡平生：《读〈里耶秦简（壹）〉笔记（一一四）》，简帛网，2012 年 4 月 20 日、2012 年 4 月 22 日、2012 年 4 月 26 日、2012 年 5 月 4 日。伊强：《〈里耶秦简牍校释（第一卷）〉补正（1—4）》，简帛网，2013 年 8 月 25 日、2013 年 9 月 9 日、2013 年 12 月 5 日、2014 年 1 月 19 日。陈伟：《里耶秦简中的“夬”》，简帛网，2014 年 9 月 26 日；《里耶秦简释字二则》，简帛网，2013 年 9 月 27 日。杨先云：《读〈里耶秦简（壹）〉札记二则》，简帛网，2013 年 10 月 26 日；《里耶秦简释字三则》，简帛网，2014 年 2 月 27 日。雷海龙：《里耶秦简试缀五则》，简帛网，2014 年 3 月 15 日。

令史尚视平。 得手。Ⅱ 8-216+8-351+8-525 ①

按：简 8-216 与简 8-351 缀合，已见于《校释（一）》，我们在其基础上又连缀了简 8-525。第一，可以看出 8-525 为该简上部（最上部残缺），简 8-216+8-351 为下部；简 8-525 下端与简 8-216+8-351 上端茬口吻合，宽度相同，字形一致。第二，简 8-525 第一行"己"下一残笔与简 8-216+8-351 第一行"司空"上一残笔可拼合为一完整的"巳"字，其字形与简 8-212+8-426+8-1632 第一行"丁巳"之"巳"字字形相同。第三，从文书形式来看，该简为廪食记录，此类简中出现的"佐（或史）某"与末尾处"某"手为同一人，我们虽然没有明确证据证明此类简的书写人就是"佐某"（或"史某"），但是，记录有同一"某"手的简是由同一个人书写的，我们根据字形是可以得出这样的结论的；而本简与简 8-212+8-426+8-1632 字形一致，既为同类文书，又均出现"佐得"、"得手"字样，此亦可佐证简 8-525 与简 8-216+8-351 是可以缀合的。

二

卅一年五月壬子朔乙丑，司□□Ⅰ
其一人以卅一年二月丙午有□□Ⅱ
二人行书成阳：□、僮□Ⅲ
□人□□□绰□Ⅳ
☑养：敬、言、瘱（应）☑Ⅴ
☑□□Ⅵ 8-2099+8-2102+8-2134

按：简 8-2099、8-2102、8-2134 缀合，不见于《里耶（壹）》和《校释（一）》。上述三简字形一致，可以确定简 8-2134 为该简的右上部，简 8-2102 位于简 8-2134 正下，二简不仅残断处茬口吻合，简 8-2134 第一行"子"下一残画与 8-2102 首行"朔"字可拼合，字形清晰完整，乙丑日为卅一年五月十四日；简 8-2134 第二行"有"字下残画与简 8-2102 第二行"午"字上残画可拼合为一清晰完整的"丙"字，丙午日为卅一年二月二十四日。

至于简 8-2099，应缀于前二简之左侧，其第一行上接 8-2134 之第三行，8-2134 第三行"书"字下第一个残画与简 8-2099 第一行"阳"字上一残画可拼合

---

① 本文凡引里耶秦简皆以《校释（一）》释文为底本，并参校以《里耶（壹）》释文和图版，特此说明。

为一"成"字，8-2134 第三行"书"字下第二个残画与 8-2099 第一行"阳"字可拼合，字形清晰完整，"二人行书成阳"又见于简 8-2111+8-2136，成阳，地名；其第一行下接 8-2102 之第三行，虽然 8-2102 与 8-2099 缀合处茬口形状看上去不甚吻合，但我们细审图版，发现 8-2102 左侧残端边缘较薄，8-2099 右侧正面相应亦有残缺，二简缀合处茬口形状不吻合当由此所致，不影响原为一简的事实。

该简缀合后仍残缺严重，首行"司"字下一字疑为"空"字。简 8-2156 首行作"☑三月癸丑朔壬戌司空☑☑"，我们根据张培瑜所推历谱认为该简所记之事在秦始皇卅一年，则两简时间相去未远，且字形一致，从内容看应该都是司空某（或司空守某）所作与"徒"有关的文书。

该简第三行"成阳"下一字原释文作"童"，陈伟从之，缀合后我们发现该字下部从"又"，与"童"字字形相去甚远，原释文有误。

三

丙膺粟米一石二斗半斗。　　卅一年十二月庚寅，启陵乡守增、佐盍、禀人小出禀大隶妾徒十二月食。Ⅰ

令史逐视平。　盍手。Ⅱ 8-1590+8-1839

按：简 8-1590 与 8-1839 缀合，不见于《里耶（壹）》和《校释（一）》。首先，两简字形一致，宽度相同，残断处茬口极其吻合，简 8-1839 上端所突出尖状部分与 8-1590 下端所残缺的凹陷部分正相合。其次，简 8-1590 第一行"庚寅"下一残画与 8-1839 首行"启"字相拼合，字形清晰完整。最后，该简为廪食记录，该类文书常见于这批简中，缀合后本简格式完整无缺。

四

卅一年七月辛亥朔丙寅，司空☑ Ⅰ

其一人为田鼌养：成☑ Ⅱ

二人行书成阳：庆、适☑ Ⅲ

☑人有逮：富☑ Ⅳ 8-2111+8-2136

按：该简已由何有祖缀合①，但何文将该简第三行"行书"下一字释作"咸"，并属下读为"咸阳"，误。我们认为应从原释文作"成"字。"成"与"咸"二字字形相近易混淆，细审图版我们认为该字写法与这批简中"成"通常写法一致，其下部并不作"口"形，而简 8-1533、8-1545"咸"字下部"口"形清晰可见，故不应作"咸"字。又简 8-2099+8-2102+8-2134 亦有"二人行书成阳"。成阳，《史记·高祖本纪》："乃道砀至成阳"②；《史记·曹相国世家》亦有"击王离军成阳南"③；《汉书·地理志》有"成阳，属济阴郡"④。秦汉之际已有成阳，秦始皇卅一年距此时未远，亦当有成阳。

五

☐庭守礼谓县啬夫上见禾稼☐ Ⅰ

☐☐令县上，会十二月朔日，疑县☐ Ⅱ

☐上，以邮行，勿留，各☐书☐ Ⅲ 8-2159+8-740（正）

☐已上☐ Ⅰ

☐下九邮人庆以来／绰手☐ Ⅱ 8-2159+8-740（背）

按：简 8-2159 与简 8-740 已由何有祖缀合⑤。该简首行"禾"下一字缀合者以及《里耶（壹）》原释文和陈伟《校释（一）》都未释出。

我们认为该简正面第一行"禾"下一字应是"稼"字残笔。在这批简中"禾"、"稼"二字经常连用，应是习语。简 8-734"见禾稼五☐☐"，"见禾稼"三字连用可与本简相参照。又简 8-481"禾稼计"，8-776"仓曹当计禾稼出入券"，8-1246"鞠☐悍上禾稼租志误少五谷☐☐"，由上述简文可看出，在这批简的官文书中存在一种名为"禾稼计"或"禾稼租志"的计账文书，也说明"禾稼"二字是经常连用的。又简 8-1554"高里士五（伍）广自言：谒以大奴良、完，小奴畴、饶，大婢阑、愿、多、☐、禾稼、衣器、钱六万，尽以予子大女子阳里胡，凡十一物，同券齿"，在这段简文中，"禾稼"被时人"广"

① 何有祖：《里耶秦简牍缀合（七则）》，简帛网，2012 年 5 月 1 日。
② 《史记》卷 8《高祖本纪》，中华书局 1959 年版，第 357 页。
③ 《史记》卷 53《曹相国世家》，第 2023 页。
④ 《汉书》卷 28《地理志上》，中华书局 1962 年版，第 1571 页。
⑤ 何有祖：《里耶秦简牍缀合》，简帛网，2012 年 5 月 26 日。

看作是一个与衣器、钱、奴、婢并列的概念而同属于"凡十一物"中，也证明"禾稼"在这批简中是一种习语。从字形上看，"禾"下残画不从"艸"，也不从"竹"，细核图版，同时比照简 8-481、8-776、8-1246、8-1554 的"稼"字字形后，我们发现此残画右半部分为"宀"，其左半部分是"禾"字字头，其实应是"稼"字的上端。

六

粟米十二石二斗少半斗。卅五年八月丁巳朔辛酉，仓守择付司空守俱。臂手Ⅰ 8-1544

按："臂手"二字《里耶（壹）》原释文未释，我们检视图版认为是"臂手"。"臂手"二字又见于简 8-405、简 8-865、简 8-902、简 8-972、简 8-1771、简 8-1809 等，且本简"臂手"二字字形与上述诸简中"臂手"二字字形一致。又，本简字形与简 8-839+8-901+8-926 字形一致，则二简出于同一人之手可知，该简文作"卅五年正月庚寅朔朔日，仓守择、佐臂、傰（禀）人中☒Ⅰ令史就视平。Ⅱ"，由此简可知，臂应是仓守择的佐。而此二简时间相近，故臂于是年八月仍作仓守择的佐亦有较大可能，如是，本简末端书有"臂手"二字也是合理的。

七

卅三年五月庚午朔己丑，贰乡守吾作徒薄（簿）：受司空白粲一人，病。Ⅰ 8-1255+8-1323+8-1207

按：该简缀合见于《校释（一）》。"五"字《里耶（壹）》原释文释作"正"字，《校释（一）》亦从之，我们认为当是"五"字。首先，简 8-651 所记卅三年正月朔日为"壬申"日，若此，二者必有一误。而简 8-154、8-561 所记卅三年二月朔日为"壬寅"日，如是，本简所记"卅三年正月庚午朔"必定有误。其次，简 8-1152 作"卅三年五月庚午朔庚寅☒"，二简字形一致，且"庚寅"日与"己丑"日相连，当为一人所记。细核图版，我们发现，本简被误释为"正"的"五"字，与简 8-1152 的"五"字字形写法相类，只是字迹略草，故与

"正"字形似，而实当作"五"字。

八

☐亥朔辛丑，琅邪段守☐敢告内史、属邦、郡守主：琅邪尉徒治即☐Ⅰ
琅邪守四百卅四里，☐可令县官有辟、吏卒衣用及卒有物故当辟徼遝☐Ⅱ
告琅邪尉，毋告琅邪守。毋告琅邪守固留费，且辄却论吏当坐者。它如律
令。敢☐☐Ⅲ
☐一书。·以苍梧尉印行事。／六月乙未，洞庭守礼谓县啬夫听书从事☐Ⅳ
☐军吏在县界中者各告之。新武陵别四道，以次传。别书写上洞庭Ⅴ8-
657（正）

尉。皆勿留。／葆手。Ⅰ
／骄手／八月甲戌，迁陵守丞膳之敢告尉官主：以律令从事传。传别书Ⅱ
贰春，下卒长奢官。／☐手。／丙子旦食走邮行。☐Ⅲ
九月戊午水下五刻，士五（伍）宕渠道☐邑疵以来。／朝手。　洞☐Ⅳ8-
657（背）

按：该简背面第四行"午"上一字，《里耶（壹）》与《校释（一）》释文均作"庚"字。检核图版，我们认为应释作"戊"字。此字虽残，但其右半部分尚清晰，当作"戈"字形，于干支用字中比照可知，此处原字当作"戊"而非"庚"。

又，该简所记之事当为秦始皇二十八年之事，在这批简中"迁陵守丞膳之"最早见于简8-1563，时间为秦始皇二十八年七月。而简8-133显示出秦始皇二十七年八月癸巳日的迁陵守丞是陛（该月朔日为甲戌日），膳之担任守丞不应晚于此时，所以我们认为该简所记之事应在秦始皇二十八年。由张培瑜所推历谱可知，是年八月为戊辰朔，若按《里耶（壹）》与《校释（一）》释文作"庚午"，是该月初三日，在甲戌日前，时间矛盾；若所缺字为"九"字，则是月无庚午日，亦误；而戊午日为八月戊辰朔朔日后第51日，则第四行"月"前所缺字当补为"九"，戊午日为该月二十一日，故当改释为"戊"。

（原载《鲁东大学学报》2015年第2期）

里耶秦简所见秦的出粮方式

粮食历来都是国家的经济命脉和最重要的经济部门，历代王朝对于粮食的发放均制定有一套严格的程序和规定。目前有关秦的粮食发放制度方面的研究成果较少，相关研究成果中如蔡万进《秦国粮食经济研究》[①]，吴方浪、吴方基《简牍所见秦代地方禀食标准考论》[②] 等文，也鲜有涉及粮食发放方式的。2002 年里耶秦简的出土，提供了大量秦的有关粮食发放的记录，使这一课题研究成为可能。本文以《里耶秦简（壹）》所公布简牍为主要资料，就里耶秦简中所反映的秦的出粮方式进行研究，不妥之处，敬请指正。

一　出禀

出禀，又称"禀"、"出以禀"（"出以禀"有时也指发放钱财），即官府给予粮食，是出粮简牍中最为常见的粮食发放方式。根据参与出禀机构的不同，分为仓、乡、田官的出禀。同时，各机构的出禀对象又可进一步细分。

1．仓的出禀
里耶秦简中的仓，没有明确限定的情况下都是指县仓，与离邑乡仓（启陵乡和贰春乡的仓）相对。仓的出禀对象主要有：大小隶臣妾及其婴儿、官员、屯戍士五、冗作人员。

---

① 蔡万进：《秦国粮食经济研究》（增订本），大象出版社 2009 年版。
② 吴方浪、吴方基：《简牍所见秦代地方禀食标准考论》，《农业考古》2015 年第 1 期。

（1）稻五斗。卅一年九月庚申，仓是、史感、禀【人】堂出禀隶臣▨Ⅰ
令史尚视平。 ▨Ⅱ（8-211）①

（2）径麿粟米一石二斗少半斗。 卅一年十一月丙辰，仓守妃、史感、
禀人援出禀大隶妾始。Ⅰ 令史偏视平。 感手。Ⅱ（8-766）

例（1）（2）分别是仓出禀隶臣和隶妾的记录。里耶秦简出禀隶妾的简还
有 8-760、8-762、8-763、8-2249；出禀小隶臣的简有 8-1153+8-1342、8-
1360+8-448、8-1551、8-1580；出禀隶妾婴儿的简有 8-1540；出禀隶臣婴儿的
简有 8-217。暂时不见仓出禀小隶妾的记录，但应该是存在的。另外，还有 3 枚
仓出禀粮食的残简，简 8-800 可以根据不同身份禀食标准的差异推测其对象为
隶臣妾；简 8-1037、8-1134 残损严重，无法确定出禀对象。

仓发放口粮给大小隶臣妾及其婴儿，是秦粮食分配的重要组成部分。睡虎
地秦简秦律依据隶臣妾成年与否及劳作种类制定了不同的粮食发放标准。如：
"隶臣妾其从事公，隶臣月禾二石，隶妾一石半；其不从事，勿禀。小城旦、隶
臣作者，月禾一石半石；未能作者，月禾一石。小妾、舂作者，月禾一石二斗
半斗；未能作者，月禾一石。婴儿之毋（无）母者各半石；虽有母而与其母冗
居公者，亦禀之，禾月半石。""隶臣田者，以二月月禀二石半石，到九月尽而
止其半石。""城旦之垣及它事而劳与垣等者，旦半夕参。"②

（3）稻一石一斗八升。 卅一年五月乙卯，仓是、史感、禀人援出禀迁
陵丞昌。·四月、五月食。Ⅰ 令史尚视平。 感手。Ⅱ（8-1345+8-2245）

例（3）是仓出禀迁陵丞的记录。里耶秦简还有出禀其他官员的记录，其中
简 8-45+8-270 为出禀牢监、仓佐；8-1031 为出禀令史；8-1063 为出禀库佐。
另外，简 8-1066、8-1046 上半部分残断，释文作"▨禀"，通过对比其他出禀
简牍，可以确定两者亦为出禀令史的记录。仓负责发放官员的俸禄，睡虎地秦
简秦律规定有秩吏领取粮食"月食者已致禀而公使有传食，及告归尽月不来者，
止其后朔食，而以其来日致其食；有秩吏不止。"③另外，"官长及吏"可以用

① 陈伟主编：《里耶秦简牍校释（第一卷）》，武汉大学出版社 2012 年版。以下凡引里耶秦简，如不特别
说明，皆见本书，不再出注。
② 睡虎地秦墓竹简整理小组：《睡虎地秦墓竹简》，文物出版社 1990 年版，释文，第 32、33 页。
③ 睡虎地秦墓竹简整理小组：《睡虎地秦墓竹简》，释文，第 31 页。

"公车牛"去粮仓领取自己的口粮。

（4）丙唅粟米二石。令史扁视平。Ⅰ卅一年十月乙酉，仓守妃、佐富、稟人援出稟屯戍士五屛陵咸阴敃臣。　富手。Ⅱ（8-1545）

例（4）是仓出稟屯戍士五的记录。另外，简8-56"径唅粟米二石。☐Ⅰ卅一年十月乙酉，仓守妃、佐富、稟人援出稟屯☐Ⅱ"根据文例分析，该简有可能亦为仓出稟屯戍士五的记录。秦的屯田制度，由于材料限制，讨论较少，朱德贵认为，秦国土地的经营方式有三种，即使用刑徒进行生产、授田和屯田，秦有专门供应屯戍士卒耕种的土地，并有"田官"负责管理，"屯戍"者一般由编户民构成，其粮食由国家稟给。[1]

（5）径唅粟米三石七斗少半升。·卅一年十二月甲申，仓妃、史感、稟人窑出稟冗作大女戠十月、十一月、十二月食。Ⅰ　令史狅视平。　感手。Ⅱ（8-1239+8-1334）

例（5）是仓出稟冗作人员的记录。安忠义指出，冗作是指规定的徭役之外的劳役。一般来说，参与冗作的人有三种情况：一是有適罪的，因罪罚充冗边；二是赎身的；三为冗作的人是隶臣妾。[2]大女，即成年女子。睡虎地秦简整理小组解释："大，成年，如《管子·海王》和居延汉简均称成年男女为大男、大女。"[3]因此，该简是官府给予冗作成年女子口粮的记录。

2．离邑乡仓的出稟

里耶秦简所见离邑乡仓的出稟有启陵乡仓和贰春乡仓的粮食发放记录，出稟对象主要是隶臣妾和官员。

（6）丙詹粟米一石二斗半斗。　卅一年十二月庚寅，启陵乡守增、佐壴、稟人小出稟大隶妾徒十二月食。Ⅰ　令史逐视平。　壴手。Ⅱ（8-1590+8-

---

① 朱德贵：《秦简所见"更成"和"屯戍"制度新解》，《兰州学刊》2013年第11期。
② 安忠义：《秦汉简中的作刑》，《鲁东大学学报》2010年第6期。
③ 睡虎地秦墓竹简整理小组：《睡虎地秦墓竹简》，简53注释，第33页。

1839）

　　（7）粟米一石二斗六分升四。　令史逐视平。Ⅰ卅一年四月戊子，贰春乡守氏夫、佐吾、稟人蓝稟隶妾廉。Ⅱ（8-1557）

　　例（6）（7）分别是启陵乡仓和贰春乡仓出稟隶妾的记录。另外，启陵乡仓出稟隶妾的简还有8-925+8-2195；出稟官员的简有8-1550。贰春乡仓出稟隶臣的简有8-2247。睡虎地秦简秦律规定："县啬夫若丞及仓、乡相杂以印之，而遗仓啬夫及离邑仓佐主稟者各一户以气（餼），自封印，皆辄出，余之索而更为发户。"[1] 可知，离邑乡也设有粮仓。离邑乡仓作为县属粮仓，由县和乡共同参与出稟，一方面县设职派官（主管仓的官员）并且监督管理，另一方面乡也要派员参与，与县仓不同的是，县仓出稟负责人为"仓某、佐／史某、稟人某"，而离邑乡仓的出稟需要乡守参与，即"乡守某、佐某、稟人某"的组合。

3．田官的出稟

　　田官的出稟不同于县仓和离邑乡仓，其出稟对象为有罪被罚的士五、公卒和簪褭。里耶秦简所见的田官出稟简牍有4枚。

　　（8）径雟粟米一石九斗少半斗。卅一年正月甲寅朔丙辰，田官守敬、佐壬、稟人显出稟赀贷士五巫中陵免将。Ⅰ令史扁视平。壬手。Ⅱ（8-764）

　　（9）▨朔朔日，田官守敬、佐壬、稟人娅出稟居赀士五江陵东就娄▨Ⅰ▨史逐视平。▨Ⅱ（8-1328）

　　（10）径雟粟米一石八斗泰半。卅一年七月辛亥朔癸酉，田官守敬、佐壬、稟人□出稟屯戍簪褭襄完里黑、士五胸忍松涂增Ⅰ六月食，各九斗少半。令史逐视平。　敦长簪褭襄壊（襄）德中里悍出。壬手。Ⅱ（8-1787+8-1574）

　　（11）径雟粟米四石。三十一年七月辛亥朔朔日，田官守敬、佐壬、稟人娅出稟罚戍公卒襄城武宜都翎、长利士五虪。Ⅰ令史逐视平。壬手。Ⅱ（8-2246）

① 睡虎地秦墓竹简整理小组：《睡虎地秦墓竹简》，释文，第25页。

例（8）（9）（10）（11）分别是田官守参与出稟粮食给赀贷士五、居赀士五、屯戍簪裹和士五、罚戍公卒和士五的记录。前面讨论仓出稟时涉及屯戍人员，不再赘述。其他出稟对象，赀和罚都含有罪被罚之义，其身份为士五、公卒。睡虎地秦简秦律规定："有罪以赀赎及有责（债）于公……居官府公食者，男子参，女子驷（四）。"① 如果一月按30天计算，男子月食二石，女子一石半石。例（8）粮食一石九斗少半斗为二石减去男子一天的口粮，是一月按29天计算，即小月所发放的口粮；例（11）粮食四石是两个人的粮食。

由以上分析可知，粮食出稟参与机构有：县仓、离邑乡仓、田官（简8-81、8-1177、8-1238、8-1584残断，无法确定参与出稟机构）。其中，县仓和离邑乡仓均可出稟隶臣妾和官员。县仓还负责屯戍人员口粮的发放。田官参与出稟的对象身份稍有不同，主要为有罪被罚的士五、公卒和簪裹。

粮食出稟简牍的表达方式为："某廥禾若干石。某年某月某日，仓/乡/田官某、佐/史某、稟人某出稟某人。令史某视平。某手。"其中"某手"与"佐/史某"为同一人。简8-925+8-2195："粟米一石六斗二升半升。卅一年正月甲寅朔壬午，启陵乡守尚、佐取、稟人小出稟大隶妾□、京、窑、苣、并、□人、☒Ⅰ乐酇、韩欧毋正月食，积卅九日，日三升泰半半升。令史气视平。　☒Ⅱ"表达方式比较特别，目前仅见此例。

二　出贷

出贷，是官府有偿借予粮食的方式。根据出贷参与机构的不同，有仓、田官、发弩的出贷，还有一部分简牍残损，无法归类。

1．仓的出贷

（12）粟米二石。卅三年九月戊辰乙酉，仓是、佐裹、稟人蓝出贷更☒Ⅰ☒令☒Ⅱ（8-1660+8-1827）

---

① 睡虎地秦墓竹简整理小组：《睡虎地秦墓竹简》，释文，第51页。

2．田官的出贷

（13）·卅一年六月壬午朔丁亥，田官守敬、佐郃、稟人娅出贷罚戍箬裛壤（裛）德中里悍。Ⅰ·令史逐视平。 郃手。Ⅱ（8-1102＋8-781）

3．发弩的出贷

（14）粟米一石九斗少半斗。 卅三年十月甲辰朔壬戌，发弩绎、尉史过出贷罚戍士五醴阳同□禄。廿Ⅰ 令史兼视平。过手。Ⅱ（8-761）

除上述明确参与出贷机构的简外，还有一些无法归类的残简。

（15）☑□出贷吏以卒戍士五涪陵戏里去死十一月食。Ⅰ☑尉史□出。狗手。Ⅱ（8-1094）

（16）☑□出贷居赀士五巫南就路五月乙亥以尽辛巳七日食。Ⅰ☑缺手。Ⅱ（8-1014）

（17）☑稟人忠出贷更戍城父士五阳糧俪八月九月☑（8-980）

（18）☑人忠出贷更戍士五城父中里简。（8-1000）

（19）☑稟人忠出贷阳里士五过。Ⅰ☑□手。Ⅱ（8-2233）

（20）☑稟人忠出贷更戍士五城父蒙里□☑Ⅰ☑ 令史却视平。 ☑Ⅱ（8-1024）

里耶秦简中出贷相关的简牍还有8-899、8-1029、8-1505，但因其残损，内容不明，无法确定是否为粮食出贷，暂不予讨论。

目前所见，粮食出贷简牍的参与机构有仓、田官、发弩。出贷对象有罚戍箬裛、罚戍士五、卒戍士五、居赀士五、更戍士五、士五。因材料有限，无法确定参与出贷的机构是否只有仓、田官和发弩。但是出贷对象有一定的特征，即士五或者有罪被罚的士五和箬裛。这与前文中粮食出稟对象部分重合。至此，我们发现粮食发放对象为士五及有罪被罚的士五和箬裛时，发放方式有可能为出稟，也有可能为出贷。这种情况之所以出现，可能与相关人员的生活条件有关。睡虎地秦简《秦律》规定："有罪以赀赎及有责（债）于公，以其令日问之，其弗能入及赏（偿），以令日居之，日居八钱；公食者，日居六钱。居官府公食者，男子参，女子驷（四）。""以日当刑而不能自衣食者，亦衣食而令居之。"① 即居赀赎债人员，应依判决规定的日期加以讯问，如无力缴纳赔偿，要从规定之日起用劳役来抵偿债务，每劳作一天抵偿八钱；由官府给予衣食的，每劳作一天抵偿六钱。在官府服劳役给予粮食的人员，男子每餐 1/3 斗，女子每餐 1/4 斗；用劳役日数代替受刑而不能自备衣食的，官府可以给予衣食但需要人员用劳役抵偿。由此可见，如果人员自带粮食，则劳作日数不变，然而自带粮食不足的情况下，可能需要向官府借贷，即官府有偿出贷粮食给他们；如果人员粮食无法自给，官府可以出稟，他们则以劳作日数抵偿口粮。因此出现了身份相同的人员，粮食发放方式不同的情况。

睡虎地秦简秦律还规定了贷食和不允许贷食的情况，如"宦者、都官吏、都官人有事上为将，令县貣（贷）之，辄移其稟县，稟县以减其稟。已稟者，移居县责之"；"有事军及下县者，赍食，毋以传貣（贷）县"②。即所到县要垫发口粮给为朝廷办事而来督送的宦者、都官的吏或都官的一般人员，同时告知原发口粮的县扣除，如果在原发口粮的县领取，所到县要责令赔偿；不应该将粮食借给到军中和属县办事的人员。另外，里耶秦简也有一份令仓贷食的官文书，简 8-1563 "……尉守窃敢之：洞庭尉遣巫居贷公卒安成徐署迁陵。今徐以壬寅事，谒令仓贷食，移尉以展约日。敢言之……"根据法律和文书可知，贷食需要一定条件，并且属于有偿出贷。比如县贷粮食给宦者一类人时，需要停发原发口粮县的粮食。文献中也有出贷粮食需要偿还的记载，如田常"以大斗出贷，以小斗收"。③

粮食出贷简牍的表达方式为："禾若干石。 某年某月某日，仓 / 田官某、佐 / 史某、稟人某出贷某。令史某视平。某手。"需要注意的是，发弩作为参与的出贷机构时，只有发弩啬夫和尉史，没有稟人，同时尉史还担任书手的职责。

三　出食

出食，常称"出以食"，又称"出（种类＋数量）食"，是官府给予粮食的

① 睡虎地秦墓竹简整理小组：《睡虎地秦墓竹简》，释文，第 51 页。
② 睡虎地秦墓竹简整理小组：《睡虎地秦墓竹简》，释文，第 30、31 页。
③ 《史记》卷 46《田敬仲完世家》，中华书局 1959 年版，第 1883 页。

又一种方式。根据参与出食机构的不同，分为司空、贰春乡的出食。

1．司空的出食

（21）径膺粟米一石九斗五升六分升五。　卅一年正月甲寅朔丁巳，司空守增、佐得出以食舂、小城旦渭等卅七人，积卅七日，日四升六分升一。Ⅰ令史□视平。得手。Ⅱ（8-426+8-1632+8-212）

（22）☑斗。　卅年九月丙辰朔己巳，司空守兹、佐得出以食舂、小城旦却等五十二人，积五十二日，日四升六分升一。Ⅰ　令史尚视平。　得手。Ⅱ（8-525+8-351+8-216）

例（21）（22）是司空机构参与出食舂、小城旦的记录。此外，简 8-575、8-1135 下端残断，出食对象不知；简 8-474+8-2075 "出以□"后简文残损，据文例分析，亦为出食简牍。这 3 简均无法确定出食对象。

2．贰春乡的出食

（23）卅一年三月癸酉，贰春乡守氏夫、佐壬出粟米八升食舂央匏等二☑Ⅰ令史扁视平。　☑Ⅱ（8-1576）

（24）粟米八升少半升。　令史逐视平。☑Ⅰ卅一年四月辛卯，贰春乡守氏夫、佐吾出食舂、白粲□等□人，人四升六分升一。☑Ⅱ（8-1335+8-1115）

例（23）（24）是贰春乡出食舂、白粲的记录。

由此可见，粮食出食简牍的参与机构有：司空、贰春乡（简 8-337 残断，无法确定参与出食的机构）。出食对象有：舂、小城旦、白粲。作为刑徒，官府根据其身份和劳作类别发放口粮，如睡虎地秦简秦律规定："小城旦、隶臣作者，月禾一石半石；未能作者，月禾一石。小妾、舂作者，月禾一石二斗半斗；未能作者，月禾一石"，"白粲操土攻（功），参食之；不操土攻（功），以律食之"①。

粮食出食简牍的表达方式为："某膺禾若干石。　某年某月某日，司空／贰春

---

① 睡虎地秦墓竹简整理小组：《睡虎地秦墓竹简》，释文，第 32、33 页。

乡某、佐某出食某等若干人，积若干日，日若干。 令史某视平。 某手。"有时粮食数量不写在开头，而以"出（种类＋数量）食"表示。值得注意的是，此类简牍没有负责粮食发放的禀人，也没有出食对象的具体姓名，与前文提到的出禀简牍中写明"……禀人某出禀某，积若干日，日若干"的特例简 8-925＋8-2195 有明显区别。结合简 6-3"□＝七石。元年端月癸卯朔□□，司空□□受仓□☑"和简 8-1544"【粟米】十二石二斗少半斗。卅五年八月丁巳朔辛酉，仓守择付司空守俱□"分析，出食简牍可能是司空、贰春乡负责统计刑徒人员的口粮（不计具体名字），上报，进而由仓运输粮食到具体事务部门。这与法律规定的"其病者，称议食之，令吏主"①，即有病的人员由吏主管酌情给予口粮的原则相似。

出禀、出贷、出食是里耶秦简中粮食发放的三种方式。出禀指县仓、离邑乡仓、田官发放粮食给隶臣妾、官员、屯戍人员、冗作人员、有罪被罚的士五、公卒和簪褭；出贷指仓、田官、发弩将粮食有偿借予士五、更戍士五、有罪被罚的士五和簪褭；出食指司空、贰春乡发放粮食给舂、城旦、白粲。

三种粮食发放方式有相同也有不同。就语言表达而言，里耶秦简基本都为"仓某佐／史某禀人某"，佐和史不同时出现，与睡虎地秦简秦律规定的"仓啬夫某、佐某、史某、禀人某"有所区别。其中出禀和出贷比较相似，发放对象明确，而出食没有禀人和具体的发放对象，增加了工作时长和每日口粮的记载。就发放对象而言，出禀对象最广，出食仅有城旦、舂、白粲，出贷仅为士五和有罪被罚的士五、簪褭。其中出禀和出贷在发放对象为士五及有罪被罚人员时，部分人员为官府给予，部分人员为有偿借予，这可能与相关人员的生活条件有关。

（原载《鲁东大学学报》2015 年第 4 期）

---

① 睡虎地秦墓竹简整理小组：《睡虎地秦墓竹简》，释文，第 33 页。

张家山汉简研究

从张家山汉简看楚汉法统关系

张家山汉简 1983 年发现，2001 年 11 月文物出版社出版《张家山汉墓竹简（247 号墓）》[1] 予以正式公布，为研究西汉初年刘邦至吕后二十余年间汉初历史提供了宝贵的第一手资料。张家山汉简正式公布前学术界有关楚汉法统关系问题的研究，代表性论文有田余庆《说张楚》[2]，该文指出文景至武帝时期汉人在观念上尊重张楚法统，但囿于资料未能论及楚汉交替之际时人对楚汉法统关系的看法及其历史影响。张家山汉简的整理公布，使这一研究成为可能。本文拟就张家山汉简中所反映的楚汉法统关系问题予以研究。

一　历谱"新降为汉"考

张家山 247 号汉墓出土竹简《历谱》，详细记录了汉高祖五年四月至吕后二年后九月十七年间各月朔日干支，其中在汉高祖五年"四月辛卯"和惠帝元年"八月癸酉"条下还分别附有一段记事文字，内容为：

> 新降为汉。九月（简 2）
> 六月病免。（简 10）

按：汉高祖刘邦五年十二月联合各诸侯王围困项羽于垓下，项羽乌江自刎，

---

① 张家山二四七号汉墓竹简整理小组：《张家山汉墓竹简（二四七号墓）》，文物出版社 2001 年版。以下凡引张家山汉墓竹简，皆见本书。
② 田余庆：《说张楚》，《历史研究》1989 年第 2 期。

楚灭。二月（秦、汉初以十月为岁首，同年二月在十月之后），刘邦受各路诸侯王拥戴，在定陶即皇帝位，正式建立汉王朝。历谱高祖五年四月条下"新降为汉"记事表明，南郡归降汉王朝当在高祖刘邦定陶称帝一月后不久，即历谱所记的"四月"。该历谱所记以汉高祖五年四月为始，一方面反映汉王朝的建立，是一次重要的王朝变革和重大的历史事件；另一方面也反映墓主本人自己亲身经历了这场历史变革。也就是在这一年，墓主降于汉廷，接受汉廷领导，又因这场变革在南郡有可能发生在四月，故墓主所记历谱才有可能始自四月。因为刘邦二月定陶称帝后不久，西都洛阳（五月）迁至长安（六月），墓主所在的南郡四月归并汉王朝领导也是有可能的。故高祖五年"四月辛卯"条下"新降为汉"之"汉"应是指刚刚成立的西汉王朝，而非公元前206—前202年间的偏居巴蜀汉中之地的汉王国。

惠帝元年"八月癸酉"条下同时记有"六月病免"字样，表明墓主生前乃系汉王朝南郡治下的一名官吏。汉朝法律规定，官吏"病满三月免"[①]。墓主高祖五年四月"新降为汉"，惠帝元年六月"病免"，说明墓主在汉高祖五年汉王朝建立至惠帝即位期间一直在南郡为官，之后便因病去职闲居在家，直至吕后二年后九月（《历谱》最晚记至吕后二年后九月，推断墓主去世当在此后不久）。不过"新降为汉"一语同时也反映出墓主不惟汉初刘邦在位时一直为官，即或楚汉之争及秦王朝时亦可能为官。M247号墓墓主棺中随葬有墓主所用的鸠杖，《历谱》惠帝元年即前194年条下记"病免"，知墓主此时年事已长，他死在吕后时或更晚一点的时间，年纪自己老迈，因此，二者是相合的[②]；另张家山汉简《二年律令·傅律》"大夫以上年七十，不更七十一，簪袅七十二，上造七十三，公士七十四，公卒、士伍七十五，皆受杖"（简355）亦可为证。否则，墓主不会在楚汉交替之际那么庄严地记了一笔"新降为汉"，关注这一政权交替变革。由此可以推知墓主应是经历了秦、楚和汉王国（前206—前202）及汉初历史的一名人物，与刘邦、萧何属同时代人，同为秦末至汉初历史的见证人。"六月病免"记载和墓主所存吕后"二年律令"，客观上反映了墓主对汉王朝政权的认同，反映了墓主的政治态度。因此，《历谱》所记这段文字从另一个侧面又佐证了"新降为汉"之"汉"，只有可能是"汉王朝"，而非楚汉之争期间的"汉王国"。

---

① 《汉书·谷永传》："永远为郡吏，恐为音所危，病满三月免。""永病，三月，有司奏请免。故事，公卿病，辄赐告，至吴独即时免。"参见《汉书》卷85《谷永传》，中华书局1962年版，第3456、3473页。

② 江陵张家山汉墓竹简整理小组：《江陵张家山汉简概述》，《文物》1985年第1期。

二　《奏谳书》"楚时去亡，降为汉"辨

张家山 247 号汉墓出土竹简《奏谳书》主要是汉初议罪案例的汇编，提及"楚时去亡，降为汉"的共有二则案例：

其一：

　　十一年八月甲申朔丙戌，江陵丞鼇敢谳之。三月己巳大夫禒辞曰：六年二月中买婢媚士伍点所，贾钱万六千，乃三月丁巳亡，求得媚，媚曰：不当为婢。·媚曰：故点婢，楚时去亡，降为汉，不书名数，点得媚，占数复婢媚，卖禒所，自当不当复受婢，即去亡，它如禒。·点曰：媚故点婢，楚时亡，六年二月中得媚，媚未有名数，即占数，卖禒所，它如禒、媚。·诘媚：媚故点婢，虽楚时去亡，降为汉，不书名数，点得，占数媚，媚复为婢，卖媚当也。去亡，何解？媚曰：楚时亡，点乃以为汉，复婢，卖媚，自当不当复为婢，即去亡，毋它解。·问媚：年卅岁，它如辞。·鞫之：媚故点婢，楚时亡，降为汉，不书名数，点得，占数，复婢，卖禒所，媚去亡，年卅岁，得皆审。·疑媚罪，它县论，敢谳之，谒报，署如廥发。·吏当：黥媚颜颥，畀禒，或曰当为庶人。（简 8-16）

其二：

　　·十年七月辛卯朔甲寅，江陵余、丞鼇敢谳之。乃五月庚戌，校长池曰：士伍军告池曰：大奴武亡，见池亭西，西行。池以告，与求盗视追捕武。武格斗，以剑伤视，视亦以剑伤武。·今武曰：故军奴，楚时去亡，降汉，书名数为民，不当为军奴，视捕武，诚格斗，以剑击伤视，它如池。·视曰：以军告，与池追捕武，武以剑格斗，击伤视，视恐弗胜，诚以剑刺伤武而捕之，它如武。·军曰：武故军奴，楚时亡，见池亭西。以武当复为军奴，即告池所，曰武军奴，亡。告诚不审，它如池、武。·诘武：武虽不当受军奴，视以告捕武，武宜听视而后与吏辩是不当状，乃格斗，以剑击伤视，是贼伤人也，何解？·武曰：自以非军亡奴，毋罪，视捕武，心恚，诚以剑击伤视，吏以为即贼伤人，存吏当罪，毋解。·诘视：武非罪人也，视捕，以剑伤武，何解？视曰：军告武亡奴，亡奴罪当捕，以告捕武，武格斗伤视，视恐弗胜，诚以剑刺伤捕武，毋它解。·问武：士伍，年

卅七岁，诊如辞。·鞫之：武不当复为军奴，□□□奴告池，池以告与视捕武，武格斗，以剑击伤视，视亦以剑刺伤捕武，审。·疑武、视罪，敢谳之，谒报，署狱西膽发。·吏当：黥武为城旦，除视。·廷以闻，武当黥为城旦，除视。（简36—48）

上述二则案例中提及的"降为汉"之"汉"，我们认为应是汉高祖刘邦称帝后建立的汉王朝之"汉"。这由案例本身所反映的重大历史事实所证明的，两则案例均涉及汉高祖五年五月诏。《汉书·高帝纪》五年五月诏曰：

> 诸侯子在关中者，复之十二岁，其归者半之。民前或相聚保山泽，不书名数，今天下已定，令各归其县，复故爵田宅，吏以文法教训辨告，勿笞辱。民以饥饿自卖为人奴婢者，皆免为庶人。军吏卒会赦，甚亡罪而亡爵及不满大夫者，皆赐爵为大夫。故大夫以上赐爵各一级，其七大夫以上，皆令食邑，非七大夫以下，皆复其身及户，勿事。

> （又曰）七大夫、公乘以上，皆高爵也。诸侯子及从军归者，甚多高爵，吾数诏吏先与田宅，及所当求于吏者，亟与。爵或人君，上所尊礼，久立吏前，曾不为决，甚亡谓也。异日秦民爵公大夫以上，令丞与亢礼。今吾于爵非轻也，吏独安取此！且法以有功劳行田宅，今小吏未尝从军者多满，而有功者顾不得，背公立私，守尉长吏教训甚不善。其令诸吏善遇高爵，称吾意。且廉问有不如吾诏者，以重论之。

高祖五年五月诏是西汉初年最重要的法令之一。汉高祖刘邦五年十二月击败项羽，同年二月即皇帝位，正式建立汉王朝，夏五月遣散军队，"兵皆罢归家"，同时发布五年五月诏，处理各种战后问题。其中，命令在战乱中聚集山泽的人各归本土、复故爵田宅及因饥饿自卖为人奴婢者一律免为庶人的内容。从《奏谳书》这两则案例可以看出，汉高祖刘邦在称帝后的同年五月确实颁布了这一诏书，婢媚、奴武逃亡的理由，自述援据的都是高祖五年五月颁布的这一诏条，既然自己已经"降汉"，依律自占名籍为"庶人"、"民"，当不应再为"奴"、"婢"，反映下层人民对汉王朝建立的认可和接受，与《历谱》汉高祖五年四月条墓主所记"新降为汉"所反映的事实也是一致的。

既然"楚时去亡，降为汉"之"汉"所指已经辨明，那么"楚时去亡"之"楚"又作何解？我们首先从案例本身试作分析，婢媚一案"奏谳"廷尉请求

"谒报"在汉高祖十一年八月,但事情起因却追溯至"六年二月"。鞫辞中言婢媚时年卌岁,媚自辩曰:"故点婢,楚时去亡,降为汉,不书名数,点得媚,占数复婢媚,卖襐所,自当不当复受婢,即去亡。"意即我婢媚原来是点的女婢,楚时我逃亡,如今汉王朝建立,令婢占数,免为庶人,点将我卖至襐处为婢,我个人认为不当,所以再次去亡。媚所言"楚",依其意当在汉王朝建立之前。汉王朝建立之前楚有二:一是秦二世元年(前209)至汉王朝建立之前(前202)之"楚",即陈胜"张楚"之楚、楚怀王"义帝"之楚、项羽"西楚霸王"之楚;二是战国七雄之"楚"(前223年秦灭楚)。两则案例均发生在南郡,江陵是楚郢都所在地,公元前278年即已被秦攻占并设南郡管理,此地属楚被秦所占距上述案例发生已八十余年(前278—前196、前197),而媚仅卌岁,武也仅才卅七岁,故所言"楚时去亡"之"楚",当为秦二世元年(前209)至汉王朝建立之前(前202)间之"楚",而非战国七雄之"楚"。张家山汉简整理者注释"楚时去亡"之"楚"为"楚汉战争之楚"范围限定失之于窄,欠妥。

　　奴武、婢媚言"楚时去亡,降为汉"应是一种感情和历史事实的真实反映。南郡江陵原属战国七雄楚国故都郢地,秦将白起公元前278年拔郢,楚被迫东迁淮阳,睡虎地秦墓竹简《编年记》言"南郡备敬(警)"[1],当是秦国占领楚都后当地楚人激烈反抗所致。秦二世元年(前209),陈胜首事,建立"张楚"政权,之后项羽、刘邦又立楚国王族后裔楚怀王为帝,这使楚地人民看到希望,同时"天下苦秦久矣"[2],自然对张楚、楚怀王之"楚"产生认同感。公元前206年,项羽自立为西楚霸王,节制所封其他十八路诸侯王,刘邦偏居巴蜀汉中为王,自然时人视项羽之楚为正统,只知秦灭楚兴,只是到了公元前202年,项羽兵败自杀,刘邦改"楚"立"汉"(汉王朝)号令全国,人们才又接受"汉"兴代"楚"事实。缘此,奴武、婢媚才有"楚时去亡,降为汉"之语。所以此处之"楚"笔者认为还应包括陈胜之"张楚"、楚怀王之楚,似不应仅限于楚汉战争之"楚"。

　　张家山汉简《奏谳书》是汉法律文献的重要组成部分,案例中"楚时去亡,降为汉"之表述当也代表了汉王朝官方的思想,即"汉"(汉王朝)是代"楚"(前209—前202年间之楚)而立。刘邦原本楚人,秦时为沛县泗水亭长,常徭

① 睡虎地秦墓竹简整理小组:《睡虎地秦墓竹简》,文物出版社1990年版,释文,第7页。
② 《史记》卷8《高祖本纪》,中华书局1959年版,第350页;《史记》卷48《陈涉世家》,第1950页。

使咸阳，观秦始皇，曾喟然叹息"大丈夫当如此也"①。后响应"张楚"政权掀起反秦斗争，之后与项羽同受楚怀王之封，拥立楚怀王，为复怀王之约，与项羽争战四年。秦是暴政的代表，天下苦秦，刘邦自然不会标榜汉王朝是由秦而承继来的，相反自己与项羽争战是为了恢复楚法统即为义帝报仇，顺民心应民意。因此，可以看出，《奏谳书》中的这种"楚时去亡，降为汉"反映的不仅是王朝交替，更是汉初上下对汉王朝法统的基本看法和理解，即"汉"承继"楚"（前209—前202年）而兴、而立。

三　张家山汉简与楚汉法统关系简论

如果说张家山汉简《历谱》"新降为汉"、《奏谳书》"楚时去亡，降为汉"反映了楚汉交替之际时人对楚汉法统关系的基本看法的话，那么，马王堆汉墓出土帛书和《史记·秦楚之际月表》则又为我们了解西汉文景至武帝时期汉人对楚汉法统关系的认识以及楚汉之际时人对楚汉法统关系看法的历史影响提供了宝贵的线索。

马王堆汉墓帛书出土于长沙丞相轪侯利仓儿子墓中（编号为三号墓），其中被整理者定名为《五星占》②的帛书，根据实际观测记录了从秦始皇元年（前246）至汉文帝三年（前177）七十年间岁星（木星）、填星（土星）和太白（金星）在天空中运行的位置，在秦汉纪年之间赫然记有"张楚"政权。该墓安葬日期为汉文帝"十二年二月乙巳朔戊辰"，即公元前168年，属文景时期。轪侯利仓乃长沙王国丞相，该墓是其儿子之墓，说明时至文景后，汉王朝是继楚而来仍是时人共识，由陈胜建立的"张楚"政权是灭"秦"、开"汉"的中间环节。在张楚政权中成长壮大的刘邦是继"张楚"之楚、楚怀王之楚打败项羽而继任楚之正统，因这期间被封为"汉"王，故称帝立国号为汉，从而建立历史上一个新的皇朝——汉王朝③。

---

① 《史记》卷8《高祖本纪》，第344页。

② 马王堆汉墓帛书整理小组：《〈五星占〉附表释文》，《文物》1974年第11期。

③ 关于马王堆汉墓出土帛书《五星占》附表中"张楚"年号，田余庆先生认为："从汉墓张楚帛书论及汉初重张楚问题，不可忽视汉高祖刘邦对张楚的态度。高祖为陈胜而不为义帝置守冢，而且户数多，优于其他帝王，正是由于汉初特重张楚法统的缘故。"参见田余庆：《说张楚》，《历史研究》1989年第2期。

　　《史记·秦楚之际月表》系武帝时司马迁所撰，司马迁撰《史记》自称"通古今之变，成一家之言"。他的这个《月表》设置当是代表了他对秦、楚、汉三者之间关系的认识。《月表》所列始自秦二世元年（前 209），迄于汉高祖五年（前 202），前后共八年，将这一历史时期命名为"秦楚之际"而仅将"汉王国"厕身其间，正反映了司马迁对这一历史过程演变的基本认识，即汉王朝是继秦、楚而来，"秦"与"汉王朝"之间尚存在着"楚"这一个历史时期和环节，"秦"由"楚"（刘邦、项羽所拥立之楚）灭，汉王朝是在"张楚"政权建立后这一历史时期发展壮大而代楚建立的。司马迁的这种思想不是空穴来风，而是自楚汉交替间至文景、武帝时期汉人一贯的看法和观点的反映，尽管司马迁标榜"通古今之变，成一家之言"，但在这一点上看来他并未成一家之言，而是承袭了汉初七十年间汉人对楚汉关系的这一基本看法和认识，即从法统上讲，刘邦建立的汉王朝是承继楚而来，秦汉时人普遍认为秦王朝、汉王朝之间应存在"楚"这样一个历史时段和政权。

　　另外，从《奏谳书》所载发生在南郡的这两则案例言"楚"、言"汉"而不言"秦"亦可看出楚汉法统关系之一斑。南郡属秦已久，但在媚、武言及"楚时去亡，降为汉"追述前事时，却常用"故点婢，楚时去亡，降为汉"，"故军奴，楚时去亡，降汉"，有"楚"之前当为"秦"，秦时媚、武有可能亦为奴、婢，这里用"故"代"秦"，继而述"楚"、述"汉"，反映楚汉交替之际，时人对暴秦的憎恶和秦为楚灭、汉继楚来的基本思想，这与汉朝建立后统治阶层口诛笔伐秦暴政也是一脉相承的。不过，应当承认的是，尽管从法统上讲汉继楚而来，但由张家山汉简汉律来看，汉王朝制度方面却是承袭秦制。由于不属该文讨论范围，留待另文专论。

（原载《中州学刊》2002 年第 4 期）

《奏谳书》编订成书年代蠡测

我们这里所说的《奏谳书》编订年代不是材料的时代，也不是指竹简《奏谳书》抄成的年代，而是把《奏谳书》这样一部出土于张家山247号汉墓的案例汇编，作为一个整体，讨论其可能的编订年代。

《奏谳书》是一部案例汇编，这些案例有发生在东周时期的，有发生在秦代的，但大多数为西汉初年高祖时期，年代最晚的案例是汉高祖十一年八月发生的。这样《奏谳书》编订的年代上限当不会早于汉高祖十一年八月，如果考虑到由奏谳廷尉至廷尉回复即"廷报"还有一段时间，汉初袭用秦历，以十月为岁首，八月已为年末，那么，《奏谳书》一书的编订工作开展最早将不会早于汉高祖十二年（前195），当始于汉高祖十二年及其以后。

与《奏谳书》同墓出土的还有一份汉初《历谱》，记录了汉高祖五年（前202）至吕后二年（前186）后九月间各月朔日干支，发掘者据此推断"墓主人去世当在西汉吕后二年（前186）或其后不久"，"上述各种著作（指《奏谳书》、《脉书》、《引书》、《算数书》。——笔者注）的年代下限当不会迟于公元前186年"[1]，而《奏谳书》作为案例汇编，其实际编订完成年代，或者说《奏谳书》的编订工作实质性结束，实际上应早于此年，即公元前186年，否则墓主墓中不可能有《奏谳书》这样一部案例汇编随葬。

准此，张家山汉简《奏谳书》的编订年代当在汉高祖十一年八月至吕后二年后九月这十间。李学勤先生说："《奏谳书》是湖北江陵张家山247号墓出土竹简中一种重要的法律文献，年代属于汉初"[2]；彭浩先生指出："这些案件发生的时间有秦代的，也有汉代的，年代最迟的案例是汉高祖十一年发生的。它们比《奏

---

① 张家山二四七号汉墓竹简整理小组：《张家山汉墓竹简（二四七号墓）·前言》，文物出版社2001年版，第1页。

② 李学勤：《〈奏谳书〉解说（下）》，《文物》1995年第3期。

谳书》形成的时间要早。似乎可以认为，同时在一个墓中出现了《奏谳书》和《二年律令》，应反映它们形成的时间是相近的，即在吕后时期已经形成了。"① 那么，《奏谳书》何以会在这一时期编订，具体形成过程如何，下面试作分析。

第一，《奏谳书》本身决定了有可能为萧何在位时所编订。萧何是汉初政治代表人物，为汉代初年法制建设立下了汗马功劳，汉元年，沛公至咸阳，"何独先入收秦丞相御史律令图书藏之"；汉二年，"何守关中，侍太子，治栎阳。为法令约束"②；汉兴，相国萧何"捃摭秦法，取其宜于时者，作律九章"③。关于萧何"捃摭秦法"作汉律九章的时间，高敏先生在考证后指出：

> 相国萧何改秦律为汉律的年代，应在高祖十一年十一月以后和十二年前。考虑到萧何改定秦律为汉律还需要一段时间，不可能在高祖十一年年初立即完成，故极可能完成于高祖十二年。④

而汉初的奏谳司法制度建立，始于汉高祖七年，即公元前 200 年，《奏谳书》中所收最晚一个案例发生时间是汉高祖十一年八月，表明《奏谳书》编订最迟开始于汉高祖十一年八月，至此发生的奏谳案例将不再收录。由此不难看出，《奏谳书》收录案例截止的日期有可能与萧何"捃摭秦法"，作汉律九章的改律时间相吻合，也就是说，有可能是在萧何"捃摭秦法"作汉律九章的同时，组织编录了这本奏谳文书的汇编以推行指导高祖七年所确立的奏谳司法制度。《奏谳书》中既以奏谳文书为主体收录奏谳文书案例，又兼收秦代案例三则，正体现了萧何自己所倡导遵循和身体力行的"捃摭秦法，取其宜于时者"原则，因此，我们说《奏谳书》的编订，是与萧何"捃摭秦法"作汉律九章同步的。这一编订工作有可能开始于高祖十二年，或在高祖十二年即已完成，至迟不超过萧何去世，即惠帝二年。

第二，《奏谳书》可能在惠帝二年以后即已在各级官府流传并被官员抄写学习。《史记·曹相国世家》：惠帝二年，"参代何为汉相国，举事无所变更，一遵萧何约束"。曹参不理政事，惠帝责问，曹参辩说："高祖与萧何定天下，法令

---

① 彭浩：《谈〈奏谳书〉中的西汉案例》，《文物》1993 年第 8 期。
② 《史记》卷 53《萧相国世家》，中华书局 1959 年版，第 2014 页。
③ 《汉书》卷 23《刑法志》，第 1096 页。
④ 高敏：《汉初法律系全部继承秦律说 —— 读张家山汉简〈奏谳书〉札记》，《秦汉史论丛》第 6 辑，江西教育出版社 1994 年版，第 167—176 页。

既明，今陛下垂拱，参等守职，遵而勿失，不亦可乎？"曹参出入汉相国三年，惠帝六年死后，百姓歌之曰："萧何为法，顜若画一，曹参代之，守而勿失，载其清净，民以宁一。"继任的丞相陈平，亦治黄帝、老子之术，为避吕媭谗言，"为丞相不治事，日饮醇酒，戏妇人"①。惠帝年间，曹参、陈平不可能有编录《奏谳书》之举，否则《奏谳书》中所收案例就不会仅截止至汉高祖十一年，因为《汉书·景帝纪》、《汉书·刑法志》等载景帝中元五年、后元元年还曾两次颁布"谳疑狱诏"，至少至景帝时奏谳制度一直在实行和不断加强、完善。如果曹参、陈平主持编订《奏谳书》，不可能不收录汉高祖十二年至惠帝元年、二年萧何在位期间的奏谳案例，如是，惠帝期间，曹参、陈平等"一遵萧何律令约束"的同时，高祖和萧何所创立的这套奏谳制度，自然亦在继承、遵守之列，因此，萧何在世时所编订的《奏谳书》有可能在各级官府尤其是司法机关得以流传，参考使用，有些官员为备自用，抄录自存，死后随葬也不为不可能。彭浩先生指出："从《奏谳书》三字书于末简的背面来看，似乎暗示现存的《奏谳书》是原件的摘抄"②，我们基本同意这种意见。

第三，吕后时期不具备编录《奏谳书》的时机和条件。从与《奏谳书》同出的《二年律令》看，《二年律令》中包含有数条有关提高吕后家族地位的律文，如"吕宣王"，即是吕后六年专权后封其父为"吕宣王"。《二年律令》中的"二年"，由竹简《历谱》知，具体地即是指吕后二年，《二年律令》也是吕后二年更定的法令的汇集，吕后要"更定"的是更定那些与吕氏家族不利的律令，加上提高吕氏家族地位的律令，这一时期吕后不可能去整理法令，而是如何加强自己及家族统治地位，即使吕后时期有过编录《奏谳书》之举，但也不可能不收录吕后至高帝十一年间的奏谳文书。死于吕后二年或其后不久的墓主随葬有《奏谳书》，表明《奏谳书》在吕后二年以前即流传已久。

综上所述，我们认为《奏谳书》的编订年代有可能在高祖十一年八月至惠帝二年萧何去世之间，惠帝二年至吕后二年间即已在各级官府和司法机关流传，并被官吏抄写学习。它的编订与萧何"捃摭秦法，作汉律九章"有可能是同时的，内中秦汉案例并存也同时与萧何"捃摭秦法，取其宜于时者"的原则一致。

（原载《出土文献研究》第 6 辑，上海古籍出版社 2004 年版）

---

① 《汉书》卷 40《陈平传》，第 2048 页。

② 彭浩：《谈〈奏谳书〉中的西汉案例》，《文物》1993 年第 8 期。

《奏谳书》与秦汉法律实际应用

张家山汉简《奏谳书》编录的秦、汉案例文书，是宝贵的法律文献。自1993 年《文物》杂志陆续公布释文以来，学界不断给予较多关注：彭浩分析梳理了《奏谳书》中透露的汉代律令的部分内容[1]；张建国根据《奏谳书》具体考察了秦汉时期刑事诉讼程序[2]；高敏从《奏谳书》简文本身所反映的立法精神、刑名、量刑标准等论证提出汉初法律系全部继承秦律而来说[3]；日本学者宫宅洁、韩国学者李守德以《奏谳书》为中心研究了秦汉时代审判制度与治狱过程[4]。本文拟就《奏谳书》与秦汉法律实际应用以及《奏谳书》在秦汉法律关系研究中的意义谈些粗浅的看法。

一 《奏谳书》所反映的秦法律实际应用

张家山汉简《奏谳书》共收录三则秦王政（始皇帝）时期案例文书，分别是"黥城旦讲乞鞫"案（简 99—123）、"南郡卒史盖庐、挚田、段（假）卒史觟复攸库等"案（简 124—161）和"不智（知）何人刺女子婢宬里中"案（简197—228）[5]，年代最早的是秦王政元年，最晚的是秦始皇二十七年，这是有秦一

---

① 彭浩：《谈〈奏谳书〉中的西汉案例》，《文物》1993 年第 8 期。

② 张建国：《汉简〈奏谳书〉和秦汉刑事诉讼程序初探》，《中外法学》1997 年第 2 期。

③ 高敏：《汉初法律系全部继承秦律说 —— 读张家山汉简〈奏谳书〉札记》，《秦汉史论集》第 6 辑，江西教育出版社 1994 年版，第 167—176 页。

④ 〔日〕宫宅洁：《秦汉时代的审判制度 —— 张家山汉简〈奏谳书〉所见》，《史林》1998 年第 2 期；〔韩〕李守德：《秦汉时期的治狱过程 —— 以江陵张家山〈奏谳书〉为中心》，《中国史研究》2002 年第 21 辑。

⑤ 张家山二四七号汉墓竹简整理小组：《张家山汉墓竹简（二四七号墓）·奏谳书》，文物出版社 2001 年版，图版，第 51—72 页；释文，第 211—231 页。以下凡引张家山汉简《奏谳书》，皆见本书，不再一一注明。

代实际治狱案例的首次完整发现①。

秦始皇时期的秦律，在传世文献中罕有留存，现在我们所能见到的仅是湖北云梦睡虎地和龙岗出土的竹简秦律。云梦睡虎地秦墓竹简秦律，1975年底在睡虎地十一号秦墓中出土，其中《语书》是秦王政二十年南郡郡守腾在其辖境内发布的一篇法律文告；《秦律十八种》和《秦律杂抄》均是对秦律条文的摘抄；《效律》是考核官吏并验查其物资账目的律令；《法律答问》是官方对秦律的解释；《封诊式》是法律文书的程序记录；《为吏之道》是官吏守则，由同墓出土的竹简《编年记》止于秦始皇三十年（前217）知睡虎地秦简秦律年代当为战国晚期和秦始皇时期②。龙岗秦简秦律，是继云梦睡虎地秦墓出土大批秦法律文书之后又一重大发现。龙岗简在时代上晚于睡虎地简，例如，前者屡见"百姓"而不见"黔首"，后者屡见"黔首"而不见"百姓"。《史记·秦始皇本纪》称二十六年"更名民曰黔首"，可据此断定龙岗简晚于睡虎地秦简。另外，龙岗简中有许多关于驰道管理的规定，《史记·秦始皇本纪》载：二十七年，"治驰道"，可知此类律令乃秦始皇统一天下后颁布。整理者指出："龙岗简主要的法律条文行用于秦始皇二十七年至秦二世三年的十四年间"，"睡虎地律书多系秦统一前颁布。龙岗简则系统一后颁布，二者既有联系，又有区别"。龙岗秦简秦律整理者根据简文内容分为《禁苑》、《驰道》、《马牛羊》、《田赢》、《其他》五类（原简无律名，篇名为整理者拟加）③。

我们将睡虎地、龙岗秦简秦律与《奏谳书》中三则秦始皇时期具体案例对照，不难看出秦律在具体司法实践中的实际实施状况：

（一）"毋笞掠而得人情为上"、"笞掠为下"的治狱思想和原则，治狱官吏没有认真执行，与治狱实际存在差距。

睡虎地秦简《封诊式·治狱》简1："治狱，能以书从迹其言，毋治（笞）谅（掠）而得人请（情）为上；治（笞）谅（掠）为下，有恐为败。"又《讯狱》简2—5："凡讯狱，必先尽听其言而书之，各展其辞，虽智（知）其訑，勿庸辄诘。其辞已尽书而毋（无）解，乃以诘者诘之。诘之有（又）尽听书其

① 1986年，甘肃天水放马滩1号秦墓出土竹简中被称为《墓主记》的简文记述了一个名为丹的人刺伤他人被弃市后三年复活的内容，李学勤认为属志怪故事，参见李学勤《简帛佚籍与学术史》，江西教育出版社2001年版，第167—175页；1989年湖北云梦龙岗六号秦墓出土木牍记述的一则案例，黄盛璋认为是一份告地策，参见黄盛璋《云梦龙岗六号秦墓木牍与告地策》，《中国文物报》1996年7月14日。
② 睡虎地秦墓竹简整理小组：《睡虎地秦墓竹简·出版说明》，文物出版社1990年版，第1页。下凡引云梦睡虎地秦简，皆见本书。
③ 刘信芳、梁柱：《云梦龙岗秦简》，科学出版社1997年版，第48页。

解辞,有(又)视其它毋(无)解者以复诘之。诘之极而数訑,更言不服,其律当治(笞)谅(掠)者,乃治(笞)谅(掠)。治(笞)谅(掠)之必书曰:爰书:以某数更言,毋(无)解辞,治(笞)讯某。"据此知,秦律虽然有律文规定可以对"数訑更言不服"者进行笞掠,但仍倡导"毋笞掠而得人情为上"、"笞掠为下"、"有恐为败"的治狱思想和原则,但是在秦始皇时期专任刑罚、动辄"适治狱吏不直者"①的情形下,秦律规定的这一治狱原则不仅没有也不可能落实,《奏谳书》"黥城旦讲乞鞫"案记载了秦王政元年刑讯犯人讲,致使屈打成招的事实,其情景为:

> 史铫初讯谓讲,讲与毛盗牛,讲谓不也,铫即磔治(笞)讲北(背)可□余,北(背)□数日,复谓讲盗牛状何如?讲谓实不盗牛,铫有(又)磔讲地,以水责(渍)讲北(背)。毛坐讲旁,铫谓毛,毛与讲盗牛状何如?毛曰:以十月中见讲,与谋盗牛。讲谓不见毛弗与谋。铫曰:毛言而是,讲和弗□。讲恐复治(笞),即自诬曰:与毛谋盗牛,如毛言。其请(情)讲不与毛谋盗牛。诊讲北(背),治(笞)绋(胇)大如指者十三所,小绋(胇)瘢相质五(伍)也,道肩下到要(腰),稠不可数。(简107—110)

又,《史记·李斯列传》:

> 赵高治斯,榜掠千余,不胜痛,自诬服。

汉初亦有类似情况,《汉书·张耳传》:

> 吏榜笞数千,刺爇,身无完者,终不复言。

汉代经过文帝、景帝废除肉刑,笞掠犯人行为得到控制,但随之而来的是"文致于法"②,治狱官吏罗织罪名,陷人于罪③。

---

① 《史记》卷6《秦始皇本纪》,中华书局1962年版,第253页。
② 《汉书·景帝纪》:中五年,诏曰:"诸狱疑,若虽文致于法而于人心不厌者,辄谳之。"参见《汉书》卷5《景帝纪》,中华书局1962年版,第148页。
③ 《汉书》卷40《周亚夫传》:"亚夫子为父买工官尚方甲楯五百被可以葬者。取庸苦之,不与钱。庸知其盗买县官器,怨而上变告子,事连污亚夫。召诣廷尉。廷尉责问曰:'君侯欲反何?'亚夫曰:'臣所买器,乃葬器也,何谓反乎?'吏曰:'君纵不欲反地上,即欲反地下耳。'吏侵之益急。"

（二）专任刑罚，禁止治狱官吏"释法"。

《奏谳书·南郡卒史盖庐、挚田、假卒史瞗复攸庫等狱簿》云：

　·诘庫：毄（击）反群盗，儋乏不斗，论之有法。庫搰揱狱，见罪人，不以法论之，而上书言独财（裁）新黔首罪，是庫欲绎（释）纵罪人也。何解？庫曰：闻（？）等上论夺爵令戍，今新黔首实不安辑，上书以闻，欲陛下幸诏庫以抚定之，不敢择（释）纵罪人。毋它解。·诘庫：等虽论夺爵令或〈戍〉，而毋法令，人臣当谨奏〈奉〉法以治。今庫绎（释）法而上书言独财（裁）新黔首罪，是庫欲绎（释）纵罪人明矣。吏以论庫，庫何以解之？庫曰：毋以解之，罪。（简146—150）

文中"上书言独财（裁）新黔首罪"与"释法"罪名关系密切，关于对"上书言独财（裁）新黔首罪"的理解，彭浩撰文称：

　由于三批新黔首的名单相混于一笥之中，未有当捕者名单。攸令庫在治狱时未能依法论治儋乏不斗者，而上书要求对新黔首统通治罪。南郡的复审官吏认为，攸令庫有意绎（释）纵罪人，当耐为鬼薪。此案实际上是追究官吏执法失当的个人责任。①

李学勤著文曰：

　这时庫给朝廷上书，他只要求惩治那些不战而逃的民众，而包庇了蛀这样的带兵官吏。此事被朝廷发现，将庫撤职囚禁。②

张建国的看法是：

　"上书言独财（裁）新黔首罪"中关键的"财"（裁）字用在这里似应理解为"减免"。也就是说，他上书的内容，是要求皇帝单独赦免新黔首的败北不战之罪。请看庫最后的辩解词："今新黔首实不安辑，上书以闻，欲

① 彭浩：《谈〈奏谳书〉中秦代和东周时期的案例》，《文物》1995年第3期。
② 李学勤：《〈奏谳书〉解说（下）》，《文物》1995年第3期。

陛下幸诏庳以抚定之"，他在这里说的是百姓因为怕被依令以儋乏不斗的罪名处斩，所以民心摇恐不安，对于他来说，最难办的是抓不到这些逃进山谷的百姓，因此上书希望皇帝特别下诏，允许他对败北的参战百姓采用"抚定"的办法，而不是"捕之"且将他们依法论"斩"。前述供词中他认为"义"等人率领的吏卒被反盗惊败的原因是"义"不先候视，即由于侦察警戒不够造成失利，责任不在同去作战的百姓，那么应当被追究打败仗责任的只是负有指挥之责的人，也就是他所说的"为惊败，义等罪也"，换句话说，实际他只想对具有官方身份的指挥百姓打仗的官吏们加以追究，而不愿捕杀由于官吏指挥不当而败北的普通百姓。总之，对这些败北又藏到山中的大批百姓，只有用安抚的办法，才能摆脱他这个新县官目前的困境，同时也避免了他无法全部抓获这些躲起来的人时可能要承担的法律责任。还有，我们应注意本案的审判官们在"鞫"的阶段即总结审讯结果时，真正提到认定庳的犯罪事实的只有一句话"庳上书言独财（裁）新黔首罪，欲纵勿论"，这里说的"欲纵勿论"所纵的对象，只有理解为是上文"独财（裁）新黔首罪"一句中的新黔首才符合本意。然而，他这种不依法办事上书提出个人主张的作法是不允许的，所以他虽然也主张对某些人采取夺爵令戍的较轻的处罚，但由于他提出的减轻处罚的提法没有法律依据，特别是又无视朝廷十分明确的法律——"令：所取荆新地多群盗，吏所兴与群盗遇，去北，以儋乏不斗律论。"竟敢上书要求皇帝赦免败北的参战百姓，因而被视作犯了释纵败北的该当死罪的新黔首们，即纵死罪囚的罪行。①

　　张氏言之甚确。"释法"，《商君书·修权》："世之为治者多释法而任私议，此国之所以乱也。"《汉书·冯野王传》："今释令与故事而假不敬之法，甚违阙疑从去之意。"师古曰："释，废弃也。"据此可以认为"释法"即是指有法不依行为。秦律规定治狱官吏只有"奉法以治"，无条件执行已有法律，不允许对法律自作解释或做出没有法律根据的行为，否则即被视为"释法"，要予以严惩。

　　当然，庳的"释法"而获"纵囚"之罪，与秦律所规定的一般"纵囚"有本质上区别，一般的治狱官吏的"纵囚"多属故意行为，即"端"②，而庳却非主观故意，而是从当时客观形势出发，正确地提出处理"新黔首去北"的建议，

---

① 张建国：《关于张家山汉简〈奏谳书〉的几点研究及其他》，《帝制时代的中国法》，法律出版社 1999年版，第 242—293 页。

② 《睡虎地秦墓竹简·法律答问》简 93："当论而端弗论，乃伤其狱，端令不致，论出之，是谓'纵囚'。"

即采取安抚的办法，只追究负有指挥之责的官吏，而这却被"复狱"官吏认为是"释法"（根本不执行已有明文规定的朝廷法律令），不是"奉法"，是"纵囚"行为。从此案的处理依稀可以看出秦帝国灭亡和强盛的原因，即参加击反盗战斗的人只有勇往直前，后退是没有出路的，依靠这种严法，使秦能够战胜其他各国，但也有其弊端，一旦失利，官员和征派的新黔首将面对一条严酷的法令，即不管青红皂白，不分责任大小，败北者均按儋乏不斗处斩，这样只剩下逃亡一途。这种既严厉又毫无弹性的法律，只能促使更多的吏卒和百姓转而成为反盗，受命收拾这一局面的官吏也处于两难境地。后来的历史证明，正是死刑的威胁使戍卒陈胜、吴广等起而造反，像庳这样有个性和见解的官吏提出其他解决方案只能是自讨苦吃。《史记·秦始皇本纪》："故秦之盛也，繁法严刑而天下振；及其衰也，百姓怨望而海内畔矣。"秦专任刑罚，法律严厉而又无弹性由此可见一斑。

（三）重视执法官吏教育。

战国及秦始皇时期，秦重视在执法实践过程中及时对执法官吏进行教育，《奏谳书》中"不知何人刺女子婢寂里中"（简 197—228）一案记载：

> 孔端为券，贼刺人，盗夺钱，置券其旁，令吏勿智（知），未尝有。黔首畏害之，出入不敢，若思（斯）甚大害也。顺等求弗得，乃令举阆代，毋征物，举阆以智訮（研）詗求得，其所以得者甚微巧，卑（俾）令盗贼不敢发。
>
> 六年八月丙子朔壬辰，咸阳丞毂、礼敢言之。令曰：狱史能得微难狱，上。今狱史举阆得微难狱，为奏廿二牒，举阆毋害谦（廉）絜（洁）敦愨，守吏也，平端，谒以补卒史，劝它吏，敢言之。

按：六年八月，为秦王政六年八月。毋害，又作无害，《史记·萧相国世家》："以文无害为沛主吏掾。"《汉书·萧何传》："以文毋害为沛主吏掾。"师古曰："无害，言其最胜也。"《史记·集解》引《汉书音义》曰："律有无害吏，如今言公平吏。一曰无害者如言'无比'，陈留间语也。"愨，《汉书·刑法志》注："谨也。"《史记·孝文本纪》："法正则民愨。"廉，《国语·晋语》注："直也。"睡虎地秦简《语书》："凡良吏明法律令，事无不能也，有（又）廉洁敦愨而好佐上。"守吏，《汉书·张汤传》："与赵禹共定诸律令，务在深文，拘守职之吏。"守吏疑即守职之吏。平，《汉书·张汤传》："所治即上意所欲罪，予监吏深刻者，即上意所欲释，予监吏轻平者。"端，《汉书·贾谊传》"选天下之端士"注："端，正也。"《汉书·景十三王传》"王身端行治"注："端，直。"劝，《说文》："勉也。"《吕氏春秋·孟夏》"劳农劝民"注"教也"。《白虎通》："圣人治天下，必有刑罚，所以助治顺天之度也。故悬爵赏者，示有所劝也。设刑罚者，明有所惧也。"举阆明习法律，得微难狱，品质敦厚、平端，是执法先进典型，秦令"狱史能得微难狱，上"，咸阳令、丞请求上级提升举阆为卒史，意在劝勉其他官吏，这是地地道道的对执法官吏的典型教育。秦对执法官吏的教育主要是道德教育和法律教育两种。

道德教育，睡虎地秦简《为吏之道》可以说是秦代官吏的一篇官训、箴言，文中强调了对官吏的道德教育，它教育官吏："精洁正直，慎谨坚固"，"慈下勿陵，敬上勿犯"，"毋喜富，毋恶贫"，"除害兴利，兹（慈）爱万姓"，"喜为善行，袭（恭）敬多让"，"宽容忠信，和平勿怨，悔过勿重"，"安乐必戒，勿行可悔"，"以忠为干，慎前虑后"，如此则要加强自身修养，"反赦（享）其身，止欲去愿"，"正行修身，祸去福存"，"处如资，言如盟，出则敬，勿施当，昭如有光"（简1—51）。《为吏之道》对秦官吏的教育可谓苦口婆心，语重心长，对照举阆的评介，可以看出不仅用语与《为吏之道》雷同，品德标准也如出一辙，对执法官吏的道德教育，有效预防了官吏犯罪和治狱不直。

法律教育，睡虎地秦简《语书》指出：

凡法律令者，以教导民，去其淫避（僻），除其恶俗，而使之之于为善殹（也）。……令吏民皆明智（知）之，毋巨于罪。（简2—5）

又，指出：

凡良吏明法律令……有（又）廉洁敦愨而好佐上……有公心，有（又）能自端殹（也），而恶与人辨治，是以不争书。恶吏不明法律令，不智（知）事，不廉洁，毋（无）以佐上，偷惰疾事，易口舌，不羞辱……（简9—14）

文中指出吏民明习法律令，同样在于预防犯罪，即为"善"，把"明法律令"作为区分良吏、恶吏标准，本身即要求官吏熟知法律，然后去教育百姓熟知法律（秦"以吏为师"、"以法为教"），官长皆知什么合法、什么不合法，当然就不会去犯罪了，此即《语书》所谓的"吏民皆明智（知）之，毋巨于罪"之意，亦与商鞅所说的"天下之吏民无不知法者。吏明知民知法令也，故吏不敢以非法遇民，民不敢犯法以干法官也"。举阚熟知法律，精于"知微"，巧妙断狱，而孔故意犯罪，是民"犯法以干法官"，举阚是《语书》所称的"良吏"。

秦不仅平时对官吏进行个人道德修养及执法水平教育，同时对在具体执法过程中表现突出的治狱官吏，树立为典型，教育劝勉其他官吏，这反映秦对官吏的执法教育是相当重视的，这与文献所反映的秦执法状况是严苛酷暴的认识形成鲜明对比，《奏谳书》中"不知何人刺女子婢寁里中"案例使我们对秦执法状况有必要重新审视认识。

二　《奏谳书》所反映的汉初法律实际应用

汉律在我国久已亡佚，清人沈家本、民国人程树德钩稽整理分别著成《历代刑法考·汉律摭遗》、《九朝律考·汉律考》，虽已做到没有遗珠之憾，但在现有古籍中所能保存的材料数量毕竟有限，且多为只鳞片爪，难以窥知全貌。1983 年出土、2001 年 11 月公布发表的《张家山汉墓竹简（二四七号墓）·二年律令》，使我们有幸第一次看到 2200 年前实际施行的法律，该律令共有竹简 526 枚，简长 31 厘米，简文含 27 种律和 1 种令，分别是贼律、盗律、具律、告律、捕律、亡律、收律、杂律、钱律、置吏律、均输律、传食律、田律、□市律、行书律、复律、赐律、户律、效律、傅律、置后律、爵律、兴律、徭律、金布律、秩律、史律、津关令等。律令之名与律、令正文分开另简抄写，《二年律令》是全部律令的总称，单独题于首简背面。简文包含了汉律的主体部分，由同墓出土的历谱最后年号是吕后二年（前 186），推断《二年律令》是吕后二年施行的法律。《二年律令》的发现使亡佚已久的汉律得以重现，为利用《奏谳书》研究汉初法律实际应用提供了可能。

与《二年律令》同墓出土的张家山汉简《奏谳书》共收录汉高祖年间治狱案例十七则，透过《二年律令》和《奏谳书》，可以看出汉初法律如下之实际实施状况：

1. 罪疑从重

《汉书·刑法志》：高皇帝七年，制诏御史："县道官狱疑者，各谳所属二千石官，二千石官以其罪名当报之。所不能决者，皆移廷尉，廷尉亦当报之。"疑狱难决上报上级司法机关请求判决，这就是高祖七年确立的疑狱奏谳制度。疑狱本身包括案件复杂、是非难辨之案件与案件事实清楚但适用法律难以把握两种，《奏谳书》诸狱疑案例皆有"疑罪"字样，对于"罪疑"案件处理，汉代许多廷尉都采取了"罪疑从轻"原则。《汉书·刑法志》：

> 及孝文即位，躬修玄默，劝趣农桑，减省租赋。而将相皆旧功臣，少文多质，惩恶亡秦之政，论议务在宽厚，耻言人之过失。化行天下，告讦之俗易。吏安其官，民乐其业，畜积岁增，户口浸息。风流笃厚，禁罔疏阔。选张释之为廷尉，罪疑者予民，是以刑罚大省，至于断狱四百，有刑错之风。

"罪疑者予民"，师古曰："从轻断。"《汉书·于定国传》亦言：

> （廷尉）定国乃迎师学《春秋》，身执经，北面备弟子礼。为人谦恭，尤重经术士，虽卑贱徒步往过，定国皆与钧礼，恩敬甚备，学士咸称焉。其决疑平法，务在哀鳏寡，罪疑从轻，加审慎之心。

又，《汉书·冯野王传》曰：

> 大将军凤风御史中丞劾奏野王，赐告养病而私自便，持虎符出界归家，奉诏不敬。杜钦时在大将军莫府，钦素高野王父子行能，奏记于凤，为野王言曰："……传曰：'罚疑从去，所以慎刑，阙难知也。'"今释令与故事而假不敬之法，甚违阙疑从去之意。

文中"罚疑从去"，注曰："疑当罚不当罚则赦之，疑轻重则从轻。"李均明先生认为："凡是无对应法律条款可适用及无判例可援用者，通常免予追究，即'阙疑从去'。"[①] 对照《奏谳书》诸疑狱奏谳案例判决，我们发现汉初治狱实际情况并非如此（见表1）。

---

① 李均明：《简牍所反映的汉代诉讼关系》，《文史》2002 年第 3 期。

表1 《奏谳书》诸疑狱判决情况表

事件概要	吏当（议）	廷报		备注
		罪名	刑罚	
南郡夷道蛮夷大男子毋忧为屯去亡	毋忧当腰斩，或曰不当论		当腰斩	简1—7
南郡江陵楚时逃亡的婢媚汉初再次"去亡"	黥媚颜頯，畀襐，或曰当为庶人			简8—16
送南徙处长安的临淄狱史阑娶南以为妻并偕归	阑与清同类，当以从诸侯来诱论。·或曰：当以奸及匿黥舂罪论		阑当黥为城旦	简17—27
胡隐官解娶"诈自占书名数"的逃亡女子符为妻	符有名数明所，明嫁为解妻，解不知其亡，不当论。·或曰：符虽已诈书名数，实亡人也。解虽不知其情，当以娶亡人为妻论，斩左趾为城旦	娶亡人为妻论之		简28—35
南郡武格斗以剑击伤求盗视，视亦以剑刺伤捕武	黥武为城旦，除视		武当黥为城旦，除视	简36—48
汉中公大夫昌笞奴死自告		错告、当治		简49—50
北地郡女子甑接受其亡奴顺等贿赂而不告亡		甑、顺等受行赇枉法		简51—52
北地郡戍卒有署出弗得越塞道亡奴宜		有当赎耐		简53
蜀郡佐启诈簿城旦环为家作曰治官府		启为伪书		简54—55
蜀郡佐悄诈簿城旦、舂内作为徒养		悄为伪书		简56—57
蜀郡大夫犬与武"寄舍"熊马传并著其马识物		犬与武共为伪书		简58—59
河东郡邮人内更其檄书辟留		内当以为伪书论		简60
河东郡士吏贤受豚、酒出大夫挑母媪		贤当罚金四两		简61—62

从上表可以看出，诸"疑罪"案例"吏当"、"吏议"中有两种议罪意见的，"廷报"基本上都选择了量刑较重的议罪意见和处罚，没有从轻或免予刑罚的。如"南郡夷道蛮夷大男子毋忧去亡"案（简1—7）、"南郡江陵婢媚去亡"案（简8—16），虽然从"吏当"中"或曰不当论"、"或曰当为庶人"的议罪意见看出治狱者中确有相当部分官吏是坚持了"疑罪从轻"的，可是"廷报"皆选择重罪处罚。文献所载情况亦是如此，如亚夫之子为父购买葬品兵器被告发，下廷尉治罪，为陷人以罪而文致于法曰："君纵不欲反地上，即欲反地下耳？"难怪景帝中五年颁布"诸狱疑，若虽文致于法而于人心不厌者，辄谳之"的诏书，这又反证了汉初治狱之实际，即汉初统治者在执行法律过程中存在疑罪从

重倾向，"罪疑从轻"并非始于汉初。

2. "法时"

《汉书·孔光传》云：

> 时定陵侯淳于长坐大逆诛，长小妻迺始等六人皆以长事未发觉时弃去，或更嫁。及长事发，丞相方进、大司空武议，以为："令，犯法者各以法时律令论之，明有所讫也。长犯大逆时，迺始等见为长妻，已有当坐之罪，与身犯法无疑。后乃弃去，于法无以解。请论。"光议以为："大逆无道，父母妻子同产无少长者皆弃市，欲惩后犯法者。夫妇之道，有义则合，无义则离。长未自知当坐大逆之法，而弃去迺始等，或更嫁，义已绝，而欲以为长妻论杀之，名不正，不当坐。"有诏光议是。

"令，犯法者各以法时律令论之"，师古曰："此引令条之文也。法时，谓始犯法之时也。"沈家本按："法时，《通典》引作'犯时'。师古有注，则颜所据本实作'法时'也。《明律》断罪用新颁律，与此意相合，知《明律》此条其渊源甚远也。"[1] 概言之，孔光理解强调"法时"为断狱必须使用犯罪者犯罪事发之时施行或颁行的律令。

"法时"原则亦应包括不运用新律令而只能依犯罪时旧有律令判决的情况，《汉书·冯野王传》：

> 大将军凤风御史中丞劾奏野王，赐告养病而私自便，持虎符出界归家，奉诏不敬。杜钦时在大将军莫府，钦素高野王父子行能，奏记于凤，为野王言曰："窃见令曰，吏二千石告，过长安谒，不分别予赐。今有司以为予告得归，赐告不得，是一律两科，失省刑之意。夫三最予告，今也；病满三月赐告，诏恩也。令告则得，诏恩则不得，失轻重之差。又二千石病赐告得归有故事，不得去郡亡著令。今释令与故事而假不敬之法，甚违阙疑从去之意。即以二千石守千里之地，任兵马之重，不宜去郡，将以制刑为后法者，则野王之罪，在未制令前也。刑赏大信，不可不慎。"凤不听，竟免野王。郡国二千石病赐告不得归家，自此始。

---

[1]　（清）沈家本：《历代刑法考》，中华书局1985年版，第1853页。

文中杜钦所称"野王之罪，在未制令前也"，前无有关法令规定，自不应处野王之罪。凤不听，并"以制刑为后法"竟免野王，规定自此以后"二千石病赐告不得归家"这是新令，杜钦与凤所辩，旨在"法时律令论之"，这与孔光与方进、武所辩如出一辙，可见西汉在司法实践中贯彻了"以法时律令论之"原则。

张家山汉简《奏谳书》诸奴婢逃亡案例的审理判决，即充分体现了治狱"法时"原则，如其中的"南郡江陵婢媚去亡"案（简8—16）载：

> 十一年八月甲申朔丙戌，江陵丞骜敢谳之。三月己巳大夫禄辞曰：六年二月中买婢媚士伍点所，贾钱万六千，迺三月丁巳亡，求得媚，媚曰：不当为婢。·媚曰：故点婢，楚时去亡，降为汉，不书名数，点得媚，占数复婢媚，卖禄所，自当不当复受婢，即去亡，它如禄。·点曰：媚故点婢，楚时亡，六年二月中得媚，媚未有名数，即占数，卖禄所，它如禄、媚。·诘媚：媚故点婢，虽楚时去亡，降为汉，不书名数，点得，占数媚，媚复为婢，卖媚当也。去亡，何解？·媚曰：楚时亡，点乃以为汉，复婢，卖媚，自当不当复为婢，即去亡，毋它解。·问媚：年卅岁，它如辞。·鞫之：媚故点婢，楚时亡，降为汉，不书名数，点得，占数，复婢，卖禄所，媚去亡，年卅岁，得，皆审。·疑媚罪，它县论，敢谳之，谒报，署如詹发。·吏当：黥媚颜頯，畀禄，或曰当为庶人。

媚自辩不当为婢，是依据汉高祖五年五月诏，高祖五年五月诏是处理战后事宜的一项重要法令，它宣布："民前或相聚保山泽，不书名数，今天下已定，令各归其县，复故爵田宅，吏以文法教训辨告。民以饥饿自卖为人奴婢者，皆免为庶人。"它解决的是五年五月前所发生的逃亡事件。婢媚"故点婢，楚时去亡，降为汉"，依"法时"原则，使用这一诏令，媚自当免为庶人，该案例"吏当"中言"或曰当为庶人"即代表了一部分司法官吏的看法。但问题是媚的再次"去亡"发生的时间是在汉王朝建立之后，对媚的再次"去亡"处理显然不能使用汉高祖五年五月诏令，而只能使用媚再次"去亡"及此时政府所制定的有关汉律如张家山汉简《二年律令·亡律》等法律规定审理判罪，这就是为什么婢媚案"吏当"中同时又存在"黥媚颜頯"议罪意见的原因，它所援引的法律规定即是《二年律令·亡律》中的有关条文，如《亡律》："頯畀主。其自出也，若自归主，主亲所智（知），皆笞百。"（简159）"奴婢亡，自归主，主亲所智（知），及主、主父母、子若同居求自得之，其当论畀主，或欲勿诣吏论者，皆许之。"（简 160）媚属"诣吏论者"，只可惜这则案例没有"廷报"内容，无从知晓最终的"廷报"意见是"黥媚颜頯，畀襍"还是"当为庶人"，但从"解娶亡人符为妻"（简 28—35）案可以看出，符诈"自以为未有名数，以令自占书名数，为大夫明隶"及最终判决解为"娶亡人为妻论"看，治狱追究的是她"诈自以为未有名数，以令自占书名数，为大夫明隶"前的行为，她的"去亡"不属于高祖五年五月诏解决范畴，而属《二年律令·亡律》等汉初有关法律追究的范围，尽管此时解妻符有"名数"在官府，但追究的是其之前发生的行为，使用的是当时施用的法律。

由此可以看出，汉中央司法官吏严格执行着"法时"原则，强调所犯客观事实，依犯罪时施行法律判罪，如此，贯彻 2000 余年的司法"法时"原则最迟当开始于汉初。

三 《奏谳书》在秦汉法律关系研究中的意义

《汉书·刑法志》云："汉兴，高祖初入关，约法三章曰：'杀人者死，伤人及盗抵罪。'蠲削繁苛，兆民大悦。其后四夷未附，兵革未息，三章之法不足以御奸，于是相国萧何捃摭秦法，取其宜于时者，作律九章。"这是有关秦汉法律关系的最早记载。此后，秦律、汉律亡佚，历代学者对此认识逐渐仁者见仁，智者见智。20 世纪七八十年代睡虎地、龙岗秦简秦律及张家山汉简汉律的出土，使我们得以看到久违的秦汉法律原貌，重新认识秦、汉法律关系成为可能，而直接架起出土秦律与出土汉律二者之间关系桥梁的是张家山汉简《奏谳书》。

首先，汉高祖年间的治狱案例与秦王政（始皇）时期治狱案例同录一书，本身即说明了汉代法制对秦制的沿袭。近年发现的战国至秦始皇时期秦律主要有睡虎地 11 号墓出土秦律、龙岗 6 号墓出土秦律、王家台 15 号墓出土秦律[①]、青川"为田律"木牍[②]及里耶秦简中有关法律文书[③]。这些秦简秦律比较单一，或为战国时期秦律，或为秦王朝秦律，但可以看出近年出土秦律在年代上衔接较紧，中间没有较大时间缺环，从而为研究秦律演变发展创造了条件。从目前发

---

①　荆州地区博物馆：《江陵王家台 15 号秦墓》，《文物》1995 年第 1 期。

②　四川省博物馆、青川县文化馆：《青川县出土秦更修田律木牍》，《文物》1982 年第 1 期。

③　蔡万进、陈朝云：《里耶秦简秦令三则探析》，《许昌学院学报》2004 年第 6 期。

现的秦简及秦律材料看,年代最晚的秦简及秦律其纪年已至秦二世,而与汉律《二年律令》同墓出土的《奏谳书》收录案例年代最早为汉高祖六年"淮阳守行县掾新郪狱",其中事件的发生却可早至楚汉战争年间的"荥阳之战"(汉三年),可以说出土简牍在年代方面已将秦王朝与汉王朝衔接起来。《汉书·刑法志》:"汉兴,高祖躬神武之材,行宽仁之厚,总揽英雄,以诛秦、项。任萧、曹之文,用良、平之谋,驰陆、郦之辨,明叔孙通之仪,文武相配,大略举焉。"《汉书·萧何曹参传》赞曰:"萧何、曹参皆起秦刀笔吏,当时未有奇节。汉兴,依日月之末光,何以信谨守管龠,参与韩信俱征伐。天下既定,因民之疾秦法,顺流与之更始。"又,"沛公至咸阳,诸将皆争走金帛财物之府分之,何独先入收秦丞相御史律令图书藏之。沛公具知天下阸塞,户口多少,疆弱处,民所疾苦者,以何得秦图书也"。萧何"捃摭秦法",本身即表明萧何没有摒弃秦律,而是"捃摭"(捃摭,师古曰:"谓收拾也"),整理秦律中适合汉初形势的秦法律为汉王朝法律,这其中当然也包括秦国及秦王朝时期的对汉王朝治狱官吏学习有启发意义的典型案例,成书于汉初的《奏谳书》收录数则秦王政时期的典型案例与汉高祖时期十余则疑狱上谳案例,目的都在于供治狱官吏学习如何审理难案、疑案,张家山汉简《奏谳书》收录秦、汉案例的做法与客观事实,不正是为《刑法志》所载"萧何捃摭秦法,取其宜于时者,作律九章"做了生动的注解和例证吗?

其次,《奏谳书》中秦汉案例司法诉讼程序与格式用语的基本相同直观地反映了秦汉法律的继承与发展。睡虎地秦简《封诊式·讯狱》:"凡讯狱,必先尽听其言而书之,各展其辞,虽智(知)其诎,勿庸辄诘。其辞已尽书而毋解,乃以诘者诘之。诘之有(又)尽听书其解辞,有(又)视其它毋解者以复诘之。诘之极而数诎,更言不服,其律当治(笞)谅(掠)者,乃笞掠。"对照秦王政元年"黥城旦讲乞鞫"案(简99—123)和秦始皇二十七年"南郡卒史复攸庳等"案(简124—161),知秦律规定的治狱要求在司法实践中得到贯彻落实,并由此形成一套完善规范而严密的司法诉讼程序和司法文书术语,而所有这些,从《奏谳书》所载诸汉高祖时期案例文书看,二者司法程序完全一致,首"告"、"劾",次"讯"、"诘",又次"诊"、"问",再次"鞫"、"审",最后"当之",不仅如此,二者在关键司法用语上也完全一致,如"诘,毋解","鞫之……得,审",等等,这说明汉初在司法制度方面基本上完全承袭了秦的司法审判制度,汉初的奏谳文书与秦案例文书的唯一不同在于奏谳文书开头和结尾部分使用了奏谳文书的专用术语,其主体部分如"告"、"讯"、"诘"、"问"、

"鞫"及"当"等的一致，使我们不难得出两者既有继承又有发展的结论。

最后，《奏谳书》为探讨秦末汉初某些司法制度演变的中间环节提供了资料。以乞鞫制度为例，秦已有乞鞫制度，睡虎地秦墓竹简《法律答问》简115："以乞鞫及为人乞鞫者，狱已断乃听，且未断犹听殹（也）？狱已断乃听之。"意思是犯人不服判决，乞鞫复审，是在判决执行后还是判决执行前，法律规定"狱已断乃听之"，这段法律解释所透露的信息极其有限：第一，"乞鞫及为人乞鞫"，指哪些人有权乞鞫，还有哪些人可以为别人乞鞫；第二，"狱已断乃听之"，是指判决后可以接受乞鞫，还是执行后允许乞鞫以及有哪些部门可以接受乞鞫等难以知晓。分析《奏谳书》收录的这则据考为秦王政元年的乞鞫实际案例，不难获得如下新的认识：一是乞鞫人乞鞫是在"狱断"并执行了判决后，讲定罪处"黥城旦"刑，尽管乞鞫复审平反，但由于己受刑而只能到不易被人发现的"隐官"去生活；二是乞鞫案原审理县一般不能再参加复审，从《奏谳书》"黥城旦讲乞鞫"案所记"廷尉谓汧啬夫"及"腾书雍"看，原审机关没有参与这次再审。张家山汉简《二年律令·具律》对乞鞫制度做有详细规定，文曰：

> 罪人狱已决，自以罪不当欲乞鞫者，许之。乞鞫不审，驾（加）罪一等；其欲复乞鞫，当刑者，刑乃听之。死罪不得自气（乞）鞫，其父、母、兄、姊、弟、夫、妻、子欲为乞鞫，许之。其不审，黥为城旦舂。年未盈十岁为乞鞫，勿听。狱已决盈一岁，不得乞鞫。乞鞫者各辞在所县道，县道官令、长、丞谨听，书其气（乞）鞫，上狱属所二千石官，二千石官令都吏覆之。都吏所覆治，廷及郡各移旁近郡，御史、丞相所覆治移廷。（简113—117）

对照睡虎地秦简《法律答问》和张家山汉简《二年律令》，《奏谳书》"黥城旦讲乞鞫"案，填补了秦汉法律中关于乞鞫制度发展演变的资料之缺。

综上所述，张家山汉简《奏谳书》收录的秦、汉司法案例具体反映了秦、汉法律的实际应用状况及其原则，同时也架起了秦汉法律直接联系的桥梁，其在秦汉法律关系研究中的意义不容低估。

（原载《南都学坛》2006 年第 2 期）

张家山汉简《奏谳书》法律地位探析

张家山汉简《奏谳书》，1983年底出土于湖北江陵张家山247号汉墓，凡228支，经竹简整理编号与出土编号反复核对，竹简的缀联、排序完全复原了《奏谳书》卷序的原貌①。《奏谳书》是一部以奏谳文书为主体的案例汇集，其在当时社会的实际法律地位如何直接影响着对出土《奏谳书》自身性质与作用的认识。本文拟从高祖七年谳疑狱诏的法律化和奏谳案例的判例化两方面就竹简《奏谳书》的法律地位分析探讨。

一　高祖七年谳疑狱诏的法律化

高祖七年谳疑狱诏的法律化是指高祖七年谳疑狱诏被编入诏令集与定著为令的过程。

高祖七年谳疑狱诏，不见于《史记·高祖本纪》、《汉书·高帝纪》等，此诏仅载录于班固《汉书·刑法志》，正文共85字，全文为：

> 狱之疑者，吏或不敢决，有罪者久而不论，无罪者久系不决。自今以来，县道官狱疑者，各谳所属二千石官，二千石官以其罪名当报之。所不能决者，皆移廷尉，廷尉亦当报之。廷尉所不能决，谨具为奏，傅所当比律令以闻。

---

① 张家山二四七号汉墓竹简整理小组：《张家山汉墓竹简（二四七号墓）奏谳书》，文物出版社2001年版，图版，第51—72页；释文，第211—231页。以下凡引张家山汉简《奏谳书》，皆见本书，不再一一注明。

这份诏书文字应该说是有可靠史料来源的。《汉书·艺文志》"儒家类"有云:"高祖传十三篇。"班固自注:"高祖与大臣述古语及诏策也。"王先谦《汉书补注》引王应麟说:"《魏相传》奏明堂月令曰:高皇帝所述书天子所服第八,梁有《汉高祖手诏》一卷。"①《汉书·魏相传》载,魏相"明易经,有师法,好观汉故事及便宜章奏"。在关于明堂月令的奏文中魏相引用过"高皇帝所述书天子所服第八",文曰:

> 大谒者臣章受诏长乐宫,曰:"令群臣议天子所服,以安天下。"相国臣何、御史大夫臣昌谨与将军臣陵、太子太傅臣通等议:"春夏秋冬天子所服,当法天地之数,中得人和。故自天子王侯有土之君,下及兆民,能法天地,顺四时,以治国家,身亡祸殃,年寿永究,是奉宗庙安天下之大礼也。臣请法之。中谒者赵尧举春,李舜举夏,兒汤举秋,贡禹举冬,四人各职一时。"大谒者襄章奏,制曰:"可。"②

注引如淳曰:"第八,天子衣服之制也。于施行诏书第八。"由此看来,魏相所引"高皇帝所述书天子所服第八"与《汉书·艺文志》所录之《高祖传十三篇》应为同一内容之书,专记汉高祖时期各种诏令文书,其第八部分即为"天子所服第八"。《隋书·经籍志》:"魏朝杂诏一二卷。"注曰:"梁有《汉高祖手诏》一卷,亡。"知此书梁时尚存。《汉书·艺文志》乃录刘向、刘歆父子所校书目《七略》,西汉末年,刘向、刘歆父子在整理宫廷藏书时也见到此书,因其尚存13篇,遂条陈其目录,称为《高祖传十三篇》,班固也应看到此书,在撰写西汉一代刑法制度发展《刑法志》时采录了高祖七年谳疑狱诏,使得这一汉初重要诏书得以保存下来。

20世纪30年代,居延地湾遗址出土一枚诏书目录简③,长67.5厘米,为汉三尺简,简文为:

> 县置三老,二   行水兼兴船,十二   置孝弟力田,廿二   征吏二千石以上以符,卅二   郡国调列侯兵,卌二   年八十及孕、朱需颂系,五十二

---

① (清)王先谦:《汉书补注》卷30,书目文献出版社1995年版,第864页。
② 《汉书》卷74《魏相传》,中华书局1962年版,第3140页。
③ 中国科学院考古研究所:《居延汉简甲编》简2551,科学出版社1959年版,图版,181;释文,第104页。

陈梦家根据《史记·十二诸侯年表序》"太史公读春秋历谱牒"索隐引刘杳云："三代系表旁行斜上，并放周谱。"旁行即横行，试为排列如下[①]：

```
十  九  八  七  六  五  四  三  二  一
廿  十  十  十  十  十  十  十  十  十
    九  八  七  六  五  四  三  二  一
卅  廿  廿  廿  廿  廿  廿  廿  廿  廿
    九  八  七  六  五  四  三  二  一
卌  卅  卅  卅  卅  卅  卅  卅  卅  卅
    九  八  七  六  五  四  三  二  一
五  卌  卌  卌  卌  卌  卌  卌  卌  卌
十  九  八  七  六  五  四  三  二  一
                            五  五
                            十  十
                            二  一
```

陈梦家考证，此目录为编册第二简，完整的编册共有十简，编目最多者不能过六十，而可能止于六十以前。此目录是将"施行诏书"按年代先后编次，故列于前者早而列于后者晚。此册诏书目录的年代上起汉初高祖二年（前205），下迄景帝后元三年（前141）止。陈梦家还具体考证了每句简文，逐条找出相应的诏书内容，在考证"行水兼兴船十二"诏书内容时他指出：

此条应颁于高祖十一年以后，吕后元年之前，或当在惠帝时。因在高祖十一年时，有"诏书第八"，见于《汉书·魏相传》。诏书第二与第八之间尚有五诏，应包括甲令中的第六（漏法）及吴芮称忠之诏，其它三篇或在以下诸诏中：
四年，八月"初为算赋"。（《汉书·本纪》）
七年，"春令郎中有罪耐以上，请之"。（同上）
七年，制诏御史"县道官狱疑者谳"。（《汉书·刑法志》）
十一年二月诏"令诸侯王、通侯常以十月朝献"。（《汉书·高帝纪》）

① 陈梦家：《西汉施行诏书目录》，《汉简缀述》，中华书局1980年版，第275页。

"天下已平，高祖乃令贾人不得衣丝乘车"。（《史记·平准书》）①

　　高祖七年谳疑狱诏，由出土竹简《奏谳书》案例集知该诏令在汉初颁布后得到了大力贯彻，是汉初最为重要和最具影响的诏书之一。将这一施行诏书排除在目录之外是不可思议的，这说明高祖七年谳疑狱诏有可能早在景帝年间即已编入诏令集，东汉班固撰写《刑法志》时能够载录此诏目在情理之中。

　　皇帝诏书上升为实际意义上的法令，往往还需要履行一定的立法程序，这个程序的表现形式就是附于诏书结尾的"具为令"、"著为令"、"议为令"、"议著为令"等用语。沈家本《历代刑法考·律令二》"具令、著令"条按曰："凡新定之令必先具而后著之，必明书而附于旧令之内。"②日本学者田中薰指出："不可忽视的是，在具有长期法律效力的重要诏令中，其文中或结尾会特别附有定令、著令、具为令、著于令、定著令、定著于令、著以为令等著令用语。"③大庭脩在分析了汉代制诏的三种形态后得出结论：当皇帝直接行使立法权时，诏书中使用"著令"、"著为令"等语；而当皇帝委托大臣行使立法权时，诏书使用"具为令"、"议为令"、"议著令"等语，立法内容通过皇帝"制可"后即被列入法典④。大庭脩同时也指出，以出土汉简中的皇帝诏令比较，《史》、《汉》中的诏令往往存在着被节录或分载的情况，因此不能看到诏令中无"著令"用语就断定其失载于令典⑤。高祖七年谳疑狱诏，即为其例。

　　文献和出土简牍所见汉代"制诏"文书有：

　　　　制诏御史：长沙王忠，其定著令。（《汉书·吴芮传》）
　　　　制诏御史：故相国萧何，高皇帝大功臣，所与为天下也。今其祀绝，朕甚怜之。其以武阳县户二千封何孙嘉为列侯。（《汉书·萧何传》）
　　　　制诏丞相、太尉、御史大夫：间者诸吕用事擅权，谋为大逆欲危刘氏宗庙，赖将相列侯宗室大臣诛之，皆伏其辜。朕初即位，其赦天下，赐民爵一级，女子百户牛酒，酺五日。（《汉书·文帝纪》）

---

① 陈梦家：《西汉施行诏书目录》，《汉简缀述》，中华书局1980年版，第276—277页。
② （清）沈家本撰，邓经元、骈宇骞点校：《历代刑法考·律令二》，中华书局1985年版，第3册，第879页。
③ 据〔日〕大庭脩《秦汉法制史研究》"著令用语与具、议令用语"引述。参见：〔日〕大庭脩著，林剑鸣等译：《秦汉法制史研究》，上海人民出版社1991年版，第185页。
④ 参见〔日〕大庭脩《秦汉法制史研究》"著令用语与具、议令用语"一节论述。
⑤ 参见〔日〕大庭脩《秦汉法制史研究》"著令用语与具、议令用语"一节论述。

制诏御史：朕夙兴夜寐，以求贤为右，不异亲疏近远，务在安民而已。扶风翁归廉平乡正，治民异等，早夭不遂，不得终其功业，朕甚怜之。其赐翁归子黄金百斤，以奉其祭祀。（《汉书·尹翁归传》）

制诏御史：其令扞〈扜〉关、郧关、武关、函谷关、临晋关，及诸其塞之河津，禁毋出黄金，诸奠黄金器及铜，有犯令。（张家山汉简《二年律令·津关令》简 492）

制诏御史：其令诸关，禁毋出私金□□。或以金器入者，关谨籍书，出复以阅，出之。籍器，饰及所服者不用此令。（《津关令》简 493）

制诏相国、御史：诸不幸死家在关外者，关发索之，不宜，其令勿索，具为令。相国御史请关外人宦为吏若繇〈徭〉使，有事关中，不幸死，县道各属所官谨视收敛，毋禁物，以令若丞印封椑槥，以印章告关，关完封出，勿索。椑槥中有禁物，视收敛及封。（《津关令》简 500—501）

制诏御史曰：年七十受王杖者比六百石，入官廷不趋，犯罪耐以上毋二尺告劾，有敢征召，侵辱者比大逆不道。建始二年九月甲辰下。（《武威汉简》简 2—3）[1]

制诏丞相、御史：高皇帝以来至本二年，胜（朕）甚哀老小，高年受王杖，上有鸠，使百姓望见之，比于节。有敢妄骂詈殴之者比逆不道。得出入官府、郎第、行驰道旁道。市卖复毋所与，如山东复，有旁人养谨者，常养扶持，复除之。明在兰台石室之中。王杖不鲜明，得更缮治之。河平元年，汝南西陵县昌里先年七十受王杖，颍部游徼吴赏使从者殴击先，用（因）诉，地太守上谳。廷尉报：罪名明白，赏当弃市。（《武威汉简》简 4—9）[2]

制诏御史：年七十以上，人所尊敬也，非首、杀伤人，毋告劾，它毋所坐。年八十以上，生日久乎？年六十以上毋子男为鳏，女子年六十以上毋子男为寡，贾市毋租，比山东复。复人有养谨者扶持，明著令。兰台令第卅二。（《武威新出土王杖诏令册》）[3]

制诏御史：秋收敛之时也，其令郡、诸侯□地节三年八月辛卯下。（《居延新简》EPT 53·70A）[4]

---

① 中国科学院考古研究所、甘肃省博物馆：《武威汉简·王杖十简考释》，文物出版社 1964 年版，第 140 页。

② 中国科学院考古研究所、甘肃省博物馆：《武威汉简·王杖十简考释》，第 140 页。

③ 武威县博物馆：《武威新出土王杖诏令册》，《汉简研究文集》，甘肃人民出版社 1984 年版，第 35 页。

④ 甘肃省文物考古研究所等编：《居延新简》，文物出版社 1990 年版，第 285 页。

制诏纳言：其令百僚屡省所典，修厥职，务顺时气。天凤三年十一月戊寅下。(《居延新简》EPT 59·61)[1]

综观上述诸诏书，一份完整的诏书大致应由以下四个部分组成。一是起首句"制诏御史"、"制诏丞相、御史"等，一般提行顶格书写。二是制诏原因，如"故相国萧何，高皇帝大功臣，所与为天下也。今其祀绝，朕甚怜之"、"朕夙兴夜寐，以求贤为右，不异亲疏近远，务在安民而已。扶风翁归廉平乡正，治民异等，早夭不遂，不得终其功业，朕甚怜之"等。三是制诏内容，多以"其……"、"其以……"、"其令……"方式表述，如"其以武阳县户二千封何孙嘉为列侯"、"其赐翁归子黄金百斤，以奉其祭祀"、"其令郡、诸侯"、"其令诸关，禁毋出私金□□。或以金器入者"等。四是制诏是否"著为令"、"具为令"，如《汉书·吴芮传》："长沙王忠，其定著令"；《津关令》："制诏相国、御史：诸不幸死家在关外者，关发索之，不宜，其令勿索，具为令"、"复人有养谨者扶持，明著令"等。五是制诏下达时间，书于制诏末，如"地节三年八月辛卯下"、"建始二年九月甲辰下"、"天凤三年十一月戊寅下"等。对照班固《汉书·刑法志》所载谳疑狱诏，可以看出，班固此处是节录谳疑狱诏，第一，"高皇帝七年"，应是高祖"制诏御史"的时间，依例应置于诏书最末，文为"高皇帝七年 X 月 XX 下"，此处放于"制诏御史"句前，显示转述方便；第二，没有"具为令、著为令"之语句，依例这项内容在诏书中应有反映；第三，"制诏御史：狱之疑者，吏或不敢决，有罪者久而不论，无罪者久系不决。自今以来，具道官狱疑者，各谳所属二千石官，二千石官以其罪名当报之，所不能决者，皆移廷尉。廷尉所不能决，谨具为奏，傅所当比律令以闻"中之"狱之疑者……无罪者久系不决"、"自今以来……傅所当比律令以闻"分别为制诏原因和制诏具体内容，班固节录的只是高祖七年谳疑狱诏书的主体，并未将该诏书以完整形式照录。古代史书中对于诏令文书很少全文全录，一般都是根据作者的意图，用节录、分载、选录、略写的形式采录[2]。高祖七年谳疑狱诏书，班固根据撰写西汉断代史《刑法志》的需要，仅选取摘录诏书主体内容，尽管如此，它还是一份基本完整的汉代诏书，应该具有"具为令"、"著为令"的

---

① 甘肃省文物考古研究所等编：《居延新简》，文物出版社 1990 年版，第 363 页。

② 参见大庭脩《秦汉法制史研究》第三篇第一章。

内容。

　　诏书一经颁布，便即"著为令"、"具为令"，从上引诸诏书看，乃为西汉一代通制。《津关令》简 500—501："制诏相国、御史：诸不幸死家在关外者，关发索之，不宜，其令勿索，具为令。"该诏书经"具为令"程序后被编入为张家山汉简《二年律令·津关令·□》，"□"为序号，未能释出，但整个《津关令》令文的序号均写于简首。又，武威新出土王杖诏令册："制诏御史：年七十以上杖王杖，比六百石，入官府不趋；吏民有敢辱者，逆不道，弃市。令在兰台第卌三。""令在兰台第卌三"，说明该诏书已经过"具为令"法律程序，著其令在兰台令中，已编入"兰台令"篇目的第卌三之中。高祖七年谳疑狱诏是否也经过"具为令"、"著为令"法律程序而定著为具体的法律条文，我们试看《二年律令·具律》的记述，《具律》云：

　　　　县道官守丞毋得断狱及瀫（谳）。相国、御史及二千石官所置守、叚（假）吏，若丞缺，令一尉为守丞，皆得断狱、瀫（谳）狱，皆令监临庳（卑）官，而勿令坐官。（简 102—103）

　　该条《具律》律文当形成于汉高祖七年谳疑狱诏颁布之后，即该律文形成上限不应早于汉高祖七年，下限由"相国"称谓判断，《汉书·百官公卿表》载"九年，丞相何迁为相国"，王先谦说："当从纪传及表上在十一年。"《汉书·惠帝纪》惠帝六年复置左、右丞相，似不应晚于惠帝六年，具体说，在汉高祖十一年（前 196）至汉惠帝六年（前 189）年间。汉代律、令、诏三者有分别，有混同之处，陈梦家《西汉施行诏书目录》中云：

　　　　律最初指九章律及其它未订之律。《刑法志》曰："于是相国萧何，捃摭秦法，取其宜于时者，作律九章。"而《高帝纪》及《司马迁传》作"萧何次律令"，《晋书·刑法志》则曰"汉承秦制，萧何定律"。律虽代有增易，但在基本上是不变的法则。诏书是天子的命令，以特定的官文书形式发布，皆针对当时之事与人，是临时的施政方针。但诏书所颁布新制或新例，或补充旧律的，可以成为"令"，即具有法律条文的约束力。杜周所谓"前主所是著为律，后主所是疏为令"，后者指时主的诏书可编定为"令"，《宣帝纪》注引"文颖曰：萧何承秦法所作为律令、律经是也；天子诏所增损不在律上者为令。"凡诏书而编著为"令"者，有时在诏书中明白注出。[1]

《汉书·高帝纪》载有高祖五年五月诏，诏文曰：

> 诸侯子在关中者，复之十二岁，其归者半之。民前或相聚保山泽，不书名数，今天下已定，令各归其县，复故爵田宅，吏以文法教训辨告，勿笞辱。民以饥饿自卖为人奴婢者，皆免为庶人。军吏卒会赦，其亡罪而亡爵及不满大夫者，皆赐爵为大夫。故大夫以上赐爵各一级，其七大夫以上，皆令食邑，非七大夫以下，皆复其身及户，勿事。

张家山汉简《奏谳书》"安陆丞忠劾狱史平"案（简63—68）所引令文曰：

> 令曰：诸无名数者，皆令自占书名数，令到县道官，盈卅日，不自占书名救，皆耐为隶臣妾，锢，勿令以爵、赏免，舍匿者与同罪。

该案发生于高祖八年十月，所引"自占书名数"令当为"高祖五年五月诏"的"具为令"、"著为令"之"令"，引"令"文与"律"文并列用于判决狱史平，说明该"令"与"律"一样是具有法律效力的法律条文。高祖七年谳疑狱诏，作为继"五年五月诏"之后汉初又一份最重要诏书，当有"著为令"、"具为令"的具体"令"文反映。上述《二年律令·具律》中"县道官守丞毋得断狱及谳"律文说明，高祖七年谳疑狱诏颁布后即"著为令"、"具为令"，形成有具体的"令"文，萧何"次律令"（《高帝纪》、《司马迁传》）、"定律"（《晋书·刑法志》）时，请定于律，抑或如杜周所云"前主所是著为律，后主所是疏为令"，在惠帝年间，将之条定为"律"。总之，《二年律令·具律》"县道官守丞毋得断狱及谳"律条文的发现，说明班固《刑法志》所录高祖七年谳疑狱诏书经过"著为令"、"具为令"法律程序后，又由"令"被修订入"律"，成为长期不变的法律和制度，这一过程完成了由皇帝诏书（意志）到令、律的转变，由此而发生的判决以及文书，就成为汉代司法文献的有机组成部分，具备了规范整理为判例的法律基础。

---

[1] 陈梦家：《西汉施行诏书目录》，《汉简缀述》，中华书局1980年版，第278页。

二 奏谳案例的判例化

自高祖七年颁布谳疑狱诏，确立疑狱奏谳制度，便产生了大量由全国各郡、县、道奏谳的疑狱案件，这些疑狱案件事类有别，人员成分复杂，大凡汉初政治、社会生活的各个方面均有涉及，尤其随着景帝中五年、后元年两次颁布"文致于法而于人心不厌者，辄谳之"和"谳而后不当不为失"诏，汉代奏谳制度日臻完善。有学者研究，这些疑狱实质上包括了两个方面的含义：一是由于事实认定产生疑案，即案件事实均是已经发生了的、过去了的既成事实，因而在案件线索的收集、证据的获取、查证及证明力的判断方面，必然产生一定的困难，从而形成疑案；二是由于法律适用产生疑案，即在法律调整社会关系时，新情况总是不断出现，以相当稳定的法律调整不断变化的社会关系，也难免产生疑案①。对照《奏谳书》中诸"疑罪"、"吏当"内容多存在两种以上判决意见，其实质上即是对事实认定和适用刑罚存在不同意见，因此上狱请示裁决，无论是郡守、廷尉还是皇帝，他们所做裁决都有可能成为案发地郡、县、道官吏今后判案活动的参考，张家山汉墓出土的《奏谳书》简册，收录高祖七年谳疑狱诏颁布后至高祖十一年的郡、县、道奏谳案例13则，地域既有内郡，又有边郡；人员既有官员，又有士伍、庶人、隐官；事类既有百姓奴婢逃亡，又有官员贪污、受贿、渎职，不一而足，它们当是汉初众多奏谳案例中的典型，具有广泛的代表性和范例意义。

张家山汉简《奏谳书》中的诸案例文书，我们不难看出，结构整齐，用语划一，不论从内在、外在形式，还是从内容看，都是经过了统一的规范和整理，张家山汉简《奏谳书》的编订年代上限最早在汉高祖十一年，据考萧何"捃摭秦法"作律九章在汉高祖十一年或十二年，两者基本同时，我们考虑不排除萧何在"捃摭秦法"作律九章的同时或之后不久对高祖七年奏谳制度实施以来所产生的众多奏谳案例进行修订整理的可能，因为奏谳制度是汉初司法制度的一项重大改革，是"时务"、"新政"。事实上，两汉政府对一定时期产生的案例进行分类整理编订的情况屡见不鲜，一般称"比"，如汉武帝时"招进张汤、赵禹之属，条定法令"、"其后奸猾巧法，转相比况，禁罔浸密。律令凡三百五十九章，大辟四百九条，千八百八十二事，死罪决事比万三千四百七十二事"②；汉

---

① 汪世荣：《中国古代判例研究》，中国政法大学出版社1997年版，第219页。
② 《汉书》卷23《刑法志》，第1101页。

宣帝时，廷尉于定国集诸法律，死罪决比，凡三千四百七十二条①；东汉编辑成篇的有《辞讼比》、《决事比》②、《法比都目》③、《廷尉决事》、《廷尉驳事》④等；此外，还有董仲舒《春秋决事比》⑤。两汉期间，对奏谳案例进行整理的不惟汉初，东汉章帝时陈宠亦做过类似工作，《后汉书·陈宠传》：

> 帝敬纳宠言，每事务于宽厚。其后遂诏有司，绝钻鑽诸惨酷之科，解妖恶之禁，除文致之请谳五十余事，定著于令。是后人俗和平，屡有嘉瑞。

又，《陈忠传》：

> 忠略依宠意，奏上二十三条，为决事比，以省请谳之敝。

因此，我们认为张家山汉简《奏谳书》有可能是奏谳制度确立伊始西汉政府首次所从事的大规模整理奏谳案例的司法活动，为这些案例进入汉代法律体系奠定了基础。

张家山汉简《奏谳书》中诸案例在经过因案生例（即由普通案件上升为典型案例）、定期修例（由典型案例整理规范为判例）环节之后在汉初司法实践过程中是否以例入律，即成为法律意义上的判例，成为汉代一种与律、令等同等重要的法律形式呢？我们的回答是肯定的。

首先，张家山汉简《奏谳书》案例三"胡状丞憙谳狱史阑"案（简17—27）即引用了汉初一桩成案作为判例断案：

> ·人婢清助赵邯郸城，已即亡，从兄赵地，以亡之诸侯论。今阑来送徙者，即诱南。·吏议：阑与清同类，当以从诸侯来诱论。·或曰：当以奸及匿黥春罪论。

① 《魏书》卷111《刑罚志》，中华书局1974年版，第2872页。
② 《后汉书》卷46《陈宠传》、《陈忠传》，中华书局1965年版，第1549、1556页。
③ 《晋书》卷30《刑法志》，中华书局1974年版，第922—923页。
④ 《新唐书》卷58《艺文志》，中华书局1975年版，第1493页。
⑤ 程树德《九朝律考·汉律考七·春秋决狱考》："考《汉志》有《公羊董仲舒治狱》十六篇，《七录》作《春秋断狱》五卷，《隋志》作《春秋决事》十卷，董仲舒撰，《唐志》作《春秋决狱》，《崇文总目》作《春秋决事比》，并十卷。"参见程树德：《九朝律考》，中华书局2003年版，第160页。

据考"人婢清助赵邯郸城"在汉高祖六年。该案奏谳时间为十年七月，裁决回复时间为十年八月，审理狱史阑案时引用旧案成例作为判例来同类比照、判决，这显示出判例与律、令具有同等的法律效力，法律地位不在律、令之下，同时也说明汉初审理判案援引判例审结的现象普遍存在，那么我们就没有理由怀疑《奏谳书》中这些经过整理、规范的典型案例已可能作为判例在具体司法实践活动中应用。1959年甘肃武威出土的《王杖十简》和1981年发现的《王杖诏书令》简册，即具体反映了奏谳案例被判例化的过程：

> 河平元年，汝南西陵县昌里先年七十受王杖，颡部游徼吴赏使从者殴击先，用（因）诉，地太守上谳。廷尉报：罪名明白，赏当弃市。（《王杖十简》，简7—9）
>
> 汝南太守谳廷尉：吏有殴辱受王杖主者，罪名明白。制曰：谳何，应论弃市。云阳白水亭长张熬，坐殴拽受王杖主，使治道。男子王汤告之，即弃市。（《王杖诏书令》，简7—9）

上述《王杖诏书令》简册中成帝亲自判决的乡吏殴辱王杖主者案，从法律形式上看，该奏谳判例是以诏令形式出现，并被编入兰台令册成为法典的。诏令与判例的重叠出现，并寓于令中，它同时自然也获得了源自于最高权力的法律效力和法律地位，因此，在具体司法实践中奏谳案例被援引用作成例即判例，自然与律、令具有同等的效力和地位。

其次，援引旧案成例判案在汉代称之为"比"，又称"决事比"。《汉书·刑法志》高祖七年诏中有云："廷尉所不能决，谨具为奏，傅所当比律令以闻。"傅，师古曰："傅读曰附。"当，师古曰："处断也。"全句应标点为"傅所当比、律、令以闻。"意思是县、道、郡奏谳而来的疑狱如果廷尉不能审决，要进行整理上报皇帝，上奏要附上处断所依据的律、令与比。张家山汉简《奏谳书》反映这一记载不误：

> 当：恢当黥为城旦，毋得以爵减、免、赎。律：盗赃值过六百六十钱，黥为城旦；令：吏盗，当刑者刑，毋得以爵减、免、赎，以此当恢。（简72—73）
>
> ·人婢清助赵邯郸城，已即亡，从兄赵地，以亡之诸侯论。今阑来送徒者，即诱南。·吏议：阑与清同类，当以从诸侯来诱论。或曰：当以奸

及匿黥舂罪论。（简 23—25）

　　简 23—25 "吏议"（即 "吏当"）所引 "人婢清从兄亡赵" 案例，非为律，亦非令，但却附于 "当" 中，与律、令具有同等的法律效力，对照《刑法志》"傅所当比律令以闻"，案例三所引 "人婢清" 成案在汉代法律术语中应称为 "比"，也就是说 "比" 即指旧案成例，旧案成例被援引作为判案依据即为 "比"。比，《汉书·刑法志》师古注曰："以例相比况也。" 比是汉代律、令、科、比四大法律形式之一，经过修订整理具有规范和启迪作用的张家山汉简《奏谳书》诸案例形成为判例来作为律、令的补充和断罪依据，其 "比" 的法律地位即正式确立，换言之，作为 "比" 而存在的张家山汉简《奏谳书》抑或即是一种新的决事比集，姑且称之为《奏谳决事比》吧！

　　综上所述可以看出，竹简《奏谳书》是汉高祖七年谳疑狱诏法律化的产物，其所汇集的诸案例，具备规范整理为判例的法律基础；它们在经过因案生例、定期修例、引例入律等程序后同时又具有与汉代律、令同等的法律效力，成为汉代一种重要的法律形式 —— 比。竹简《奏谳书》是汉初一部宝贵的司法文献，其法律地位不容置疑。

（原载《南都学坛》2007 年第 2 期）

尹湾汉墓简牍论考

尹湾简牍所反映的汉代卒史署曹制度

今人严耕望（1916—1996）著《中国地方行政制度史·秦汉地方行政制度》（1961年初版，1974年再版，1990年三版，1997年影印四版）一书中曾指出："据如淳引《汉律》，秦及西汉郡吏重要之等级为卒史与书佐。然西汉中叶以后至东汉，《碑》、《传》所见多曰掾、曰史，或多冠曹为称，而称卒史者则较少，有之而地位亦较低。"① 严氏发现、提出这一重要现象而未做出解释。数十年来，囿于资料，秦汉史学界也少有专文论及。近读《尹湾汉墓简牍》报告②，其中《集簿》（YM6D1）、《东海郡吏员簿》（YM6D2）、《东海郡下辖长吏名籍》（YM6D3—4）、《东海郡下辖长吏不在署、未到官者名籍》（YM6D5正）、《东海郡属吏设置簿》（YM6D5反）等西汉晚期东海郡郡级地方行政文书档案及墓主"名谒"（YM6D14—23）、《元延二年日记》（简1—76），给我们了解西汉成帝时期东海郡郡府诸曹机构设置、卒史在郡府机构及吏员中的地位、卒史具体职事（卒史署曹）与卒史称号之间关系等，提供了远较《汉书》等多得多的新资料③，从而使这一历史迷雾一朝拨散。兹据之就其所反映的汉代卒史署曹制度考述于下。

---

① 严耕望：《中国地方行政制度史·甲部·秦汉地方行政制度》，（台北）"中央研究院"历史语言研究所专刊之45A，1997年，第112页。

② 连云港市博物馆、东海县博物馆、中国社会科学院简帛研究中心、中国文物研究所编：《尹湾汉墓简牍》，中华书局1997年版。以下凡引尹湾汉墓简牍，皆见本书。

③ "卒史"名称见于《汉书》等文献，有"大行卒史"、"太守卒史"、"郡国五经百石卒史"（《汉书·儒林传》）、"廷尉卒史"（《汉书·兒宽传》）等称谓，秩百石，三辅之郡卒史秩"二百石"（《汉书·循吏·黄霸传》），这是《汉书》等文献所能提供的基本信息。尽管居延汉简等出土文字资料中也有"卒史"等制度反映（简EPT51.202，《居延新简》，文物出版社1990年版，第189页），但属边塞屯戍文书，且过于零散，难以了解制度全貌。

一 西汉东海郡太守府诸曹机构的设置

西汉时期，一郡太守与都尉往往异地分府而治，东海郡都尉府据《汉书·地理志》载在费县，太守府在郯县，《元延二年日记》（以下简称《日记》）记事中，尤其是记录墓主何时出发、何时住宿某地的文字中不见郯地，仅记"至府"也可为证。关于西汉东海郡太守府内部机构的设置，依尹湾出土简牍及《汉书》等文献可复原如下：

太守、太守丞各一人，太守的秩次因YM6D2笔迹漫漶不清而未能释出，太守丞为六百石。《汉书·朱博传》称"太守丞"又为"府丞"，"太守"自称"府"；《汉书·百官公卿表》："郡守，秩二千石；丞，秩六百石。"

在太守、太守丞之下，设曹分科治事，主要有：

功曹：《日记》简64-5："署功曹"；《名谒》木牍15、16、17有"东海太守功曹师卿"，22、23有"东海太守功曹史饶"等称号，墓主《日记》与所持名谒相比照，东海郡设功曹无疑，其长官称功曹史或功曹。

法曹：《日记》简25-4："夕署法曹"，从简24-4"癸酉旦之荥阳莫宿舍"看，此处应指太守府法曹。

决曹：《日记》简29-4："己卯从决掾旦发宿兰陵传舍"。决掾，应即"决曹掾"省称，《汉书·薛宣传》有"府决曹掾"可证。《汉书·王尊传》载王尊曾为"决曹史"。

□曹：《日记》简72-4："丁巳旦谒署□曹书佐"，"曹"前一字未释，依文例，应为"署某曹"，为东海郡太守府诸曹之一。

当然，东海郡太守府属曹远不止以上这些，据严耕望《中国地方行政制度史·秦汉地方行政制度》的考证，大抵秦汉郡县属曹有"右曹"、"诸曹"之分。"右曹"即主簿、督邮、五官掾、功曹诸总揽内外众务之职吏；"诸曹"如户曹（主民户及礼俗）、金曹（主货币盐铁）、尉曹（主卒徒转运）、贼曹（主盗贼）、决曹（主罪法）、田曹（主畜养）、水曹（主水利）、比曹（主检核财物民数）、奏曹（主奏议）、时曹（主时节祠祀）、议曹（主参谋议）、漕曹（主运漕谷）等[1]。严氏的考证有助于我们对东海郡太守府诸曹机构情况的了解。

---

[1] 严耕望：《中国地方行政制度史·甲部·秦汉地方行政制度》第二章《郡府组织》，（台北）"中央研究院"历史语言研究所专刊之45A，1997年，第108—146页。

诸曹主管官吏一般以曹名或曹史称呼，如墓主师饶，名谒 15、16、17 称"东海太守功曹师卿"，22、23 自称"东海太守功曹史饶"。《汉书·朱博传》、《薛宣传》有直呼"功曹"；《汉书·王尊传》有"决曹史"。"曹史"应属太守一府诸曹官长的统称。《汉书·朱博传》："齐郡舒缓养名，博新视事，右曹掾史皆移病卧。博问其故，对言：'惶恐！故事二千石新到，辄遣吏存问致意，乃敢起就职。'博奋髯抵几曰：'观齐儿欲以此为俗邪！'乃召见诸曹史书佐及县大吏，选视其可用者，出教置之。"同传又载朱博"去官入京兆，历曹史、列掾，出为督邮书掾，所部职办，郡中称之"。YM6D5 反："凡赢员廿一人胡君门下十人曹史一人守属九人"，将"曹史"单列、单称，表明东海郡太守府诸曹官长通称"曹史"，为一级重要官吏。尹湾《集簿》、《东海郡吏员簿》皆记太守吏员："太守一人丞一人卒史九人属五人书佐十人啬夫一人凡廿七人。""卒史"排在"太守丞"之后，"属"之前；YM6D5 反"曹史"列于"属"（守属是代理属之意）之前，同时从《汉书·王尊传》、《朱博传》、《薛宣传》等记太守议事，皆不见卒史而仅提及诸曹及曹史等情况看，汉时郡诸曹史与卒史应该存在着某种对应关系，卒史是秩别等级名号，曹史是具体职事的官职名称，担任诸曹曹史是否必须具有卒史身份，或者说只有卒史才能充任诸曹官长，这与卒史在汉代郡府机构及吏员中的地位有密切关系。

二　尹湾简牍及文献所载汉代卒史

《集簿》（YM6D1 正）："吏员二千二百三人，太守一人丞一人卒史九人属五人书佐十人啬夫一人凡廿七人。"《东海郡吏员簿》（YM6D2 正）："太守吏员廿七人太守一人秩□□□□太守丞一人秩六百石卒史九人属五人书佐九人用算佐一人小府啬夫一人凡廿七人。"据《史记·萧相国世家》司马贞《索隐》："如淳按：律，郡卒史书佐各十人也。"卒史为秦汉时期郡级机构中的主要官吏，一般秩百石，三辅郡为二百石。

《汉书·武五子传》："数年，扬州刺史柯奏贺与故太守卒史孙万世交通。"昌邑王贺即帝位二十七日废，宣帝诏封为海昏侯（列侯），就国于豫章，刺史奏其与故太守卒史交通，表明已引起中央监察官注意。名谒 20、21 分别为东海郡容丘侯、良成侯遣吏奉谒向墓主师饶问疾的记录，食邑本郡的侯国，还要向当地官员、时已由卒史任功曹的师饶存问致意，可见墓主师饶地位之重要，墓主师饶"署功曹"在"病告"之后,因此,两侯国侯致谒存问师饶病愈情况之前,与墓主当交往甚深,墓主师饶此时也应仅是 YM 6D 14 名谒木牍所称的卒史而已,卒史地位之重要可见一斑。

《汉书·王尊传》注引如淳曰:"《汉仪注》:刺史得择所部二千石卒史与从事。"刺史所部二千石即郡太守;刺史得择所部二千石卒史表明太守卒史一度曾由刺史选择任免,二千石太守不能左右,足见卒史一职在郡中之显。YM 6D 14:"进卒史 师卿(正)东海太守级谨遣功曹史奉谒为侍谒者徐中孙中郎王中宾丞相史后中子再拜请 君兄马足下(反)",身为卒史的师饶得到本郡太守如此恭敬礼遇,当是上述制度之孑遗。

《东海郡下辖长吏名籍》(YM 6D 3—4 正、反)载太守卒史升任"长吏"共3见:"即丘左尉颍川郡颍阴王昌故太守卒史以功迁"、"南城尉山阳郡东缗陈顺故太守卒史以功迁"、"容丘尉颍川颍阴东门汤故太守卒史以功迁";以"郡太守文学卒史"迁10见;以"太守属"迁仅1见。表明太守卒史在太守府系统内其升迁"长吏"是比较多的,这与其在郡太守府中的地位有关。

卒史在郡府中的特殊地位决定了其有署曹的可能性。

三 尹湾简牍反映的卒史署曹制度

尹湾简牍具体记载了墓主师饶由卒史署曹这一典型事例,据同墓出土的名谒,墓主有"卒史"、"太守功曹"、"太守功曹史"、"主吏"等称呼。其实际情况是墓主师饶的身份为"卒史",因其分掌功曹,故又称"太守功曹"、"功曹史",因太守府诸曹中功曹最为紧要,故又称"主吏"[1]。

《元延二年日记》同时又记载墓主一年之内先后"署法曹"(简25-4,7月15日)、"署功曹"(简64-5,10月19日)等,说明太守、太守丞之下的卒史,不署曹即没有具体职事,平时只要工作需要,太守是随时可以派这多名卒史中的一位去充任诸曹官长或主持诸曹事务的,署某曹即称某曹史。墓主署功曹,在木牍名谒中就见"功曹史"称谓,推想在七月"署法曹"期间当亦应有"法曹史"称呼,只是尹湾简牍无记罢了。由此看来,各曹官长并没有固定人员,

---

① 《史记·高祖本纪》"萧何为主吏"《集解》引孟康曰:"主吏,功曹也。"参见(汉)司马迁:《史记》卷8《高祖本纪》,中华书局1959年版,第345页。

只是政事需要时太守便派卒史去执掌曹事，这是分析《日记》得出的由卒史署曹的又一事实。严氏《中国地方行政制度史》甲部《秦汉地方行政制度》云："据如淳引《汉律》，秦及西汉郡吏重要之等级为卒史与书佐。然西汉中叶以后至东汉，《碑》、《传》所见多曰掾曰史，或多冠曹为称，而称卒史者则较少，有之而地位亦较低。"究其原因，实则尹湾《元延二年日记》等简牍所反映的卒史署曹制度使然，这是我们今日看到尹湾汉墓简牍对前辈推断的进一步发展。

当然，卒史未必一定或全部去担任曹史，也有"不署曹"而安排担任郡府其他一般官职的，如黄霸"使领郡钱谷计"[①]、尹翁归"除补卒史，便从归府。案事发奸，究竟事情，延年大重之，自以能不及翁归，徙署督邮"[②]。这些官职亦见于尹湾六号汉墓出土的第5号木牍，第5号木牍反面记录了东海郡太守府定编和超编（即牍文所称的"赢员"）官吏官职名称，尤其记录了诸多"以故事置"、"请治所置"的郡府各类人员，如"写图一人"、"劝田史四人"、"外邮掾一人"、"从使者奏事一人"、"案事史十一人"、"督盗贼四人"、"督邮史四人都水一人"等等，这些在列曹之外因需要设置的针对性很强的具体办事官员地位当然低于诸曹官长，身居"卒史"称号而不让去"署曹"往往被认为是不被重用或为太守所轻，如黄霸因"以霸入财为官，不署右职，使领郡钱谷计"、"不署右职"，当指不能署列曹；又儿宽身为廷尉卒史，因"见谓不习事，不署曹，除为从史，之北地视畜数年"。注引张晏曰："不署为列曹也。"师古曰："署，表也，置也。凡言署官，表其秩位，置立为之也。"[③]墓主师饶元延二年七月十五日"署法曹"、十月十九日"署功曹"，"署法曹"前据YM6D14名谒木牍知仅有"卒史"称谓，具体职事尚不清楚，但由同墓出土《武库永始四年兵车器集簿》（YM6D6）推测，墓主自永始四年至元延二年七月十五日"署法曹"间，也曾未能署曹，可能担任了与武库有关的一般官职。

另外，属亦有升任曹史的，属，东海太守府有属5人，有迹象表明它只是某一类属吏的泛称，《汉书·儒林传》注引苏林曰"属亦曹史"说法不可信。YM6D5反："凡赢员廿一人胡君门下十人曹史一人守属九人。"明记"曹史"在"守属"之前可资为证。"曹史"高于"属"，但"属"可以升任曹史，如《汉书·王尊传》："除补书佐，署守属监狱……。复召署守属治狱，为郡决

---

① 《汉书》卷89《循吏传》，中华书局1962年版，第3628页。
② 《汉书》卷76《尹翁归传》，第3207页。
③ 《汉书》卷58《兒宽传》，第2628页。

曹史。"YM6D1—2 号木牍也将"属"放在卒史之后，说明属是曹史或卒史之下、书佐之上这一层次之吏，确证"卒史"在秩级上与"曹史"相同。《日记》等尹湾简牍所反映的卒史署曹制度表明"曹史"本身就是由"卒史"来充任的，它们之间是秩级与职事的统一，不存在着升迁、降贬，因此，由卒史署曹这一作法至少在西汉成帝年间被广泛施行。严氏无缘见到数十年后出土的尹湾汉墓简牍，这就是严氏为什么仅仅提出西汉中叶以后多见史、掾、曹称谓而卒史少见这种现象而不能合理解释的原因。

（原载《简帛研究二〇〇二、二〇〇三》，

广西师范大学出版社 2005 年版）

尹湾汉简《元延二年日记》所反映的汉代吏行制度

汉代官吏到地方出行，像刺史行部、太守行县，历史记载较多，但对于下层一般官吏的出行，《汉书》等文献却鲜有记录，情况知之甚少。1993 年江苏省连云港市东海县尹湾村六号汉墓出土一批西汉成帝时期的简牍[①]，其中被整理者定名为《元延二年日记》（以下简称《日记》）的简册，记录了东海郡太守府一名属吏（名师饶，字君兄）全年的出行活动[②]，从而为我们研究、了解汉代地方一般官吏出行制度提供了可能。兹据之就其所反映的汉代地方一般官吏出行事由、住宿、旅费报销、回府报告等方面制度分析考述于下。

一　出行事由

第一，"请"行。尹湾六号汉墓出土木牍名谒十方，其中编号为十六、十七的名谒分别记录了琅邪太守贤、楚王国相延派吏拜"请"墓主师饶的事实。十六号木牍名谒载："奏东海太守功曹师卿（正面）琅邪太守贤迫秉职不得离国谨遣吏奉谒再拜请君兄马足下南阳杨平卿（反面）"。十七号木牍名谒载："进东海太守功曹师卿（正面）楚相延谨遣吏奉谒再拜请君兄足下郑长伯（反面）"。证之《元延二年日记》，恰有墓主师饶出使琅邪郡、楚王国的行程记录。墓主师饶出使琅邪郡前后共二次：第一次自十一月二十六日"癸未　夕发宿利县（成）南门亭"（简 37、38-6）始至十二月六日"癸巳宿府"（简 50-6）止；第二次自十二月九日"丙申　食己发宿开阳亭"（简 54-6）始至十二月十六日

①　连云港市博物馆、东海县博物馆、中国社会科学院简帛研究中心、中国文物研究所编：《尹湾汉墓简牍》，中华书局 1997 年版。以下凡引尹湾汉墓简牍，皆见本书。
②　《尹湾汉墓简牍》简 1—76，图版，第 61—67 页；释文，第 138—144 页。

"癸卯 宿舍"（简61-6）止。两次途中分别经过利成（《日记》误释为"县"）、临沂、高广（琅邪郡）、东武（琅邪郡，返程路线《日记》无载）与开阳（东海郡）、莒（城阳国）、诸（琅邪郡）、高广、莒、临沂等县。墓主出使楚国先后共四次，历时半年（正月至六月）：第一次自正月十七日"宿舍"（简27-1）始至正月卅日"莫至府辄谒宿舍"（简41-1）止，行经武原（楚王国县）至彭城（楚国治所），又经武原回东海郡郯城（东海郡治所）；第二次自二月六日"第六戊戌 旦发夕谒宿邸"（简50-1）始至二月十三日"第三 乙巳 夕至府宿舍"（简58-1）止，行经兰陵、武原至彭城（此处简残，系推定），又经由吕（楚王国县）、某县烦亭返回；第三次自二月十五日"旦发夕谒宿荣阳亭"（简60-1）始至三月六日"日中至府宿舍"（简11、12-2）止，行经某县荣阳亭、鹿（？）至（？亭）、吕至彭城（防门亭、南春亭），返程路线因简残不明；第四次自三月廿日"宿家奏记"（简29-2)始至六月四日"宿舍"（简49-3）止，历时二月有余，可能与其间墓主"病"（简61-2："丁未 宿彭城传舍·旦雨 病"）、天气"甚雨"（简15-3："己巳 宿南春宅 甚雨"；简30、31-3："辛巳 宿南春宅 甚雨"）有关，这次曾逗留下邳、彭城、梧、蓸丘、某县房离亭、竭虑亭等地，尤以彭城传舍、南春宅留住时间最长。关于墓主师饶两次受"请"数度出使琅邪郡、楚王国的原因，《日记》及同墓出土的其他简牍均没有相关资料反映，YM6D13正面《君兄缯方缇中物疏》中"楚相内史对"是否可以理解为墓主出使楚国与楚相、内史对话的记录，可惜墓中该简册不见，所记不明，《汉书》等传世文献中也无同类例子能够援引说明，但有一点可以肯定，墓主的出行是得到了太守批准的，或者可以说墓主的出行是为处理东海郡与琅邪郡、楚王国间存在的某些问题，否则，墓主出行归来后就不可能享受"休宿家"、"予房钱千"及出使楚国"病"重时东海郡遣吏探望的礼遇，更没有必要出使归来同往常外出巡行属县一样"谒府"报告，只能说明邻郡"请"行属吏也是郡府属吏出行的原因之一。

第二，受太守指派到属县各地督办事情。《汉书·朱博传》载："博治郡，常令属县各用其豪杰以为大吏，文武从宜。县有剧贼及它非常，博辄移书以诡责之。其尽力有效，必加厚赏；怀诈不称，诛罚辄行。以是豪强慹服。姑幕县有群辈八人报仇廷中，皆不得。长吏自系书言府，贼曹掾史自白请至姑幕，事留不出。功曹诸掾即皆自白，复不出。于是府丞诣阁，博乃见丞掾曰：'以为县自有长吏，府未尝与也，丞掾谓府当与之邪？'阁下书佐入，博口占檄文曰：'府告姑幕令丞：言贼发不得，有书。檄到，令丞就职，游徼王卿力有余，如律令！'王卿得敕惶怖，亲属失色，昼夜驰骛，十余日间捕得五人。博复移书曰：'王卿忧公甚效！檄到，齎伐阅诣府，部掾以下亦可用，渐尽其余也。'其操持下，皆此类也。"[1] 这是一则属县有事、郡府属吏自发请行督办的史料，尽管贼曹、功曹诸掾史因它事不出，以及朱博主观上也不愿过多干预属县长吏工作，没有批准成行，但是它向我们透露出了这样一种讯息，即只要属县有事，郡府是要派相关方面属吏去督办的，像姑幕县有贼不得，郡府贼曹、功曹诸掾史都是处理这方面事务的重要人员，当然应该自告奋勇、责无旁贷。《日记》数处出行记事与上述情况相类，如简 37、38-5："甲申　旦逐贼宿襄贲传舍"，此次逐贼行动主要在襄贲县境内，前后三日结束，墓主亲自前往督促；再简 29-4："己卯　从决掾旦发宿兰陵传舍"，决掾系决曹掾之省称，主罪法，此前墓主曾"署法曹"（简 25-4："甲戌　夕署法曹"），主邮驿科程，这次与郡决曹掾一道前往属县兰陵、建阳、阴平等地，当是督办某事而前往的。这种情况下的出行应该在汉代地方官吏出行巡视中是较常见的。

　　第三，太守"有所司察"，"择吏遣行"。《汉书·循吏传》记载，黄霸为颍川太守，"时上垂意于治，数下恩泽诏书，吏不奉宣。太守霸为选择良吏，分部宣布诏令，令民咸知上意。使邮亭乡官皆畜鸡豚，以赡鳏寡贫穷者。然后为条教，置父老师帅伍长，班行之于民间，劝以为善防奸之意，及务耕桑，节用殖财，种树畜养，去食谷马。米盐靡密，初若烦碎，然霸精力能推行之。吏民见者，语次寻绎，问它阴伏，以相参考。尝欲有所司察，择长年廉吏遣行，属令周密。吏出，不敢舍邮亭，食于道旁，乌攫其肉。民有欲诣府口言事者适见之，霸与语道此。后日吏还谒霸，霸见迎劳之，曰：'甚苦！食于道旁乃为乌所盗肉。'吏大惊，以霸具知其起居，所问豪厘不敢有所隐。"[2]《元延二年日记》中有多处出行目的不明的记录，出行多一日之地，不出本郡属县，其原因不排除与上述《黄霸传》所载类同。因此，太守择吏司察属县，亦是汉代一般官吏出行之基本形式。

二　住宿

　　汉代官吏出行住宿，《汉书》及出土汉简中有零星反映，而尹湾六号汉墓《元延二年日记》简册的出土，却向我们第一次全面系统地展示了汉代地方郡

---

① 《汉书》卷 83《朱博传》，中华书局 1962 年版，第 3401 页。
② 《汉书》卷 89《循吏·黄霸传》，第 3629—3630 页。

府属吏出行住宿的具体情况，从中可以看出墓主出行途中主要在以下诸处停留住宿：

第一，传舍。《元延二年日记》记录墓主投宿传舍共 38 见，提及传舍名称有彭城传舍、武原传舍、吕传舍、葤丘传舍、梧传舍、良县（成）传舍、兰陵传舍、建阳传舍、襄贲传舍、临沂传舍、高广传舍、东武传舍、莒传舍、诸传舍等十四处。《日记》中记一县往往有数个亭名如兰陵良亭、紫朱亭（用小地名称之），而从凡提及"传舍"皆标明属县、侯国名来看，这些传舍有可能只设于郡县治所。传舍是国家设置于全国各地的专司负责接待因公出差人员的机构。睡虎地秦墓竹简《传食律》是秦时官员出差享受免费伙食供应的法律规定[①]。《汉书·龚胜传》载昭帝诏令亦云："行道舍传舍，县次具酒肉，食从者及马。"居延汉简中还有"当舍传舍"简："元延二年七月乙酉居延令尚丞忠移过所县道津关遣亭长王丰以诏书买骑马酒泉敦煌张掖郡中当舍传舍从者如律令／守令史诩佐褒　七月丁亥出。"[②]表明官员出行停宿"传舍"应有停宿传舍的身份证明，同时也说明官员出行停宿传舍也有明确的法律规定。墓主师饶为东海郡郡府属吏，因公出行停宿楚王国、琅邪郡、东海郡属县传舍共 38 见，这在墓主整个元延二年一年出行住宿记录中为最多的，这一方面说明不仅中央官员、刺史、太守、都尉等出行依律能够停宿传舍，就是地方各级政府一般官员因公出差也有资格投宿传舍；另一方面也反映出汉时官吏出行住宿，传舍乃是其首选之地。

第二，亭。《元延二年日记》记录墓主出行停宿某县某亭共 29 例，所记亭名有武原就（？）陵亭、中门亭、兰陵良亭、紫（？）朱（？）亭、下邳中亭、彭城防门亭、南春亭、利县（成）南门亭、开阳都亭、高广都亭、襄贲樊（？）亭以及属县不明的房离亭、竭虑亭、鄡鄡亭、荣阳亭、鹿（？）至（？）亭、灵（？）亭等 17 种之多。尹湾汉简《集簿》（YM6D1）载东海郡有亭 688 个，《东海郡吏员簿》（YM6D2）所记各县亭长职数正与之相合。由《日记》中记有一县之内既宿传舍，又宿某亭记载看，如彭城传舍与彭城防门亭、武原传舍与武原中门亭、襄贲传舍与襄贲樊（？）亭，表明亭是与传舍有别的、也可供出差官员停留住宿的场所。《汉书·循吏传》载黄霸为颍川太守，"尝欲有所司察，择长年廉吏遣行，属令周密。吏出，不敢舍邮亭"。因为是秘密行事，住在邮亭，容易让地方政府官吏知晓，因此不敢舍邮亭。这说明，郡府属吏平时出行是可

① 睡虎地秦墓竹简整理小组：《睡虎地秦墓竹简》，文物出版社 1990 年版，第 60 页。
② 谢桂华、李均明、朱国炤：《居延汉简释文合校》上册，文物出版社 1987 年版，第 271 页。

以停宿在一县之内的亭内的，这些亭亦属官府所设。亭是深入民间皇权的军事触须和缉捕机关[①]，主要维持地方治安，《东海郡下辖长吏名籍》（YM6D3）记诸亭长"以捕格群盗尤异"、"以捕格山阳贼尤异"、"以捕格不道者"除为"长吏"亦可为证。但遇有地方官吏过往，亭长还要亲自护卫，"整顿洒扫"亭舍，殷勤接待。应劭《风俗通义》："亭，亦平也，民有讼事，吏留辨处，勿失其正也"，地方官吏出行停宿亭舍，看来事出有因。《日记》记录墓主"宿某县某亭"29见之多，反映早至西汉晚期地方官吏出行住宿亭舍即已比较普遍。

第三，邮。简14-5："（九月八日）丙寅 宿山邮。"山邮，疑系因邮的设置而形成得名。《史记》记有杜邮、曲邮、邛邮等地名与之同类。尹湾汉简《集簿》（YM6D1）载东海郡有邮34所，邮人408人；又《东海郡吏员簿》（YM6D2）记属县邮的吏员职数：下邳邮佐2人、郯2人、费2人、利成1人、兰祺1人。睡虎地秦墓竹简《语书》："以次传，别书江陵布，以邮行。"《田律》："近县令轻足行其书，远县令邮行之，尽八月□□之。"《汉书·京房传》："因邮上封事。"《后汉书·光武帝纪》："因邮奏。"《汉书·薛宣传》颜师古注曰："邮，行书之舍，亦如今之驿站及行道馆舍也。"墓主出行"宿山邮"及《汉书·循吏传》"吏出，不敢舍邮亭"，表明至少在汉成帝时，官吏出行是可以住宿在邮舍内的。不过，值得注意的是，墓主宿"山邮"在其整个元延二年一年的出行活动中仅此一例，表明邮作为国家专门的文书传递机构，接待地方出行官员住宿不是其主要职责，平时稀有地方官吏在此逗留住宿，这可能与其文书传递任务主要是由本系统内邮人自己完成有关。

第四，置。简48-5："（十月三日）辛卯 立冬 从卿之羽宿博望置。"依文例，博望置显系一地名和住宿场所。《汉书·曹参传》："取狐父、祁善置。"文颖曰："善置，置名也。"师古曰："狐父、祁二县名也；置，若今之驿也。"《汉书·韩信传》："至尸乡厩置。"臣瓒曰："案厩置谓置马以传驿者。"这表明内地亦有"置"的设置。该简中的羽山即东海郡之羽山，墓主此次办事在羽地，博望置当离羽山不远。竹简出土地温泉镇地近古之博望镇，明张峰《海州志》："温泉在博望镇东北五里，冬夏如汤。"此博望应即古之博望置无疑。东海郡境内置"置"，尹湾汉简中仅见此例。应劭《风俗通义》："汉改邮为置。置者，度其远近之间置之也。"证之《日记》所记，表明至少在汉成帝时并未改邮为置，而仍然是邮、置并行，置亦是官方设施之一。

---

① 王毓铨：《汉代"亭"与"乡""里"不同性质不同行政系统说》，《历史研究》1954年第2期。

其他如简 50-1："第六 戊戌 旦发夕谒宿邸"、简 40-6："丙戌 宿高广丞舍"、简 55-5："戊戌 旦发宿陈少平家"等，反映墓主出行时住宿之地的多样性，这都是以往所不知晓的，《日记》全面反映了汉代基层官吏出行住宿的基本情况。

三 旅费报销

《元延二年日记》有数处这样的记录，如简 11、12-2："丁卯 日中至府宿舍予房钱千"、简 27-3："丁丑 宿南春宅予房钱百"、简 51、52-3："丁酉 宿家予房钱千"、简 66-3："辛亥 宿舍予房钱二百八十"、简 68-4："癸丑 予房钱二百"、简 36-5："癸未 予房钱八百"、简 47-5："庚寅 予房钱四百"等。简 11、12-2："丁卯 日中至府宿舍予房钱千"，从其记录语气看，房钱系墓主出使楚王国归来至府当日由太守府给予墓主的；简 27-3："丁丑 宿南春宅予房钱百"，由《日记》所记前后数日墓主行程看，南春宅可能在楚王国治所彭城内，是官府的还是私人的，性质不明，但从此次墓主出行整个住宿及记录情况看，有可能是墓主给南春宅的房钱；其他如简 66-3："辛亥 宿舍予房钱二百八十"、简 36-5："癸未 予房钱八百"、简 47-5："庚寅 予房钱四百"等，查《日记》所载，其前或后数日内均有出行记录；至于简 51、52-3："丁酉 宿家予房钱千"，对照《日记》知与墓主自三月二十日至六月四日"宿舍"（简 49-3）间出使楚王国有关，六月四日墓主归府"宿舍"当日未像简 11、12-2："丁卯 日中至府宿舍予房钱千"那样记"予房钱"之事，次日便根据惯例给予休沐"宿家"假日待遇。由《日记》上半年所记，墓主"休宿家"多仅一日，则墓主家庭所在地当离东海郡太守府所在地郯城不远或即在郯城内，否则上班不方便，而由《日记》"宿舍"、"宿家"不同记载又可知墓主家属是不能居于吏舍内的，工作期间"宿舍"，休沐时归家，正因为家庭离太守府即墓主工作地不远抑或即同在郯城内，墓主休息之日当有可能去太守府内领取此次长达二月之余的出差费用，更何况墓主此次集中休"宿家"十数日。缘此，由《日记》我们推测汉时存在着官吏出行自行支付房费、有关费用归来报销之制度，该项制度不见于现有文献记载，可补汉代史料之缺。

汉时存在旅费报销制度，还有其他方面的旁证：其一，云梦秦简《仓律》

有"有事军及下县者，赍食，毋以传贷县"①。意思是说到军中和属县办事的，应自带口粮，不得以符传向所到的县借取；又载"县上食者籍及它费太仓，与计偕"②，《传食律》则记载了因公出差人员伙食供给情况及中央官吏到地方的粮食供应情况，云梦秦律虽不是秦律的全部，但有一点也可以肯定，郡府官吏出行有些情况如食宿等，有时也是需要自己解决的，所到之县不予提供。汉承秦制，《日记》上述记录当是继承了秦时这一制度。其二，《居延汉简甲乙编》3·4："三墩燧长徐宗 自言故霸胡亭长宁就舍钱二千三百卅，数责不可得。"③居延汉简系西北边塞屯戍文书，该简所记应是三墩燧长徐宗代表官方向曾任霸胡亭亭长、名叫宁的人追讨房钱的反映，表明作为一级屯戍机构的燧，其房舍在非本燧国家工作人员住时是要收取房费的。其三，官员出行还有不舍"传舍"、"邮"、"亭"等情况，如《汉书·循吏传》"吏出，不敢舍邮亭"④，居延汉简有"当舍传舍"简，尹湾六号汉墓墓主师饶出行除宿传舍、亭、邮、置外，又曾宿邸、丞舍、子严舍、陈少平家、南春宅等，表明官吏出行如果因特殊情况不能或没资格住官府提供的住宿之地，看来也是要自己付费、归来之后报销的。因此，汉代存在官吏出行归来报销的制度当是确凿无疑的，这是《汉书》等文献所缺载的。

四　回府报告制度

《元延二年日记》记录墓主出行归来都是先"至府宿舍"，尔后"宿家"。如简41-1："第卅 壬辰 暮至府辄谒宿舍"、简46-1："第一 癸巳 朔 旦归休宿家"；又简11、12-2："丁卯 日中至府宿舍予房钱千"、简13-2："戊辰 旦休宿家"；再简24-2："乙亥 夕发辄谒宿舍"、简25-2："丙子 卪休宿家日遇大风尽日止"、简48-3："癸巳 宿竭虑亭"、简49-3："甲午 宿舍"、简50-3："丙申宿家"、简68-3："甲寅 宿良成传舍"、简69-3："乙卯 宿舍"、简70-3："丙辰 宿家"等等。只要因公出差归来，无论"日中"、"夕莫（暮）"，还是"日旦"都要先"至府辄谒宿舍"（有时简称"宿舍"），安顿下来向太守报告以后才能于次日"宿家"，并往往给数日"宿家"假期，称"休"。这表明当时属吏

---

① 睡虎地秦墓竹简整理小组：《睡虎地秦墓竹简》，文物出版社1990年版，释文，第31页。

② 睡虎地秦墓竹简整理小组：《睡虎地秦墓竹简》，释文，第28页。

③ 参见谢桂华、李均明、朱国炤：《居延汉简释文合校》上册，文物出版社1987年版，第1页。

④ 《汉书》卷89《循吏传》，第3630页。

出行归来报告不仅是一项严格的官吏管理制度，同时也是一项特殊的吏行制度，甚至得到慰问。如《汉书·循吏传》："（黄霸）尝欲有所司察，择长年廉吏遣行，属令周密。吏出，不敢舍邮亭，食于道旁，乌攫其肉。民有欲诣府口言事者适见之，霸与语道此。后日吏还谒霸，霸见迎劳之，曰：'甚苦！食于道旁乃为乌所盗肉。'"《日记》所记正与《汉书》等相合。

（原载《郑州大学学报》2002 年第 1 期）

尹湾汉简《元延二年日记》所反映的汉代吏休制度

　　吏休制度是汉代官僚政治制度的重要组成部分,《史记》、《汉书》等正史有片断记载。然而,具体实施情况如何,由于史载的阙略和零散,难以窥知全貌。尹湾汉简《元延二年日记》(以下简称《日记》)记录了东海郡太守府属吏——墓主师饶元延二年(前11)一年内的工作与生活[1],第一次系统地向我们展示了汉代官吏日常工作与家庭生活情形,为我们提供了颇多新的西汉吏休制度方面的资料,既可订正、厘清传世文献记载与研究之误,又补史籍记载之缺。兹据之分析考述于下。

一

　　文献记载,汉时官吏"五日得一休沐"。《汉书·郑当时传》:"孝景时,为太子舍人。每五日洗沐,常置驿马长安郊,请谢宾客,夜以继日,至明旦,常恐不遍。"《汉书·石建传》:"建老白首,万石君尚无恙。每五日洗沐归谒亲,入子舍。"《汉书·杨恽传》晋灼注亦曰:"五日一洗沐也。"洗沐,又称休沐。《汉书·霍光传》:"光时休沐出,桀辄入代光决事。"《汉书·张汤传》:"安世字子孺,少以父任为郎。用善书给事尚书,精力于职,休沐未尝出。"《初学记》卷二〇:"汉律:吏五日得一下沐,言休息以洗沐也。"沐日即指此种类型的假日,如《汉书·孔光传》:"沐日归休,兄弟妻子燕语。"《汉书·霍光传》:"候

---

①　连云港市博物馆、东海县博物馆、中国社会科学院简帛研究中心、中国文物研究所:《尹湾汉墓简牍》,中华书局 1997 年版,图版,第 61—67 页;释文,第 138—144 页。以下凡引尹湾汉墓简牍,皆见本书。

司光出沐日奏之。"汉时官吏存在"五日得一休沐"的工作规定，还可得到诸多旁证，如《汉书·郑当时传》："使视决河，自请治行五日。"《汉书·龚胜传》："使者五日壹与太守俱问起居。"《汉书·张敞传》："敞使主簿持教告舜曰：'五日京兆竟何如？冬月已尽，延命呼？'"《汉书·贾谊传》："草具其仪法，色上黄，数用五，为官名悉更，奏之。""五日"作为行事期限看来是有根据的。由上引《汉书》等记载可以看出，汉时官吏不仅三公丞相、九卿享有"五日一休沐"的待遇，即是郎官、太子舍人等也同样"每五日洗沐"，但这一工作规定具体如何实施，地方及下层一般官吏是否享受、如何安排，传世文献乏载。《元延二年日记》给我们提供了这方面的宝贵资料，可补正史记载之缺。简26-1："第六　戊寅　旦谒胃？从史休宿家"、简46-1："第一　癸巳　朔旦归休宿家"、简59-1："第四　丙午　旦休宿家"、简13-2："戊辰　旦休宿家"、简25-2："丙子卯休宿家日遇大风尽日止"，数处明确提到"休宿家"。此处的"休"应即上引文献中的"休沐"，因为该《日记》前半年记载完整，几乎每日都有详细记事，正月第十六日的"旦谒胃（？）从史休宿家"是墓主自正月第九日"宿舍"以来首次享受的休假，此前第六、七、八日"宿家"，表明墓主此次在官府工作已七日没有归家了，直至第八日才获准休沐归家与亲人团聚，且仅此一日。二月一日的"旦归休宿家"，此前墓主曾出使楚王国，据《日记》载，墓主正月十七日自"家"回"府"、"宿舍"，之后便"宿武原就陵亭"、"中门亭"、"彭城传舍"、"武原传舍"，正月第卅日"暮至府辄谒宿舍"，次日即二月一日才"旦归休宿家"，是日的"休沐"应与出差归来有关，表明官员出差归来，即应安排休沐，让其归家休息。此次墓主在外共14日，归来后也仅享受一日"休沐"假期。二月十四日的"旦休宿家"，墓主出差曾"宿羽"、"宿兰陵良亭"、"宿武原中乡"、"宿吕传舍"、"宿烦？亭"，二月十三日才"夕至府宿舍"，次日即二月十四"旦休宿家"，第二日即二月第十五日便又"旦发夕谒宿荥阳亭"、"宿鹿至亭"、"宿吕传舍"、"宿彭城传舍"、"宿南春亭"，直至三月第六日"丁卯日中至府宿舍"，不过次日即三月第七日的"旦休宿家"前后连续共计4日（简14-2、15-2、16-2"宿家"）。这一阶段墓主的"休宿家"，非为"病告"（简73-3)，又不为"日至休吏"①，而是在正常工作时日应该享受的休假待遇，《日记》简文中的"休"，应是《汉书》等文献中的"休沐"之省，"休宿家"的行文与含义恰与《汉书》等有关休沐归家与亲人团聚、延请宾客、拜谒父母等记

---

① 《汉书》卷83《薛宣传》，中华书局1962年版，第3390页。

载完全相合，这说明汉时官吏"休沐"的这种工作假日规定是施行于广大一般官吏的，只不过"休沐之日"非"五日"一休，视具体情况而定，有时七日，有时十四日，有时更长，休沐也非一次一日，可以积累休沐多日，执行起来并不严格整齐划一。《汉书·杨恽传》载："郎官故事，令郎出钱市财用，给文书，乃得出，名曰'山郎'。移病尽一日，辄偿一沐，或至岁余不得沐。其豪富郎，日出游戏，或行钱得善部。货赂流行，传相仿效。恽为中郎将，罢山郎，移长度大司农，以给财用。其疾病休谒洗沐，皆以法令从事。"师古曰："言出财用者，虽非休沐，常得在外也。贫者实病，皆以沐假偿之也。"表明国家法律规定的这一法定工作假日甚至曾一度在郎官中受到破坏，即被用来抵偿"病日"，所以杨恽才罢"山郎"，皆以法令从事。居延汉简EPT59·357："告尊省卒作十日辄休一日于独不休尊何解□。"[1] 这是汉边关吏卒每工作十天应有一天休假规定的一条极重要和极明确的资料，大意是省卒未能依规定得到"休"假，引起上级质问，并要求解释。可见，该给的休假不得任意克扣。敦煌发现的日作简也反映工作十天，有一天休假的情形：

　　煎都鄣卒郭纵 病 √ 苇 苇 苇 苇 苇 格 休 苇 苇 苇 苇

苇 苇 苇 病 苇 Ｊ 休　　　诣昌安 《敦煌汉简》1028
　　　　　　一日休　　四日格
　格 十日
　　　　五日苇　　《敦煌汉简》1029[2]

　　从中可见鄣卒郭纵二十天中每天工作（采苇）或生病或格（意义不明）或"休"的情形，二十天中曾休沐两次，且生病似乎不影响休假的权益，十日一休，也不是工作九或十天，就一定有一天休息。汉居延和敦煌简中许多情形是将应享的休沐日数集成若干天的假期一次休。简中有一次休二三十日的：

　　第二十一隧卒杜诩，休二十日（EPT65·51）
　　第二十八隧长张骏，休二十日（EPT65·136）

① 甘肃省文物考古研究所、甘肃省博物馆、文化部古文献研究室、中国社会科学院历史研究所：《居延新简》，文物出版社1990年版，第383页。
② 甘肃省文物考古研究所：《敦煌汉简》下册，中华书局1991年版，第258页。

第二十五隧卒鲍永，休三十日（EPT65·323）①

原因可能与这些吏卒平时工作休假难与数百里之外的家人团聚，集中若干天，甚至二三十天，有足够的时间回家和尽可能在家多住时日，如居延汉简EPT17·6："鄣卒苏寄九月三日封符休居家十日往来二日会月十五日。"②鄣卒苏寄从九月四日起休假归家十日，所谓"往来二日"应是来回在路上所耗的时间③。西北边塞吏卒休沐情况与内郡一般官吏有相似的方面也有区别，这说明当时汉政府有关官吏休沐假日的安排在全国范围内并不整齐划一，根据工作实际需要和性质，可以适当调整，但不得任意剥夺休沐归家的权利④。

二

《汉书·薛宣传》载，宣为左冯翊时，"及日至休吏，贼曹掾张扶独不肯休，坐曹治事。宣出教曰：'盖礼贵和，人道尚通。日至，吏以令休，所由来久。曹虽有公职事，家亦望私恩意。掾宜从众，归对妻子，设酒肴，请邻里，壹笑相乐，斯亦可矣！'扶惭愧。官属善之"。"日至休吏"，看来也是汉代官吏法律规定应该享受的休假日。日至，即夏至和冬至⑤，师古曰："冬夏至之日不省官事，故休吏。"此记左冯翊事，墓主亦为东海郡府属吏，地位同于左冯翊贼曹掾张扶，此制当在汉时诸郡郡府实行过，因此，墓主据此亦应享有"日至"公休假日，查《日记》"夏至"日简"甲戌 夏至 宿南春宅"（简24-3，五月十四日）及"冬至"日简"丁丑 冬至"（简29-6，十一月二十日），未见"日至休宿家"记录，是因为出差在外如夏至日"宿南春宅（疑在楚国彭城）"，还是因为墓主因病未记，因为自墓主六月二十九日"病告"以后，七至十二月记事较简略，

---

① 《居延新简》，第423、429、441页。

② 《居延新简》，第66页。

③ 有关西北边塞吏卒休沐情况的论述，主要参阅邢义田《汉代边塞军队的给假、休沐与功劳制》，载《简帛研究》第一辑，法律出版社1993年版，第195—201页。

④ 张家山汉简规定"归休"人员途中还享有"传食"权利，《二年律令·传食律》简237："归休若罢官而有传者，县舍食人、马如令。"参见张家山二四七号汉墓竹简整理小组：《张家山汉墓竹简（二四七号墓）》，文物出版社2001年版，第165页。

⑤ 银雀山二号汉墓竹简"元光元年历谱"称冬至和夏至为"冬日至"、"夏日至"。参见吴九龙：《银雀山汉简释文》，文物出版社1985年版。

可能两种情况均有。不过可以肯定，两汉时期确实存在"日至休吏"制度，其一，薛宣本人系西汉成帝时人，曾代张禹为丞相，东海郡郯县人，免相后归故郡——东海郡，墓主活动主要在永始、元延年间，与薛宣任丞相时代相同，同是作为西汉内郡（左冯翊、东海郡），东海郡不会不遵守国家有关官吏休假的法律；其二，《续汉书·礼仪志》记载："冬至前后，君子安身静体，百官绝事不听政，择吉辰而后省事。绝事之日，夜漏未尽五刻，京都百官皆衣绛。""日夏至，礼亦如之。"《太平御览》卷二十八所引班固《白虎通》亦有类似记载，可证东汉时期也实行过这种"日至休吏"制度；其三，"日至休吏"假日虽然《日记》没有记录，不像《日记》中称"休沐"一类工作假日为"休"，使我们知道时人如何称呼，但这种"日至"休假，从其归家与亲人邻里团聚的要求和倡导看，与"休沐"一类假日一致，是否应通称"休"，目前在无其他新资料出土情况下，尚难作出判定。我们倾向认为，"日至休"这种假日似乎亦应归入官吏"休"（休沐休吏、日至休吏）这种工作假日范围之内①。

三

尹湾木牍五正《东海郡下辖长吏不在署、未到官者名籍》记：

　　戚令□□十一月十四日告
　　开阳长颜骏正月五日告
　　即丘长范常十一月四日告
　　容丘尉东门汤正月十二日告
　　都阳丞王赏正月廿日告
　　郚乡侯相李临八月晦告病
　　●右六人告

该牍名籍记载了戚令等六位长吏的具体请"告"日期，但仅有郚乡侯相一

---

① 高敏、安作璋：《中国通史·第四卷·秦汉时期》（上册）："冬至和夏至的休假不止一天。"上海人民出版社 1995 年版，第 893 页；杨鸿年：《汉魏制度丛考》："冬、夏至休吏与现在的寒暑假相仿。"武汉大学出版社 1985 年版，第 201 页。

人明确记有请"告"事由，即病（"告病"）。《日记》简 73-3："己未 病告"，与此类同。墓主的具体请"告"日期是六月二十九日。此前，《日记》曾两处记墓主"病"，简 28-2："庚辰 宿家病"、简 61-2："丁未 宿彭城传舍·旦雨 病"，随着病情加重，以致不得不于六月廿九日"病告"。墓主的"病告"，产生了巨大影响，惊动了属县长吏，纷纷"遣吏奉谒"问"疾"，如 YM 6D 20："进 师君兄（正）容丘侯谨使吏奉谒再拜 问 疾（背）"；YM 6D 21："进 师君兄（正）良成侯颙谨使吏奉谒再拜 问 疾（背）"。《元延二年日记》中墓主的"病告"与 YM 6D 5 正"右六人告"及其中的邬乡侯相李临八月晦告病，表明"病告"乃汉时官吏请"告"休假的事由之一，其余"告"因不明，当是有所另指①。

《汉书·高帝纪》载："高祖尝告归之田。"李斐曰："休谒之名，吉曰告，凶曰宁。"孟康曰："古者名吏休假曰告。汉律：吏二千石有予告，有赐告。予告者，在官有功最，法所当得也。赐告者，病满三月当免，天子优赐其告，使得带印绶将官属归家治病。至成帝时，郡国二千石赐告不得归家。至和帝时，予赐皆绝。"师古曰："告者，请谒之言，谓请休耳。"结合上引尹湾出土简牍所记，因病请休乃称"病告"，从孟康所注及《汉书》传、记中众多"病满三月赐告"、"病满三月免"所载，可以推知西汉"病告"请休一般为三个月②。《汉书》所记"赐告"，一般为高级官吏（二千石以上），地方及一般官吏"病告"休假如何，传世文献没有记载。睡虎地秦墓竹简《仓律》："月食者已致禀而公使有传食，及告归尽月不来者，止其后朔食，而以其来日致其食，有秩吏不止。"③月食者及有秩吏都是秦时低级官吏，规定其"及告归尽月不来者，止其后朔食，而以其来日致其食"，表明其不论以何理由请"告"，这里当然包括因"病"请"告"，都应在月末归来，否则停发其应享待遇。可见秦时下级官吏的请"告"休假日期不超过一月。尹湾《元延二年日记》记墓主六月廿九日"病告"，七月

---

① 《史记》、《汉书》等文献记载也表明"告"有多种情况：一、因考课功最"予告"（《汉书·高帝纪》注、《汉书·冯奉世传》）；二、"吏、从官县被害者与告"（《汉书·元帝纪》）；三、《汉书·丙吉传》："及居相位，上宽大，好礼让。掾史有罪臧，不称职，辄予长休告，终无所案验"；四、《汉书·卫绾传》："上以绾为长者不忍，乃赐绾告归"；五、《汉书·石庆传》："上以为老谨，不能与其议，乃赐丞相告归。可以说，凡非休沐之日、日至休日等事假，均名之为"告"，更进一步说明至迟西汉成帝时仍"休"为"休"，"告"为"告"，"休"、"告"是两种不同性质的休假活动和称谓。《汉书·魏相传》"相敕掾史案事郡国及休告从家还至府，辄白四方异闻……"中的"休告"连称即应作如是解。
② 《风俗通义·过誉篇》："汉典，吏病百日，应免。"《后汉书·蔡邕传》注引《前书音义》曰："吏病满百日当免。"可能为后汉时制度。前汉规定为"三月"，如《汉书·谷永传》："岁余，永病，三月，有司奏请免。故事，公卿病辄赐告，至永独即时免。"
③ 睡虎地秦墓竹简整理小组：《睡虎地秦墓竹简》，文物出版社 1990 年版，第 31 页。

八日及其以后便"宿舍"、"夕署法曹"。尽管在七月一日至七日没有记事内容，但我们可以认为其应为"病告"休假日期，纵然我们将"病告"休假日期延及七月第十六日，将简26-4："乙亥　尽"视为"病告"假日已"尽"之尽，也只有十六日，何况其间还要"宿舍"、"署法曹"等，这说明秦汉时期病满三月赐告前的"病告"请休三月，仅是对高级官吏而言，是皇帝恩赐，一般官吏是难以享受"病告"三月休假待遇的，更谈不上"病告"后"赐告"待遇[①]，这为《汉书》等正史所未载，"病告"一词亦为《日记》首次所提出。

四

　　尹湾《元延二年日记》简册十二月十五日记："壬寅　宿临沂传舍　丧告"（简60-6）。"丧告"一词不见于《汉书》，据文义当与丧事有关。《汉书·高帝纪》引李斐和孟康注："休谒之名，吉曰告，凶曰宁。""宁"相当于目前的所谓居丧。《汉书·哀帝纪》："博士弟子父母死，予宁三年。"师古曰："宁，谓处家持丧服。"《汉书·扬雄传》应劭注引《汉律》："以不为亲行三年服，不得选举。"《汉书·陈汤传》载元帝时，汤因张勃举茂材待迁之时，父死未奔丧，为司隶校尉弹劾而下狱。《汉书·哀帝纪》王先谦补注引何焯的话云："汉制之失，莫大于仕者不为父母行服三年，达礼于是焉废。其予宁者，不过自卒至葬后三十六日而已。哀帝既许博士弟子予宁三年，何不推之既仕者乎？"[②]为父母丧而休假称为"宁"，亦见于居延汉简57·1册书[③]：

　　　　永光二年三月壬戌朔己卯甲渠士吏疆以私印（第一简）
　　　　行候事敢言之候长郑赦父望之不幸死癸巳（第二简）
　　　　予赦宁敢言之（第三简）
　　　　令史充（第一简背）

---

① 张家山汉简《二年律令·置吏律》简217："吏及宦皇帝者、中从骑，岁予告六十日；它内官，卅日。吏去家二千里以上者，二岁一归，予告八十日。"这是迄今所见的最明确的一条有关官吏"予告"休假日期规定的汉初法律条文，亦可看出"予告"休假待遇，一年内也只能享受四十至六十日。参见《张家山汉墓竹简（二四七号墓）》，第162页。
② （清）王先谦：《汉书补注》上册，中华书局1983年版，第136页。
③ 谢桂华、李均明、朱国炤：《居延汉简释文合校》上册，文物出版社1987年版，第100页。

这是甲渠候长郑赦因父望之死，为请丧假而由甲渠候向都尉府的报告。又：

（一）第卅六隧长成，父不幸死。当以月廿二日葬。诣官取宁。四月乙卯蚤食入。52·57

（二）第卅八隧长蒲母死。诣官。宁三月。59·39

（三）□甲渠候长劫。以令取宁。即日遣书到日尽遣如律令。160·16

（四）十二月吏宁书。176·48A[①]

可见，下级官吏中也存在"宁"的情况，因丧诣官请假，称"取宁"，"以令取宁"表明奔丧取宁请假，也有明确的法律规定，包括何日取宁、何日诣官、"宁"期多少等，年终还要汇总上报"吏宁书"（十二月）[②]。尹湾六号汉墓木牍五正《东海郡下辖长吏不在署、未到官者名籍》中，其中就有因"宁"不在署名籍一栏：

郯令华乔十月廿一日母死宁

襄贲左尉陈褒十一月廿日兄死宁

□□丞□□□□月廿八日伯兄死宁

利成丞兒勋八月十九日父死宁

厚丘左尉陈逢十月十四日子男死宁

曲阳尉夏筐十月廿五日伯父死宁

●右六人宁

表明郡县长吏因丧取宁亦应上报汇总以便上级政府掌握各级政府官员动态情况便于管理，同时也看出，"取宁"范围亦扩展及伯父、兄等非父母死事，这与当时以孝、儒治天下，提倡"孝悌"，"复人有养谨者扶持"（王村十简）[③]等有关，此《日记》所记也与《汉书》所载此时官吏多为父母以外亲属服丧相合，如墓

① 谢桂华、李均明、朱国炤：《居延汉简释文合校》上册，第92、106、264、281页。

② 张家山汉墓竹简《奏谳书》："律曰：诸有县官事，而父母若妻死者，归宁卅日；大父母、同产十五日。"所引该律文的这个案例，据考应属汉初。参见《张家山汉墓竹简（二四七号墓）》，第227页。

③ 甘肃省博物馆、中国科学院考古研究所：《武威汉简·王杖十简》，文物出版社1964年版，释文，第140页；图版二十二。武威县博物馆：《武威新出土王杖诏令册》，载甘肃省文物工作队、甘肃省博物馆编：《汉简研究文集》，甘肃人民出版社1984年版，第35—37页。

主为"外大母"、"季母"服丧等。既然因"丧"请休,在官方称"宁",那么它和上文"病告"等应同属因事休假范畴,只不过仅将因丧请休单称"宁"而已,正如李斐注所言:"休谒之名,吉曰告,凶曰宁",实际都是一回事。《后汉书·张湛传》章怀太子注云:"告,请也。"《汉书·高帝纪》颜师古注曰:"告者,请谒之言,谓请休耳。"因是请休原由不同,实际都属"告"的范围。《日记》将因"丧"请"告"直称"丧告",这与 YM 6 D 5 正所记事由相同而只是称呼不同,本人认为此处"丧告"与"宁"意义完全相同,官方称"宁",墓主《日记》记有个人公私各方面活动,因记法随便,更能反映当时的实际含义和习惯称呼,因此,很可能墓主在"病告"之后,习惯地在遇及如因"丧"请休时,自然而自然地便写成"丧告","丧告"与"宁"仅是官方与私人称呼不同而已,其实质含义别无二端。

综上所述可以看出,汉时地方一般官吏"五日得一休沐"的工作规定没有严格执行,根据工作实际需要和性质,适当作有调整,在全国范围并不整齐划一;"日至休吏"《日记》中未见记载,但两汉时期确实存在"日至休吏"制度;"病告"和"丧告"称谓表明"告"是因事请休的泛称,"宁"即"丧告"的官方称谓;汉时一般官吏工作期间是居于吏舍的,原则上妻子不得居于吏舍。总之,《日记》有关汉代官吏吏休方面的制度规定还是相当严格和完备的,反映了汉代官僚政治制度的完善。

（原载《中国史研究》2003 年第 2 期）

尹湾汉简《元延二年日记》所载汉代气象资料

　　1993 年，江苏省连云港市东海县温泉镇尹湾村六号汉墓出土一批西汉成帝时期简牍，其中被整理者题名为《元延二年日记》（以下简称《日记》）的简册（简 1—76），记事文字内容除记录墓主何时出发、何地住宿及其他公私事务外，还载有成帝元延二年（前 11）一年的四季始止、天气暖热、阴晴风雨等气象资料①，这是迄今所见有关黄河下游汉代气象与气候变迁的第一份实际记载，对于了解西汉晚期黄河下游地区，尤其是汉代东海郡、楚王国两地的气候，无疑具有珍贵的史料价值。该简册图版、释文自公布后无人研究涉及，今不揣浅陋，姑妄言之。

　　为了研究的便利计，先将有关气象的文字内容表列如下，以利于发现其中值得注意的地方。

《元延二年日记》记录汉代气象资料一览表

日期	日干支	气象状况	发生地区	简号
二月十一日	癸卯	春分		56-1*
三月十五日	丙子	日遇大风尽日止	东海郡郯县	25-2
三月二十七日	戊子	下铺雨复	楚国彭城	39-2
四月十六日	丁未	旦雨	楚国彭城	61-2
四月十七日	戊申	雨尽夜止	楚国彭城	62-2
五月九日	己巳	甚雨	楚国彭城（宿南春宅）	15-3
五月十四日	甲戌	夏至		24-3
五月十六日	丙子	雨	（彭城）南春宅	26-3
五月廿一日	辛巳	甚雨	（彭城）南春宅	30、31-3
六月廿日	庚戌	中伏		65-3

---

① 连云港市博物馆、东海县博物馆、中国社会科学院简帛研究中心、中国文物研究所：《尹湾汉墓简牍》，中华书局 1997 年版，图版，第 61—67 页；释文，第 138—144 页。

续表

日期	日干支	气象状况	发生地区	简号
七月十一日	庚午	后伏		17-4
八月十七日	丙午	秋分		62-4
十月三日	辛卯	立冬		48-5
十一月廿日	丁丑	冬至		29-6

*56 是竹简编号，1 是栏数。下同。

透过《日记》及上表所列，我们不难发现如下一些问题与该记录的史料价值：

第一，《日记》简册上所载的气象情况较传世古籍中反映的同时代气象史料更真实、可靠，是研究历史时期气候的最直接资料，最接近当时气候实际，因此其学术价值不言而喻。有关秦汉时代黄河中下游气候的状况，过去许多学者曾进行过研究，著述较早，系统且有分量的当推文焕然著《秦汉时代黄河中下游气候研究》[①]，是书所选择的地区为黄河中下游，即指陇山以东，秦岭、淮河以北，北山以南，太行、西山、小五台山、燕山等山脉以东和以南，和渤海、黄海及山东丘陵以西的地区。就汉代的行政区域来讲，中游约当三辅、弘农，下游则为豫、兖、冀三州的南部和中部，司隶的东部，徐州的北部，青州的西部以及幽州的南部和中部。研究的方法采用史料与自然观察相结合。关于史料，文焕然指出："单纯根据自然现象来推断历史时期的气候，所得结论往往不够正确，甚至是片面的。反过来说，参考了史料，不仅证据更丰富，并且可以补救用自然现象论证气候问题的某些缺陷，使得结论更全面、更正确。不过，要想从古籍中找到符合现代科学标准的资料是困难重重的。首先，各朝代各地区记载的详略不同，历史上各种事实，大抵年代愈久远，则记载愈简略。其次，由于各朝代各时期各地区的发展阶段不同，和距离都城的远近、交通的方便、开发的迟早，以及与之相适应的人口密度等不同，都影响了抗灾能力的大小和救灾情况的不一样，并且也影响了报灾和记载的情况。第三，气候现象出现时间的久暂，发生地区的广狭，史籍不可能精确的记载。第四，以唯心的观点来记载或解释气候现象，混乱了真相。第五，有匿灾、妄报、失载、失传、后人传抄的错讹、伪作等等。"[②]西汉成帝时期是阴阳五行学说盛行的时期，不仅多人以善言灾异受擢升如谷永，还形成上至皇帝下至朝臣的"凡灾异之发，各象过失，以类告人"[③]的人事附会灾异的思想风气。记录气象气候资料多据统治阶级

① 文焕然：《秦汉时代黄河中下游气候研究》，商务印书馆 1959 年版。

② 文焕然：《秦汉时代黄河中下游气候研究》，第 3—4 页。

③ 《汉书》卷 85《谷永传》，中华书局 1962 年版，第 3444 页。

需要而取舍，因此，传世古籍中有关气象、气候方面的史料存在着极大的局限性。《日记》中所记气象气候资料，因时而记，为己保存，秘不示人，没有必要隐讳，因此墓主不经意中为我们保留了一份当时真实宝贵的气象气候资料，这在我国气象气候文物发现史上尚属首例。《日记》记载涉及的区域，相当于汉代的东海郡、楚王国，亦即文焕然所指的黄河下游的汉时徐州刺史部范围，东至黄海，西至河南省东部（商丘一带），这批气象资料的出土，为研究黄河下游地区尤其是江苏北部、山东南部、河南东部汉时气候状况，丰富、补充、修订文焕然《秦汉时代黄河中下游气候研究》之不足，无疑提供了最真实、最直接的第一手研究资料。

　　第二，《日记》所记气象气候资料，可以反映出汉时东海郡、楚王国两地炎热季节与雨季的具体情形。古籍称温度最高时期为"暑"或"伏"。节气中有小暑、大暑、处暑，又有初、中、后三伏。汉代历谱中多注"三伏"，称初伏、中伏、后伏。暑或伏，都是指一年中最热的时期。《说文》："暑，热也。"《释名》："暑，煮也，如煮物也。"《太平御览》卷31引《书仪》、《史记·秦本纪·正义》中"伏"也都表示暑热的时期。《初学记》卷3引魏文帝《典论》："大驾都许，使光禄大夫刘松北镇袁绍军，与绍子弟日共宴饮，常以三伏之际，昼夜酣饮极醉，至于无知，云以避一时之暑，故河朔有避暑饮。"《日记》记元延二年五月十四日（甲戌）"夏至"、六月二十日庚戌"中伏"、七月十一日"后伏"（庚午）。"初伏"因简残未记，但经考证元延二年"初伏"应在六月十日[1]。元延二年"初伏"、"中伏"主要都定在了六月，只有"后伏"在七月十一日，表明西汉成帝时期，一年中最热季节主要在汉时的六月或七月初，而同墓出土的元延元年历谱[2]，因为该年有闰月（正月），"三伏"日分别定在了"五月二十四"、"六月五日"、"六月二十五日"，中伏二十日，一年中最热季节定在了五月底和六月一个月。可见，汉时六月份是一年中最热的月份，伏日主要都安排在了六

---

[1] 《艺文类聚》卷5《岁时部下》："伏者何也，金气伏藏之日也。金畏于火，故至庚日必伏。"《初学记》卷4引《阴阳书》："从夏至后第三庚为初伏，第四庚为中伏，立秋后初庚为后伏，谓之三伏。曹植谓之三旬也。"《汉书·郊祀志》："秦德公立……作伏祠。"师古曰："伏者，谓阴气将起，迫于残阳而未得升，故为藏伏，因名伏日也。立秋之后，以金代火，金畏于火，故至庚日必伏。庚，金也。"元延二年"中伏"在夏至（五月十四日甲戌）之后第四庚，即六月廿日庚戌；"后伏"在立秋（据张培瑜《三千五百年历日天象》补，七月一日庚申）后初庚日（七月十一日庚午），合于《阴阳书》所记。《汉书·韦玄成传》注引晋灼曰："《汉仪注》宗庙一岁十二祠……六、七月三伏……十二月腊。""后伏"，《元延二年日记》明记在七月十一日庚午日记，则"初伏"、"中伏"只能同在六月，如此，"初伏"日定在六月十日庚子日既合于《阴阳书》伏日设置原则，又与《汉书·韦玄成传》"六、七月三伏"相符。

[2] 《尹湾汉墓简牍》，图版，第21页；释文，第127页。

月一个月，因闰月与不置闰等原因，最热季节又可早至五月底开始，晚至七月初置"后伏"结束。文焕然云："秦汉时代流域中部最热期约为阴历六月底或七月初"①，结合《日记》所记及同墓出土的元延元年历谱看，大致这一推断不误，成帝时期一年中最热的月份在五、六、七三个月，即《汉书》中常称的夏五月、六月、秋七月应是基本事实。这一时期，地处黄海之滨的东海郡与楚王国此时应属炎热的夏季，官员"宿家"休息，稀少外巡，这在《日记》记事中得到了反映。

地处黄河下游南部东临黄海的东海、楚王国两地，看来每年的雨季来临较早，春三月即"雨复"（简 39-2），四月、五月便雨下不断，更有"甚雨"（简 15-3、30、31-3）多日。从《日记》所载情况看，七至十二月的天气状况乏载，原因不明，但仅从上述记载可以看出，由于此地近处辽阔的大海，受海洋影响，每年的雨季来临较早，气候潮湿。据崔寔《四民月令》："五月芒种节后……霖雨将降，储米谷薪炭，以备道路陷滞不通。"② 每年以阴历五月下半月到六月上半月降水量最多，这是指洛阳一带的降雨情况。这表明地处黄河下游之地的东海、楚王国两地，雨季远较黄河中游洛阳一带雨季开始为早。

第三，《日记》简文气象资料所记，可以确证《汉书·冯奉世传》载东海郡太守"下湿病痹"记载有据。传载奉世子冯立"迁为东海太守，下湿病痹。天子闻之，徙立为太原太守"。师古曰："东海土地下湿，故立病痹也。"从上述可见，东海、楚王国两地每年雨季来临较早，三月份便开始，四、五月份便"甚雨"，且多日连绵，虽然《日记》七至十二月份气象资料乏载，但整个日记后半部分记载都简略，有时多日不记，这可能与墓主六月二十九日"病告"以及后来病重有关，因此，可以推想这里的雨季远较黄河流域其他地区为长，因为雨季早至三月便来临。雨季长自然天气高湿潮润，加之，此地历史上海拔较低，东濒辽阔的黄海海洋，因此土地、气候潮湿。《史记·货殖列传》："江南卑湿，丈夫早夭。"冯立"为东海太守，下湿病痹"，说明西汉时期东海郡的气候条件是造成东海郡人口"病痹"的原因。墓主在"病告"之前，正值三四五月雨季，两次生"病"是否与"下湿"有关，有待研究，但不排除亦属"下湿病痹"。这又进一步反证了西汉时期黄河下游东海郡、楚王国两地气象及气候变迁之实际。

（原载《历史研究》2002 年第 4 期）

---

① 文焕然：《秦汉时代黄河中下游气候研究》，第 14 页。

② （汉）崔寔著，石声汉校注：《四民月令校注》，中华书局 1965 年版，第 43 页。

尹湾十号木牍师君兄贷师子夏券文初探

江苏省连云港市东海县尹湾村六号汉墓发掘出土木牍23方，其中编号为第十号的木牍正面为汉成帝元延元年历谱，反面为墓主贷钱之券，券文曰："元延元年三月十六日师君兄贷师子夏钱八万约五月尽所子夏若□卿奴□□□□□□□丞□时（？）见者师大孟季子叔。"[①]虽有缺损文字，但大体上可以看出此券的基本内容与格式。遗憾的是，其学术价值至今未被学界关注。本文拟就其文字内容、格式以及所反映的汉代社会历史等问题予以考察。

一　墓主贷钱之券的内容与格式

尹湾十号木牍墓主贷钱之券是墓主生前一次货币借贷的记录。在分析考证其文字内容与格式之前，我们首先对券文试作句读。

尹湾十号木牍墓主贷钱之券共48字（包括未释之字），竖两行，隶体顶格书写于十号木牍反面右侧。券文中"约"字的句读，是认识该文书的关键。凤凰山十号汉墓二号木牍的"中贩共侍约"是比较典型的契约，其文为："□□三月辛卯中贩贩长张伯□□□陈伯等七人相与为贩约（一）入贩钱二百约二会钱备不备勿与□贩……贩吏□□"，依黄盛璋研究，约文"相与为贩约"应有两种读法：一是"相与为贩"，意思是张伯等人共同合伙经营商贩；二是"相与为贩约"，意思是共同在一起商订商贩的契约，今据全文和下文的"约二"，断

① 连云港市博物馆、东海县博物馆、中国社会科学院简帛研究中心、中国文物研究所：《尹湾汉墓简牍》，中华书局1997年版，图版，第21—22页；释文，第127页。以下凡引尹湾汉墓简牍，皆见本书。

"约"字属下读①。我们认为该"约"文中有"约二",上文当有"约一","约一"即"相与为贩,约:入贩钱二百。"又,玉门花海二号木简赊买契约,依文意断句为:"元平元年七月庚子,禽寇卒冯时卖橐络六枚杨卿所,约至八月十日与时小麦七石六斗,过月十五日,以日斗计。盖卿任"②,"约"亦属下读。因此,尹湾十号木牍墓主贷钱之券券文亦应作如此句读,即:元延元年三月十六日,师君兄贷师子夏钱八万,约五月尽所,子夏若□卿奴□□□□□□□丞□,时见者师大孟、季子叔。

第一,"元延元年三月十六日"是借贷发生与立契时间。元延,西汉成帝晚期年号,元延元年即公元前12年。尹湾七号木牍有"永始二年十一月十六日"纪年字样,考古发现与文献所载的西汉各类契约纪年有"神爵三年正月十五日"(《僮约》)③、"神爵二年十月廿六日"(神爵,西汉宣帝年号)④,等等,墓主贷钱之券纪年符合武帝以后西汉纪年习惯和通例。标明借贷发生与立契时间,这是契约的最基本条款,这一时间标志着借贷关系的建立和在法律上的时效性。

第二,"师君兄贷师子夏钱八万",明确了借贷双方和借贷钱币数额。债务人(举贷者)师君兄,即墓主师饶,由YM6D6《武库永始四年兵车器集簿》与《元延二年日记》所记可知,墓主师饶(字君兄)元延元年间乃东海郡一名官吏。债权人(放贷者)师子夏,依"师君兄"例,子夏应为其字,其名不详,但与墓主师饶同姓。"钱八万"是师子夏一次借贷给墓主师饶的钱币数额。

第三,"约五月尽所,子夏若□卿奴□□□□□□□丞□"应是双方商订的履行该契约的具体条款。因此处未释之字太多,具体内容无从知晓。但从《居延汉简甲乙编》26·1:"建昭二年闰月丙戌,甲渠令史董子方买鄣卒欧威裘一领,直七百五十,约至春钱毕已,旁人杜君隽"⑤及"元平元年七月庚子,禽寇卒冯时卖橐络六枚杨卿所,约至八月十日与时小麦七石六斗,过月十五日,以日斗计。盖卿任"知,"约"字之后都是有关履行该契约具体要求的内容,像"约至春钱毕已"、"约至八月十日与时小麦七石六斗",甚至还包括有惩罚性规定,如"过月十五日,以日斗计"。墓主贷钱之券券文中"约"及以下文字(包

---

① 黄盛璋:《江陵凤凰山汉墓简牍及其在历史地理研究上的价值》,《文物》1974年第6期。

② 嘉峪关市文物保管所:《玉门花海汉代烽燧遗址出土的简牍》,《汉简研究文集》,甘肃人民出版社1984年版,第28页。

③ (清)严可均辑:《全上古三代秦汉三国六朝文·全汉文》卷42,中华书局1958年版。

④ 林梅村、李均明:《疏勒河流域出土汉简》170号简,文物出版社1984年版,第43页。

⑤ 中国社会科学院考古研究所编:《居延汉简甲乙编》简26·1,中华书局1980年版。

括未释之字），亦应作如是解。凤凰山汉简"中贩共侍约"是一份有标题和完整约文的典型契约，其契约行文我们可以简化为："□□三月辛卯，中贩贩长张伯、□□、□□、陈伯等七人相与为贩，约（一）：入贩钱二百。约（二）：会钱备、不备勿与□贩……贩吏□□。"其"约"字后面皆是有关"相与为贩"的具体规定和违规处罚措施。墓主贷钱之券"约五月尽所，子夏若□卿奴□□□□□□□丞□"，虽缺损文字太多，不能卒读，但丝毫不影响我们对"约"字后面内容的理解，这部分内容是契约文书中关键条款之一。

第四，"时见者师大孟、季子叔"，这是契约文书中常见的见证人、中保人。汉代契约中常见的有"任者"、"旁人"、"时见者"、"知券约"等称谓。有的在契约上只书姓名，有的书籍贯和任职，多数中保人、见证人不是专业人员，而是双方亲友或邻居，墓主贷钱之券券文中"师大孟、季子叔"即属此类。师大孟，与墓主师饶（君兄）、债权人师子夏同姓，季子叔与二者关系不详，疑为邻居或亲友。

由以上分析不难看出，尹湾十号木牍墓主贷钱之券是一份成熟的汉代契约文书，条款齐备，文字严谨，格式固定，与考古发现和文献所载的已知的汉代各类经济活动契约仅有内容上的不同，其行文、格式却别无二致。依凤凰山二号木牍"中贩共侍约"、王褒《僮约》题名及汉代买地券、赊买契约等"约"文书特点，墓主贷钱之券或可全称为"师君兄贷师子夏钱约"，或仿"僮约"而径称其为"钱约"。这是汉代货币借贷契约文本实物的首次发现，增添了汉代契约文书研究的新资料。

二　墓主贷钱之券反映的汉代社会经济问题

尹湾六号汉墓十号木牍墓主贷钱之券是一份西汉成帝元延年间的货币借贷契约，反映了西汉晚期货币借贷方面的经济活动。考察西汉一代官方及民间的个人货币借贷，大致有如下情况：

第一，"行从军旅，赍贷子钱"。《史记·货殖列传》：

吴楚七国兵起时，长安中列侯封君行从军旅，赍贷子钱，子钱家以为侯邑国在关东，关东成败未决，莫肯与。唯无盐氏出捐千金贷，其息什之。三月，吴楚平。一岁之中，则无盐氏之息什倍，用此富埒关中。

吴、楚七国景帝三年春兵反，"长安中列侯封君"要"行从军旅"。行从军旅的费用，《汉书·货殖传》颜师古注曰："行者须赍粮而出"，长安列侯封君仓促间缺乏现金，军事又极紧迫，所以只能"于子钱家贷之也"，即向"子钱家"（专门经营高利贷的人）贷款。又因关东战事胜败难卜，其他"子钱家""莫肯与"，唯独无盐氏"出捐千金贷"，结果吴楚战事三月平息，无盐氏从中获取"息什倍"，由此"富埒关中"。"列侯封君"不惜"其息什之"，贷钱于"子钱家"，可见当时"子钱家"的威势。

第二，家有变故，贷钱应急。《太平御览》卷四一一引刘向《孝子图》记道：

> 前汉董永，千乘人，少失母，独养父。父亡，无以葬，乃从人贷钱一万。永谓钱主曰："后若无钱还君，当以身作奴。"

董永之例，乃是西汉一典型贫苦者贷钱事例。放贷者的目的自然是为了取息，但举贷者的贫困背景与高额的贷息，使放贷者在收回本息时往往遇到一定的困难。《史记·孟尝君列传》所记孟尝君之客冯驩的一段收债经历，很清楚地反映了战国时代货币借贷的基本情况。传载：

> 孟尝君时相齐，封万户于薛。其食客三千人，邑入不足以奉客，使人出钱于薛。岁余不入，贷钱者多不能与其息，客奉将不给。孟尝君忧之，问左右："何人可使收债于薛者？"传舍长曰："代舍客冯公形容状貌甚辩，长者，无他伎能，宜可令收债。"孟尝君乃进冯驩而请之曰："宾客不知文不肖，幸临文者三千余人，邑入不足以奉宾客，故出息钱于薛。薛岁不入，民颇不与其息。今客食恐不给，愿先生责之。"冯驩曰："诺。"辞行，至薛，召取孟尝君钱者皆会，得息钱十万。乃多酿酒，买肥牛，召诸取钱者，能与息者皆来，不能与息者亦来，皆持取钱之券书合之。齐为会，日杀牛置酒。酒酣，乃持券如前合之，能与息者，与为期；贫不能与息者，取其券而烧之。曰："孟尝君所以贷钱者，为民之无者以为本业也；所以求息者，为无以奉客也。今富给者以要期，贫穷者燔券书以捐之。"

西汉亦是如此，桓谭《新论》曾论道：

> 今富商大贾，多放钱贷，中家子弟，为之保役，趋走与臣仆等勤，收

税与封君比入，是以众人慕效，不耕而食。

"中家子弟，为之保役"，即是债主们募集的为之趋走收息的人。对于那些着实无力偿还者，他们是不会像冯驩那样焚烧文契，一笔勾销，而是要催逼债户破产偿还甚或卖身偿付，晁错所言"卖田宅，鬻子孙以偿责"绝不是个别现象，而是相当一部分举贷者的去路，董永谓钱主说"后若无钱还君，当以身为奴"，正是这一历史现象的真实写照。

第三，替人放贷，从中牟利。《汉书·货殖传》：

> 程、卓既衰，至成、哀间，成都罗裒訾至巨万。初，裒贾京师，随身数十百万，为平陵石氏持钱。其人强力。石氏訾次如、苴，亲信，厚资遣之，令往来巴蜀，数年间致千余万。裒举其半赂遗曲阳、定陵侯，依其权力，赊贷郡国，人莫敢负。

又《汉书·谷永传》载谷永上书言：

> 建始、河平之际，许、班之贵，顷动前朝，熏灼四方，赏赐无量，空虚内臧，女宠至极，不可上矣；今之后起，天所不飨，什倍于前。废先帝法度，听用其言，官秩不当，纵释王诛，骄其亲属，假之威权，纵横乱政，刺举之吏，莫敢奉宪。又以掖庭狱大为乱阱，榜箠瘝于炮格，绝灭人命，主为赵、李报德复怨，反除白罪，建治正吏，多系无辜，掠立迫恐，至为人起责，分利受谢。生入死出者，不可胜数。

谷永所言的"为人起责，分利受谢"，师古注曰："言富贾有钱，假托其名，代之为主，放与它人，以取利息而共分之，或受报谢，别取财物。"上引史载说的都是达官贵人、外戚，依仗权势，替"子钱家"或"富商大贾"放债而共同分取利息，或者是坐收"子钱家"的重谢。这些达官贵人，自己不出一分钱，只是假借他的名义，凭借他的威势，为人包揽，债务人逼于威势，不敢不还。他们既是举贷者，又是放贷者，成为西汉后期严重的社会问题。

尹湾六号汉墓墓主为西汉成帝东海郡郡府卒史、功曹史，虽为"百石"小吏，但地位重要，为太守心腹股肱，位次太守、太守丞。《汉官仪》云："督邮、功曹，郡之极位。"其职责，《续汉书·百官志五》云："主选署功劳"，主要承担一郡吏员考绩和升迁的具体事务。同墓随葬的名谒，上至东海郡太守、沛郡太守、琅邪郡太守、容丘侯、良成侯，下至五官掾、卒史等，遣吏奉谒向之问疾请安，也足显其生前地位的尊荣。一个百石小吏，收入不高不丰，考察同墓所出诸简牍，元延元年间，墓主又无重大家庭变故，何以一次借贷八万，用途何在，我们认为，"钱约"中的"放贷者"师子夏有可能是将钱贷于墓主师君兄，利用师君兄权势利于放贷的条件，大放高利贷，这应该是"钱约"背后的真实所在，亦即该钱约反映的西汉晚期尤其是成哀年间汉代严重的社会经济问题。

首先，西汉晚期，尤其是成哀年间，达官贵人、外戚等"为人起责，分利受谢"现象相当普遍，上引谷永上书及罗裒之例，都是成哀间事，尤其谷永上言，如果不是当时严重的社会问题，已引起有远见的官员的忧虑与注意，是不可能陈述"许"、"班"等外戚，政治上为所欲为，经济上"为人起责，分利受谢"。同时，西汉后期，吏治的腐败也使这些子钱家及商富大贾有可能利用贿赂手段，打通关节，利用这些官员的权势放贷牟利，以至"赊贷行贾遍郡国"①。"钱约"的时代正是谷永所言这一严重社会问题之时，谷永虽然追述的是建始、河平年间，但此时距河平仅数年，都为成帝年间，这种现象当更严重。墓主位极权重，交通广泛，师子夏此人通过师君兄行贷东海郡，这是完全有可能的。

其次，墓主师君兄虽为百石小吏，收入不丰，但依其权势，不至于沦为举贷者；再，师君兄一下子贷钱八万，也远远超出了其收入和偿还能力。另从尹湾诸简考察，墓主这期间也无重大家事，木牍七记有"永始二年十一月十六日"的"礼单"一份，疑是墓主师君兄家的一次重大活动。秦汉时代，民间及官吏间送往迎来之风盛行，《汉书》多有记载，木牍七有可能是这类活动之一，根据木牍七、八"●外大母"、"●季母"标记，推测可能与葬礼有关②，但这并不能构成其举债之原因。木牍六《武库永始四年兵车器集簿》乃系元延元年之前一年事，这是镇压山阳徒暴动后重整武库的记录，这也应与墓主无太大关系，重整军备乃是国家和一郡之事，墓主也不可能为此举债。以上诸方面都决定了墓主在该"钱约"问题上只能是为了"为人起责"。

最后，债权人师子夏有可能为"富商大贾"或"子钱家"。"钱约"表明，债权人"师子夏"、债务人"师君兄"，见证人"师大孟"等，皆系同姓，不排

---

① 《史记》卷129《货殖列传》，中华书局1959年版，第3279页。
② 蔡万进：《尹湾汉简〈赠钱名籍〉性质考辨》，《中国社会科学院历史研究所学刊》第三集，商务印书馆2004年版，第179—204页。

除为同宗同族。再，木牍七八两份"礼单"中多记有"师子仪"、"师君长"等两人，师氏家族有可能因墓主师饶地位而日隆，或经营牟利致富，进而贳贷郡国。东海郡有渔、盐之利，更有发达的经济，此地在西汉武帝及成哀间以儒学故而多出卿相；但此时随着土地兼并及高利贷盛行，人们多"慕仿"富商大贾等，因此有可能尽置产业，成为富商。史载，西汉后期，东海郡就存在有豪姓大族奸猾横行之例。《汉书·尹翁归传》："东海大豪郯许仲孙为奸猾，乱吏治，郡中苦之。二千石欲捕者，辄以力势变诈自解，终莫能制，翁归至，论弃仲孙市，一郡怖栗，莫敢犯禁。东海大治。"表明尹翁归时东海郡豪族大姓已有很大势力。另外，东海多丞相和高官如萧望之、薛宣等，他们或家在东海，或免归故郡东海，或在任请托东海，如廷尉于定国"家在东海，欲属托邑子两人"于翁归，因见翁归正直而不行。墓主随葬"礼单"中多有薛姓、萧姓、于姓等诸姓人员，可能都与此有关。由此种情况推断，师族亦东海郡大姓，同姓师子夏贷钱师君兄，让其下贷，可以说是保险至极了，因此无论从哪一方面讲，该"钱约"反映的实际社会问题是官员"为人起责"，这与史载西汉末期的历史现象是完全吻合的，这正是该"钱约"的价值所在。

（原载《简帛研究二○○四》，广西师范大学出版社 2006 年版）

简帛史地新论

简牍所见西陵、西平考

2006 年 10 月，笔者有幸应邀参加中国河南西平嫘祖文化学术研讨会，翻检查阅西平历史文化资料过程中，北魏郦道元《水经·潕水注》的一条记载引起了我的注意，文为："（潕水）又东过西平县北。县故柏国也。……汉曰西平。其西吕墟，即西陵亭也。西陵平夷，故曰西平。"[①] 根据上述《水经》注文，不难得出如下两点认识：一是古柏国地汉时称西平；二是汉时西平县名系由西陵改称而来，也就是说西平县名的来历与西陵地名有关。就现已发表的汉简资料而言，至少有两处资料与《水经·潕水注》的记载扦格抵牾，为方便考证计，兹分别迻录分析于下。

第一处资料见于《武威汉简·王杖十简》："河平元年，汝南西陵县昌里先年七十受王杖，部游徼吴赏使从者殴击先，用（因）诉，地太守上谳。廷尉报：罪名明白，赏当弃市。"（简 7—9）[②] 王杖十简，可分为四部分：第一简为第二至九简两文件之序目；第二、三简为第一文件，是成帝建始二年（前 31）养老受王杖之制书；第四至九简为第二文件，包括"本二年"（陈梦家考证"本二年"为哀帝建平二年，即公元前 5 年，此说可从）养老受王杖之制书及成帝河平元年（前 28）辱老处刑之判例；第十简记幼伯受王杖事。简 7—9 所载判例是一则西汉成帝河平元年汝南太守上报疑难案件于廷尉、廷尉依法处断回复的奏谳案例，附于"本二年"制书之后。这说明，迟至西汉成帝河平元年（前 28）与哀帝建平二年（前 5）间，汝南郡辖县中仍然设置有一名为西陵的县。《汉书·地理志》"汝南郡"条云："汝南郡，县三十七：平舆、阳安、阳城、灅强、富波、女阳、鲖阳、吴房、安成、南顿、朗陵、细阳、宜春、女阴、新蔡、新息、灈

---

① （北魏）郦道元注，杨守敬、熊会贞疏：《水经注疏》下册，江苏古籍出版社 1989 年版，第 2635 页。
② 中国科学院考古研究所、甘肃省博物馆：《武威汉简》，文物出版社 1964 年版，第 140 页。

阳、期思、慎阳、慎、召陵、弋阳、西平、上蔡、窴、西华、长平、宜禄、项、新郪、归德、新阳、安昌、安阳、博阳、成阳、定陵。"①关于《汉书·地理志》的断代,《地理志》后序云:"讫于孝平,凡郡国一百三,县邑千三百一十四,道三十二,侯国二百四十一。"②清人钱大昕研究《汉志》后认为:"班志郡国之名,以元始二年户口籍为断,其侯国之名,则以成帝元延之末为断。"③周振鹤《西汉政区地理》通过对《汉书·地理志》所载政区的具体考证,指出:"《汉志》所载各郡国版图并不断于同一年。""大抵是成帝元延绥和之际各郡国的版图(即所属县目)。"④《汉书·地理志》所载汝南郡37县中有"西平"而无"西陵",但如果考虑《武威汉简·王杖十简》所记西汉成帝河平元年(前28)至哀帝建平二年(前5)汝南郡辖县中仍然设置有一名为西陵的县,以及王杖十简第十简所记"孝平皇帝元始五年幼伯生,永平十五年受王杖"的话,那么汝南郡在西汉成帝河平元年(前28)至"元延绥和之际"(成帝元延元年至四年,即前12—前9;绥和元年至二年,即前8—前7)有可能既设西陵县,又置西平县,也就是说西汉晚期汝南郡中西陵县与西平县并置。

第二处资料,即张家山汉简《二年律令·秩律》也提供了这方面的信息,简457载:西陵、夷道、下隽、析、郦、邓、南陵、比阳、平氏、胡阳、祭(蔡)阳、隋、西平、叶、阳成(城)、雉、阳安、鲁阳、朗陵、䜌、酸枣。⑤《二年律令》是吕后二年施行的法律。"西陵"与"西平"同书一简,虽无资料直接证明二者同为汉初汝南郡属县,但至少表明西汉初年在全国县级行政区划中既有西陵县,又有西平县。《汉书·地理志》班固自注:"汝南郡,高帝置。"周振鹤《西汉政区地理》"汝南郡沿革"称:"《汉志》云,汝南郡,高帝置,但无确证。"⑥但我们认为无论高帝时期汝南郡设置与否,简457中与《汉书·地理志》汝南郡属县同名的西平、阳安、朗陵,以及《二年律令·秩律》中其他竹简所记与《汉书·地理志》汝南郡属县同名的慎(简448)、归德(简451)、安阳(简453—454)、阳城(简458)、定陵(简460)、女阴(简460)等县至少在西汉初年即已设置。

---

① 《汉书》卷28《地理志上》,中华书局1962年版,第1561—1562页。

② 《汉书》卷28《地理志下》,第1639—1640页。

③ (清)钱大昕:《廿二史考异》卷9《侯国考》,上海古籍出版社2004年版。

④ 周振鹤:《西汉政区地理》,人民出版社1987年版,第22—24页。

⑤ 张家山二四七号汉墓竹简整理小组:《张家山汉墓竹简(二四七号墓)》,文物出版社2001年版,释文,第197页。

⑥ 周振鹤:《西汉政区地理》,第43页。

　　汝南郡地位重要，因此有汉一代，其行政区划变动比较复杂。令人欣喜的是，尹湾汉墓简牍的发现，使我们了解西汉晚期汝南郡的行政区划实际成为可能。尹湾汉简《东海郡下辖长吏名籍》（YM6D3、4），记录了当时东海郡属县长吏的籍贯、原任官职、升迁原因、现任官职等事项，其中籍贯为汝南郡的有：戚右尉汝南汝阴肩□故太守属以廉迁（YM6D3正），费丞汝南郡汝阴郭□故廷尉史（？）……（YM6D3正），费右尉汝（？）南（？）……（YM6D3正），利成丞汝南郡汝阴兒勋故罢将户车□□□□令史水衡都尉书佐（YM6D3正），厚丘左尉汝南郡汝阴陈逢故五官□□□以功迁（YM6D3正），厚丘右尉汝南郡汝阴故大司农属以功迁（YM6D3正），曲阳尉汝南郡召陵夏圣故南海太守文学卒史以功迁（YM6D3反），良成相汝南郡细阳周□故□□□□以功迁（YM6D3反），武阳侯国丞汝南郡西华邑尹庆故武都太守文学卒史以功迁（YMD4正），盐官丞汝南郡汝阴唐宣故太常属以功迁（YM6D4正）。[1] 尹湾六号汉墓所出简牍记有西汉晚期成帝"永始"（YM6D6正"永始四年"，即公元前13年）、"元延"（YM6D10反"元延元年"，即公元前12年）等年号，并出土有据考为元延二年（前11）、三年（前10）的历谱两份，这说明该名籍所记郡国属县版图的年代正与《汉书·地理志》所载郡国版图断于"元延绥和之际"相合，或可认为尹湾汉简《东海郡下辖长吏名籍》所记郡国属县版图即是《汉书·地理志》所载郡国版图的真实反映。该名籍中，籍贯为汝南郡的共10人，分属当时汝南郡汝阴（7人）、召陵（1人）、细阳（1人）、西华邑（1人）等四县，这四县均见于《汉书·地理志》汝南郡，所不同的是，《汉书·地理志》记西华为县，尹湾汉简记西华为邑，纠《汉书·地理志》记载之误。不唯如此，尹湾汉简《东海郡下辖长吏名籍》所记汝南郡周边郡国，如淮阳国（圉、陈）、颖川郡（许、颍阴、长杜、涅阳、长社、郾、周承休）、南阳郡（堵阳）、沛郡（相、竹、靳、轾、萧、建平、沛、栗、谯）、六安国（阳泉、六）等的辖县设置情况还为我们勾勒出了成帝晚期汝南郡疆域的大致轮廓。尽管说尹湾汉简《东海郡下辖长吏名籍》（YM6D3、4）中没有出现西平县与西陵县籍的人员，但从《汉书·地理志》和上引王杖十简判例中"汝南西陵县"之语可以看出，西平与西陵两县在西汉晚期同为汝南郡属县且各自未被省并则是不争的事实。

　　关于战国秦汉时期西陵的地望，《战国策·秦策四》："顷襄王二十年，秦白起拔楚西陵，或拔鄢、郢、夷陵，烧先王之墓，王徙东北，保于陈城，楚遂

①　连云港市博物馆等：《尹湾汉墓简牍》，中华书局1997年版。

削弱，为秦所轻。"①《史记·楚世家》："（顷襄王）二十年，秦将白起拔我西陵。二十一年，秦将白起遂拔我郢，烧先王墓夷陵。楚襄王兵散，遂不复战，东北保于陈城。"②《六国年表》：楚顷襄王二十年，"秦拔鄢、西陵"。二十一年，"秦拔我郢，烧夷陵，王亡走陈"。秦昭襄王二十九年，"白起击楚，拔郢，更东至竟陵，以为南郡。"③《秦本纪》："（昭襄王）二十八年，大良造白起攻楚，取鄢、邓，赦罪人迁之。二十九年，大良造白起攻楚，取郢为南郡，楚王走。"④《白起列传》："白起攻楚，拔鄢、邓五城。其明年，攻楚，拔郢，烧夷陵，遂东至竟陵。楚王亡去郢，东走徙陈。秦以郢为南郡。"⑤可见，西陵属白起在公元前279年所拔鄢、邓等诸城之一。程恩泽《国策地名考》："案《楚世家》：顷襄王二十年，秦将白起拔我西陵。徐广曰：属江夏。《汉志》江夏郡有西陵县，在今黄州府黄冈县西二里。《水经注》以为即白起所拔之西陵，《正义》引《括地志》主之，非也。《策》云拔鄢郢，东至竟陵，竟陵为今天门县，则当时秦兵所及，亦仅至安陆而止，未尝越汉阳、武昌而至黄州也。"⑥钱穆《史记地名考》卷十二《楚地名·西陵》亦云："案：《六国表》明云'鄢、西陵'，不得在江夏。"⑦颇有见地。公元前279年（秦昭襄王二十八、楚顷襄王二十）、278年（秦昭襄王二十九、楚顷襄王二十一）以前，秦不断东出函谷关，攻打占领河南中部、南部的魏、韩、楚等国领土，现据睡虎地秦简《编年记》所记，将这一战争进程梳理如下：（昭王）二年，攻皮氏（简2-1，魏地，今山西河津西）；四年，攻封陵（简4-1，魏地，今山西芮城西南风陵渡）；五年，攻蒲反（简5-1，魏地，今山西永济西）；六年，攻新城（简6-1，楚地，今河南襄城）；七年，新城陷（简7-1）；八年，新城归（简8-1）；九年，攻析（简9-1，楚地，今河南西峡境）；十三年，攻伊阙（简13-1，山名，今河南洛阳龙门）；十四年，伊阙（简14-1）；十五年，攻魏（简15-1）；十六年，攻宛（简16-1，韩地，今河南南阳）；十七年，攻垣、枳（简17-1，魏地，垣在今山西垣曲东南，枳在河南济源南）；十八年，攻蒲反（简18-1，魏地）；二十年，攻安邑（简20-1，魏地，今山西夏县西北）；二十一年，攻夏山（简21-1，韩地，位置不详）；二十四年，攻

①　诸祖耿编撰：《战国策集注汇考》（增补本）上册，凤凰出版社2008年版，第377页。
②　《史记》卷40《楚世家》，中华书局1992年版，第1735页。
③　《史记》卷15《六国年表》，第742页。
④　《史记》卷5《秦本纪》，第213页。
⑤　《史记》卷73《白起列传》，第2331页。
⑥　转引自诸祖耿编撰：《战国策集注汇考》（增补本）上册，第377页。
⑦　钱穆：《史记地名考》上册，商务印书馆2001年版，第551页。

林（简 24-1，魏地，今河南尉氏西）；二十五年，攻兹氏（简 25-1，赵地，今山西汾阳南）；二十六年，攻离石（简 26-1，赵地，今山西离石）；二十七年，攻邓（简 27-1，楚地，今河南邓县）；二十八年，攻鄢（简 28-1，楚地，今湖北宜城县南）；二十九年，攻安陆（简 29-1，楚地，今湖北云梦、安陆一带）。①

从《编年记》所记看，在公元前 278 年之前，秦夺取楚国之城无有超出今河南中、南部（如攻邓、攻析、攻新城）与今湖北宜城（如攻鄢）、安陆（如攻安陆）一线以北地区这个范围的，而今河南的中、南部与今湖北的宜城、安陆一线以北地区战国时乃为楚国之北疆，这就证明文献中所载白起公元前 279 年所率兵攻占的这个楚"西陵"也只有可能是在这一大的区域范围内的，也就是说，战国中晚期在这一大的区域范围内是有一个称为"西陵"的地名，这个地方在公元前 278 年秦南取楚郢都设置南郡的前一年（前 279 年），秦曾攻取了包括西陵、邓（《编年记》载"攻邓"在秦昭王二十七年，即公元前 280 年）、鄢等地，并赦罪民迁居之，而攻取楚之上述之地的战争同样也是由白起干的。《编年记》中所记虽然缺载"攻西陵"战争，但从上述传世文献所记，确与秦将白起攻取楚之鄢、邓等五城同在公元前 278 年之前一年，这就说明这个"西陵"不可能在长江沿岸的江夏郡。张家山汉简《秩律》简 457 所记"西陵"之县，与"西平"县同书一简，则表明至迟高后二年汉初之时曾有西陵与西平两县并置的事实，如果考虑王杖十简和《汉书》的记载（西汉末年两县同属汝南郡一郡），张家山汉简所载汉初的西陵与西平两县当相距不远，抑或邻县，甚或也为同郡属县，其名当源于这个楚"西陵"，其地当即此地。

既然西陵与西平两县自西汉初年（汉高祖刘邦、吕后）至西汉晚期（汉成帝、哀帝、平帝）一直并行设置，那么北魏郦道元《水经注》所云"汉曰西平……西陵平夷，故曰西平"就只能纯属臆测了。郦道元是北魏人，离两汉年代久远，不熟地名沿革应属正常。西陵与西平县名两者并不存在因袭沿革关系，实际情况有可能是在西汉并行设置二百余年的西陵与西平两县，至东汉光武帝时，由于光武帝"以官多役烦乃并省郡国十县道侯四百余所"②，西陵县被省并，而西平县得到了保留，终东汉一代以至魏晋，西平为县不改，相反西陵被省并后却沦降为乡、亭，如《三国志·魏书·和洽传》："和洽字阳士，汝南西平人

① 睡虎地秦墓竹简整理小组：《睡虎地秦墓竹简》，文物出版社 1990 年版，释文注释，第 3—5、8 页。
② （唐）杜佑：《通典》卷 171《州郡一》，中华书局 1984 年版，第 907 页。

也。……明帝即位,进封西陵乡侯,邑二百户。"①《水经注》:"汉曰西平。其西吕墟,即西陵亭也。"西陵之乡、之亭与西平之县同处一地,这又反证了西汉西陵与西平同处一郡为县并相邻的事实。西陵一名,渊源久远,《史记·五帝本纪》:"黄帝居轩辕之丘,而娶于西陵之女,是为嫘祖。嫘祖为黄帝正妃,生二子,其后皆有天下:其一曰玄嚣,是为青阳,青阳降居江水;其二曰昌意,降居若水。"张守节《正义》曰:"西陵,国名也。"②古国名多与族名相同,是知嫘祖故里当即古西陵国所在地。西陵这一因西陵氏、西陵国而得名的地名,西汉时又与西平同为汝南郡属县,东汉初省并西陵县以后其地先后设置为西平县之乡(西陵乡)、之亭(西陵亭),古西陵不仅在历史上的西平,而且同样也在今天的河南省西平。

(原载《中州学刊》2008 年第 5 期)

---

① 《三国志》卷 23《魏书·和洽传》,中华书局 1990 年版,第 655、657 页。
② 《史记》卷 1《五帝本纪》,中华书局 1992 年版,第 10 页。

天长纪庄木牍《户口簿》及相关问题

2004 年 11 月，考古工作者在对安徽省天长市安乐镇纪庄村 M 19 汉墓的抢救性发掘时，清理出土木牍 34 方，内容十分丰富，学术价值较高。根据墓中出土文物和木牍内容推断，M 19 的年代为西汉中期偏早，上限不早于武帝元狩六年①。《文物》2006 年第 11 期刊发《安徽天长西汉墓发掘简报》（以下称《简报》），公布了该墓部分木牍的图版照片和释文，其中 1 号木牍《户口簿》，记载了东阳县户与口的总计数字和所辖诸乡户与口的分计数字，这是汉代县级《户口簿》文书实物的首次发现，引起了学者的关注②。本文拟就《户口簿》木牍的文字释读、文书性质与形成以及所反映的秦汉置县制度等问题试作分析和探讨，不当之处，敬请指正！

一 牍文疏证

天长纪庄木牍《户口簿》记载于 1 号木牍的正面，"户口簿"题名三字，隶体横书于木牍的顶端，正文竖排 8 行隶体书写于木牍的上部，在木牍的右下方还

---

① 天长市文物管理所、天长市博物馆：《安徽天长西汉墓发掘简报》，《文物》2006 年第 11 期；卜宪群、蔡万进：《天长纪庄木牍及其价值》，《光明日报》2007 年 6 月 15 日，第 9 版。

② 何有祖：《安徽天长西汉墓所见西汉木牍管窥》，简帛网（http://www.bsm.org.cn），2006 年 12 月 19 日；卜宪群、蔡万进：《天长纪庄木牍及其价值》，《光明日报》2007 年 6 月 15 日第 9 版；杨以平、乔国荣：《天长西汉木牍述略》，《简帛研究 2006》，广西师范大学出版社 2008 年版，第 195—202 页；王贵元：《安徽天长汉墓木牍初探》，载张光裕、黄德宽主编：《古文字论稿》，安徽大学出版社 2008 年版，第 465—471 页；胡平生：《天长安乐汉简〈户口簿〉"垣雍"考》，简帛网，2010 年 2 月 3 日；〔日〕山田胜芳撰，庄小霞译：《西汉武帝时期的地域社会与女性徭役 —— 由安徽省天长市安乐镇十九号汉墓木牍引发的思考》，《简帛研究 2007》，广西师范大学出版社 2010 年版，第 313—327 页。

另书有一"卿"字。从刊发的图版照片看,《简报》对牍文的释读较为成功,从既往发表的有关研究成果看,学者们对牍文的理解也几近本义,但不可否认,仍有个别地方尚可商榷。为称引和疏证方便计,兹将校正后的《户口簿》木牍释文录写于下:

户口簿
·户凡九千一百六十九少前（第1行）
口四万九百七十少前（第2行）　卿
·东乡户千七百八十三口七千七百九十五（第3行）
都乡户二千三百九十八口万八百一十九（第4行）
杨池乡户千四百五十一口六千三百廿八（第5行）
鞠（？）乡户八百八十口四千五（第6行）
垣雍北乡户千三百七十五口六千三百五十四（第7行）
垣雍南乡户千二百八十二口五千六百六十九（第8行）

第1、2行的"户凡九千一百六十九少前,口四万九百七十少前",这是西汉时期东阳县某年户与口的总计数字。牍文中东乡等其他6乡户与口的分计数字之和与该处户、口总计数字完全相同,说明这项统计是严密的。少前,有学者认为系"指位置稍微往前","表达稍微多一些的意思"①,如果与尹湾汉简《集簿》中的"多前"、"如前"等上计文书词语相参照,上述的说法可能不确,还是理解为"减少"更合理,"前"应是指上一年度②。

第4行的"都乡户二千三百九十八,口万八百一十九",这是东阳县都乡户与口的总计数字。都乡之制,前史不载。顾炎武《日知录》卷二十二《都乡》:"都乡,盖即今之坊厢也。"③钱大昕《廿二史考异》卷十四《常山国都乡》:"都乡者,近郭之乡。"④《中国大百科全书·秦汉史·乡》:"县治所在的乡统称'都乡',意思是在城之乡或大乡。"⑤都乡户与口的统计数字高于东阳县所辖其他各

① 何有祖:《安徽天长西汉墓所见西汉木牍管窥》,简帛网,2006年12月19日。
② 卜宪群、蔡万进:《天长纪庄木牍及其价值》,《光明日报》2007年6月15日,第9版。
③ (清)顾炎武著,黄汝成集释:《日知录集释》,上海古籍出版社1985年版,第1662—1663页。
④ (清)钱大昕著,方诗铭、周殿杰校点:《廿二史考异》,上海古籍出版社2004年版,第259页。
⑤ 中国大百科全书总编辑委员会《中国历史》编辑委员会秦汉史编写组:《秦汉史》,中国大百科全书出版社1986年版,第192页。

乡，表明"都乡"确为东阳县之一大乡。

第6行"鞠（？）乡户八百八十，口四千五"中的"乡"上一字，《简报》释作"鞠"，并存疑。王贵元指出："释文'鞠（？）'，原字字形清晰，作'鞠'，《说文》有'簕'字，'鞠'或是其省体。'鞠'《说文》或体从'幸'，所以也可能是'鞠'字异体。"①王说可从。鞠，"乡"之专名。

第7行的"垣雍北乡户千三百七十五，口六千三百五十四"，胡平生认为，"'垣雍'地名很可能是史书里记载过的同名之地，分析起来大致有三种可能。其一，可能是河南郡卷县的一部。其二，可能是《汉志》失载的一个县名。其三，可能是某县属下的一个乡名"②。胡氏之说不可从。按：垣，《说文》："墙也。"《汉书·沟洫志》："今西方诸郡，以至京师东行，民皆引河、渭山川水溉田。春夏干燥，少水时也，故使河流迟，贮淤而稍浅；雨多水暴至，则溢决。而国家数隄塞之，稍益高于平地，犹筑垣而居水也。"雍，《汉书·沟洫志》师古曰："读曰壅。"《汉书·地理志》注引应劭曰："四面积高曰雍。"《睡虎地秦墓竹简·田律》："春二月，毋敢伐材木山林及雍（壅）隄水。"③《续汉书·郡国志三》"广陵郡"条云："东阳，故属临淮。有长洲泽。"《困学纪闻》卷十《地理》："广陵郡东阳县有长洲泽。东阳，今盱眙县。"④秦汉文献中多见有关"泽"的记录，很可能是指沼泽湿地⑤。黄淮海平原上湖沼的发育，邹逸麟认为，春秋时期以后，"温暖的气候环境大约持续了几百年"，"这种温暖的气候条件，保证了一定的降水量，是先秦西汉时代黄淮海平原湖沼水源条件的保证"⑥。秦汉东阳县地当"淮东"（淮河以南），紧邻淮河，牍文中的"垣雍"，可能与东阳县境内"长洲泽"的水利设施建设有关，犹如秦汉"长垣"县之得名⑦，"垣雍北乡"及第8行的"垣雍南乡"皆应是以"垣雍"这种水利设施为参照，按南、北方位设置并命名的两个乡，而且该木牍所记一县所置之乡以东、北、南等方位的命名，与汉代乡多以方位命名的原则也是基本相符的。

---

① 王贵元：《安徽天长汉墓木牍初探》，《古文字论稿》，第465—466页。

② 胡平生：《天长安乐汉简〈户口簿〉"垣雍"考》，简帛网，2010年2月3日。

③ 睡虎地秦墓竹简整理小组：《睡虎地秦墓竹简》，文物出版社1990年版，释文，第20页。

④ （宋）王应麟撰，（清）翁元圻注：《困学纪闻》，商务印书馆1959年版，第841—842页。

⑤ 王子今：《秦汉时期生态环境研究》，北京大学出版社2007年版，第112—116页。

⑥ 中国科学院《中国自然地理》编辑委员会：《中国自然地理》第二章"历史时期气候变迁"，科学出版社1982年版。

⑦ 长垣县，春秋时为匡邑，战国为魏首垣邑（又名长垣邑），秦置长垣县，因"县有防垣（即防水防兵之长墙）"而命名，莽新更名长固县，东汉置长垣侯国和平丘县。晋复置长垣县。参见河南省民政厅编制：《河南省政区标准地名图集》，西安地图出版社1997年版，第61页。

第 8 行中的"雍"下一字，《简报》释作"东"。胡平生认为，此字与同牍《户口簿》第 3 行"东乡"之"东"有些不同，细辨字形，应释为"南"，同时亦解除了同一《户口簿》"东乡"两见的困惑①。细审图版，胡氏之说可从。

《户口簿》木牍依次条列东乡、都乡、杨池乡、鞠乡及垣雍北乡、垣雍南乡等诸乡户与口数，依通例，这些乡级地名应同为一县所辖。天长纪庄汉墓（M19）以南为广陵国（今江苏省扬州市）属地，以北毗邻东阳古城遗址（今江苏省盱眙县东阳镇），《汉书·地理志》"临淮郡"下有东阳县，近年在城址周围的秦汉墓葬发掘中，也多次发现与"东阳"有关的文字资料，1990 年小云山一号汉墓出土的 10 件漆盘，外底朱书"东阳庐里巨田侯外家"②，2009 年抢救发掘的大云山西汉古墓群，在陪葬中发现刻有"东阳"的陶器残片③，这次天长纪庄汉墓出土木牍中也多次出现"东阳"地名，如 14 号、24 号木牍写有"进东阳"，10 号、25 号木牍书有"留东阳"、"东阳丞"。这些墓地都紧邻东阳古城，可证东阳古城遗址必为秦汉东阳县城无疑。天长纪庄《户口簿》木牍记载的户口数字，无疑应是东阳县的数据。

二　《户口簿》的文书性质与形成

迄今为止，考古发现自题名为"户口簿"的汉代木牍文书共有 3 例，分别是湖北荆州纪南松柏 M1 汉墓出土的《二年西乡户口簿》④、安徽天长纪庄 M19 汉墓出土的《户口簿》、朝鲜平壤贞柏洞 M364 汉墓出土的《乐浪郡初元四年县别户口集簿》⑤。天长纪庄木牍《户口簿》记载了东阳县一县户与口的总计数字和所辖 6 乡户与口的分计数字，前已备述；朝鲜平壤贞柏洞 M364 汉墓出土的《乐浪郡初元四年县别户口集簿》，书写于三方木牍（甲、乙、丙牍）之上，详细记载了汉元帝初元四年（前 45 年）乐浪郡一郡户与口的总计数字和所

---

① 胡平生：《天长安乐汉简〈户口簿〉"垣雍"考》，简帛网，2010 年 2 月 3 日。
② 盱眙县博物馆：《江苏东阳小云山一号汉墓》，《文物》2004 年第 5 期。
③ 蔡震：《盱眙千年汉墓初揭面纱》，《扬子晚报》2010 年 7 月 16 日第 A10—11 版。
④ 朱江松：《罕见的松柏汉代木牍》，载荆州博物馆编著：《荆州重要考古发现》，文物出版社 2009 年版，第 209—212 页。
⑤ 朝鲜社会科学院考古研究所：《朝鲜考古研究》2008 年第 4 期；杨振红、〔韩〕尹在硕：《韩半岛出土简牍与韩国庆州、扶余木简释文补正》，《简帛研究 2007》，广西师范大学出版社 2010 年版，释文，第 285—286 页；图版，第 282—284 页。

辖 25 县户与口的分计数字，如甲牍次行"朝鲜户九千六百七十八多前九十三口
五万六千八百九十多前千八百六十二"，丙牍最后两行"·凡户四万三千八百卅
五多前五百八十四口廿八万千二百六十一。其户三万□□□□□四口廿四☑"；
荆州纪南松柏 M1 汉墓出土的《二年西乡户口簿》在记录西乡二年户与口的总
计数字如"户千一百九十六"、"凡口四千三百七十三人"的同时，另外详记了
西乡当年的息户、耗户、息口、耗口等数字。上述"户口簿"木牍文书中的"多
前"、"如前"、"少前"以及"息户（口）"、"耗户（口）"等用语，不仅反映了
汉代郡、县、乡三级"户口簿"一类文书的文本形态和演变发展，同时也为我们
认识天长纪庄木牍《户口簿》的文书性质与形成提供了宝贵的线索和资料。

　　众所周知，《续汉书·百官志五》县邑道"秋冬集课，上计于所属郡国"注
引胡广曰"秋冬岁尽，各计县户口垦田，钱谷入出，盗贼多少，上其集簿。丞
尉以下，岁诣郡，课校其功"，这反映的是汉代县级上计制度。根据规定，每年
"秋冬岁尽"之时，各县是要将本县该年户口、垦田、钱粮入出、刑狱等情况向
所属郡国上报的。汉代上计是由县上郡、郡上中央的二级上计制构成。1993 年
尹湾汉墓出土的《集簿》木牍被认为是东海郡上计底稿或副本，该木牍包含了
数十个项目的综合统计。据此，有学者认为，胡广《汉官解诂》所云的集簿，
乃是指县、邑、道和侯国于每年秋冬岁尽向所属郡国呈报的上计簿，而尹湾六
号汉墓发掘出土的《集簿》，则是我国迄今首次发现的郡国向朝廷呈报的上计
簿[①]。换言之，既然汉代郡国向中央上计要制作如尹湾汉简《集簿》木牍一类综
合统计文书，那么，各县在向郡国上计时依例亦应制作这类包含了数十个项目
的综合统计"集簿"文书。虽然目前这类县级《集簿》简牍文书实物还尚未出
土，但胡广《汉官解诂》已明确指出这类县级综合统计上计文书亦名之为"集
簿"。然而，天长纪庄《户口簿》木牍和朝鲜平壤 M364 汉墓《乐浪郡初元四
年县别户口集簿》木牍的发现，却使我们看到汉代各郡、各县上计时在递交综
合统计"集簿"文书的同时，还要分别呈递不同类别的专项统计"集簿"文书，
如天长纪庄木牍《户口簿》和朝鲜平壤 M364 汉墓木牍《乐浪郡初元四年县别
户口集簿》一类有关户、口的专项统计"集簿"文书，这是以往我们所不了解
的新认识[②]。准此，天长纪庄木牍《户口簿》抑或即是《续汉书·百官志五》所

---

① 谢桂华：《尹湾汉墓新出〈集簿〉考述》，《中国史研究》1997 年第 2 期。

② 尹湾汉简中合计武器等统计数据时同样也使用了"集簿"一词，如 YM6D6 自题名为"武库永始四年
　兵车器集簿"。参见连云港市博物馆、东海县博物馆、中国社会科学院简帛研究中心、中国文物研究
　所编：《尹湾汉墓简牍》，中华书局 1997 年版，释文，第 103—118 页；图版，第 17—18 页。

言"丞尉以下，岁诣郡，课校其功"时各类专项上计文书的一种，该《户口簿》在汉代东阳县官吏墓中发现[①]，可能是东阳县留存的副本或底本。

如果说朝鲜平壤 M364 汉墓出土的《乐浪郡初元四年县别户口集簿》题名在汉代是郡级"户口簿"上计文书通例的话，那么，天长纪庄木牍《户口簿》作为县级"户口簿"上计文书同样亦可视之或称之为"东阳县某年乡别户口集簿"，因为天长纪庄木牍《户口簿》记载了东阳县及所辖六乡的户、口统计数字，其文书内容与形式一如《乐浪郡初元四年县别户口集簿》。关于天长纪庄木牍《户口簿》各乡户口数字的来源，我们认为应与汉代针对全体人口进行调查的"八月案比"有关[②]。《续汉书·礼仪志》载："仲秋之月，县道皆案户比民。"又，《后汉书·安帝纪》载元初四年七月养老诏，李贤注引《东观记》曰："'方今八月案比之时。'谓案验户口、次比之也。"东汉时期，针对全民的人口调查确实在每年八月进行，这与张家山汉简《二年律令·户律》所载西汉时期"八月书户"（简335）、"八月户时"（简345）等户口调查登记时间一致[③]。有关汉代案比的地点，邢义田以为以县之面积与人口，将全县男女老幼集中于县廷可能性较小，而汉代地方官权又大，案比如何施行，在乡或在县，不无可能由各郡国自行斟酌[④]；王毓铨、钱剑夫、袁延胜等先生据《后汉书·江革传》的记载，皆认为汉代案比是在县里举行[⑤]，这也许是东汉的规定。西汉时期户口调查登记应是以乡为单位的，张家山汉简《二年律令·户律》载：

> 恒以八月令乡部啬夫、吏、令史相杂案户籍，副藏其廷。有移徙者，辄移户及年籍爵细徙所，并封。留弗移，移不并封，及实不徙数盈十日，皆罚金四两；数在所里、典弗告，与同罪。乡部啬夫、吏主及案户者弗得，罚金各一两。

---

① 《简报》称："从这些木牍文字我们可以推知，墓主人叫谢孟，是东阳县掌握一定权利的官吏。"

② 关于八月案比，李均明先生已有专论。参见李均明：《关于八月案比》，《出土文献研究》第6辑，上海古籍出版社 2004 年版，第 130—133 页。

③ 张家山二四七号汉墓竹简整理小组：《张家山汉墓竹简（二四七号墓）》，文物出版社 2001 年版，第 178—179 页。

④ 邢义田：《汉代案比在县或在乡》，（台湾）《"中央研究院"历史语言研究所集刊》第 60 本第 2 分册，1989 年，第 451—487 页。

⑤ 王毓铨：《民数与汉代封建政权》，《中国史研究》1979 年第 3 期；钱剑夫：《秦汉赋役制度考略》，湖北人民出版社 1984 年版，第 60—62 页；袁延胜：《中国人口通史·东汉卷》，人民出版社 2007 年版，第 120 页。

又载：

> 民宅园户籍、年细籍、田比地籍、田命籍、田租籍，谨副上县廷，皆以筐若匣匮盛，缄闭，以令若丞、官啬夫印封，独别为府，封府户。……民欲先令相分田宅、奴婢、财物，乡部啬夫身听其令，皆参辨券书之，辄上如户籍。所分田宅，不为户，得有之，至八月书户。①

《后汉书·百官志五》："乡置有秩、三老、游徼。"本注："有秩，郡所置，秩百石，掌一乡人；其乡小者，县置啬夫一人。皆主知民善恶，为役先后，知民贫富，为赋多少，平其差品。"上引张家山汉简《二年律令·户律》载，汉时凡与民户有关的簿籍，均"谨副上县廷"，原件由乡留存。秦汉时期，乡是县的行政派出机构，各县每年"八月案户"这样重大的人口调查活动，据《二年律令·户律》，"乡部啬夫"是第一负责人，负有调查统计管理一乡户口的职责，如此荆州松柏M1汉墓墓主——江陵西乡有秩啬夫周偃墓中出土《二年西乡户口簿》也就不难理解了②。《二年西乡户口簿》在记录二年西乡户与口总计数字如"户千一百九十六"、"口四千三百七十三人"的同时，另外还详细记载了西乡当年大男991、小男1045、大女1695、小女642等数字，池田温根据汉简认为，14岁以下的通称小男、小女，15岁以上的称大男、大女③。《二年西乡户口簿》中大男、小男、大女、小女数字相加之和与西乡人口总数相合，这表明该户口簿所记户、口数字乃是南郡江陵西乡一乡的人口统计结果，很可能就是二年西乡"八月案比"的户、口总计。天长纪庄木牍《户口簿》木牍背面同时记录的东阳县八月份全县算赋数额的总计和所辖六乡算赋数额的分计，以及东阳县的九月份算赋数额总计，据考，这是汉代"八月算人"、"计断九月"的结果。这也从一个侧面证实天长纪庄木牍《户口簿》中的户口数字应来源于东阳县各乡某年"八月案比"的统计，而各乡上报至县的"户口簿"文书，其文书格式与内容亦当与《二年西乡户口簿》相类或一致。

---

① 《张家山汉墓竹简（二四七号墓）》，释文，第177—178页。

② 据墓主周偃自占功劳文书所记履历，于建元一年（前140）任江陵西乡有秩啬夫。牍文的西乡应是周偃曾经任职之地，即江陵县西乡。参见彭浩：《读松柏出土的四枚西汉木牍》，《简帛》第4辑，上海古籍出版社2009年版，第333—343页。

③ 〔日〕池田温著，龚泽铣译：《中国古代籍帐研究》，中华书局1984年版，第71页。

三　秦汉置县制度相关问题讨论

秦汉置县制度，是秦汉县制研究的重要内容，既往学界在研究秦汉县制时，于秦汉县制之组织、官吏之职掌、行政系统及特色等多有关注[①]，限于传世文献记载的疏阔和阙略，对于秦汉时期县的置立原则[②]、规模以及乡的建置等问题鲜有涉及和分析。天长纪庄木牍《户口簿》蕴含汉代县乡政治、地理、人口等方面的重要信息，为秦汉置县制度相关问题的探讨提供了宝贵的第一手文献史料。

有关秦汉时期县的置立原则的认识，学界既往多依凭和基于班固《汉书·百官公卿表》"万户以上为令，减万户为长"、"县大率方百里，其民稠则减，稀则旷"的记载。秦汉时期，县令、长之设与一县户数之间并不存在严格的对应关系，这一点东汉人早已指出，应劭《汉官仪》："三边始孝武皇帝所开，县户数百而或为令。荆扬江南七郡，惟有临湘、南昌、吴三令尔。及南阳穰中，土沃民稠，四五万户而为长"，"俗说，令长以水土为之，及秩高下，皆无明文"[③]。但班固从比较复杂的情况中，概括成"万户以上为令，减万户为长"这两句话，这一点是很重要的，实际上，他向我们透露出的重要信息，即县等划分主要以户数多少为依据[④]，"万户"乃秦汉王朝划分县等所遵循的一个基本标准。证之《后汉书·百官志五》县之"大者置令一人，千石；其次置长，四百石；小者置长，三百石"所载[⑤]，其中的"大者"、"其次"、"小者"等县，或即汉时以户数划分县等的客观存在和事实。而传世文献中所反映的秦汉置县实例的记载，如《水经·阴沟水注》"己吾县"下引《陈留风俗传》："故梁国宁陵县之徙种龙乡也。以成哀之世，户至八九千，冠带之徙求置县也。"[⑥]《后汉书·马援传》："援奏言西于县户有三万两千，边界去庭（县庭）千余里，请分为封

[①] 有关秦汉县制研究的代表性论著有：瞿兑之、苏晋仁：《两汉县政考》，中国联合出版公司1944年版；严耕望：《中国地方行政制度史·秦汉地方行政制度》，（台湾）《"中央研究院"历史语言研究所专刊》，1961年，本文据上海古籍出版社2007年影印本；廖从云：《中国历代县制考》，（台湾）中华书局1969年版；黄绶：《两汉行政史手册》，中州古籍出版社1991年版；邹水杰：《两汉县行政研究》，湖南人民出版社2008年版。

[②] 本文有关秦汉置县制度的研究，仅涉及单纯的"县"，县的置废与规模都相对比较稳定，其他如邑、道、侯国等秦汉县级机构的置废变化无常，原因复杂，概不涉及，特此说明。

[③] （清）孙星衍等辑：《汉官六种》，中华书局1990年版，第153—154页。

[④] 卫宏《汉旧仪》："县户口满万，置六百石令，多者千石。户口不满万，置四百石、三百石长。"参见孙星衍等辑：《汉官六种》，中华书局1990年版，第82页。按：疑"户"下衍一"口"字。

[⑤] 严耕望据《通典》考证："千石"下盖夺"其次置令六百石"，参见严耕望《中国地方行政制度史·秦汉地方行政制度》，第45页。

[⑥] （北魏）郦道元注，杨守敬、熊会贞疏：《水经注疏》，江苏古籍出版社1989年版，第1942页。

溪、望海二县，许之。"（西于一县析分三县，平均一县户数仍在万户以上）《太平经》："今一大里有百户，有百井；一乡有千户，有千井；一县有万户，有万井；一郡有十万户，有十万井。"①笔者认为，乡"户至八九千求置县"、"西于县户有三万两千请分为封溪、望海二县"等行为，都应是汉时"万户"县等划分基本标准深入人心和在秦汉王朝置县过程中实际应用的反映，或可言之秦汉王朝"万户立县"的置县原则系由"万户"县等划分标准影响、发展而来。天长纪庄木牍《户口簿》记载了西汉武帝时期东阳县一县的户口总数，"户凡九千一百六十九少前，口四万九百七十少前"，对照《汉书·百官公卿表》"万户以上为令，减万户为长"、《续汉书·百官志五》"县万户以上为令，不满为长"所云，东阳县这一户口数字与《汉书》、《续汉书》所载汉时的"万户"之县规模相当，也与《史记·项羽本纪》、《汉书·陈胜项籍传》所载秦时东阳设"令"（秦制，万户之县设令）情况一致，反映秦及西汉武帝时期，东阳置县乃是遵循万户为县的置立原则，东阳亦因此成为秦汉江淮间县之"大者"。天长纪庄木牍《户口簿》为我们认识这一历史事实和制度提供了有力佐证。

秦汉之制，郡统县，县下辖乡，《汉书·百官公卿表》："凡县道国邑千五百八十七，乡六千六百二十二"；《续汉书·郡国志五》："县邑道侯国千一百八十"，注引《东观书》："永兴元年，乡三千六百八十二。"关于秦汉时期县下辖乡的情况，元代郝经《续后汉书·职官》曰："凡县户五百以上置乡，三千以上置二乡，五千以上置三乡，万以上置四乡。"②天长纪庄木牍《户口簿》记载武帝时期东阳县属乡有六，各乡领户分别为：东乡1783、都乡2398、杨池乡1451、鞠（？）乡880、垣雍北乡1375、垣雍南乡1282。对照郝氏所述，东阳县辖乡规模与之不合，但无独有偶，东阳县的辖乡规模和数字却与《春秋繁露·止雨》篇所载暗合。《春秋繁露·止雨》云：

> 二十一年八月甲申朔丙午，江都相仲舒告内史中尉：阴雨太久，恐伤五谷，趣止雨。止雨之礼，废阴起阳。书十七县，八十离乡，及都官吏千石以下夫妇在官者，咸遣妇归。……书到即起，县社令长若丞尉官长，各城邑社啬夫里吏正里人皆出，至于社下，铺而罢，三日而止。③

---

① 王明：《太平经合校》，中华书局1960年版，第119页。
② （元）郝经：《续后汉书》卷86下《职官》，商务印书馆1937版（1958年重印版），第1485—1486页。
③ 苏舆撰，钟哲点校：《春秋繁露义证》，中华书局1992年版，第438—439页。

按：离乡，《墨子·备城门》"葆离乡老弱国中"孙诒让《间诂》："离乡，谓别乡，不与国邑相附者。"①《汉书·召信臣传》："（信臣）躬劝耕农，出入阡陌，止舍离乡亭，稀有安居时。"《汉书·王莽传》："收合离乡、小国无城郭者，徙其老弱置大城中，积藏谷食，并力固守。"准此，这里的"八十离乡"，是不包括设在县邑治所之乡的。设在县邑治所内的乡，秦汉时期称为"都乡"，已如前述。《汉书·高帝纪》："六年冬十月，令天下县邑城。"在一县之中设一都乡，秦汉时期应是常制（《户口簿》记东阳县亦有"都乡"）。《春秋繁露·止雨》篇记"十七县，八十离乡"，但根据所记止雨祭社有"县社"与"各城邑社"之分，则十七县治所内的都乡亦应祭社，且有令长等长吏参加，如此，则十七县所辖之乡共计应有97个。十七县，周振鹤认为，"此十七县当为江都国本郡——东阳郡的总县数"，东阳郡为汉高祖六年废楚王韩信后析秦东海郡南部置，地当在淮东江北之间，东阳县在淮东，为其属县之一②。江都国，景帝前元三年徙汝南王刘非为江都王，置江都国，辖东阳、鄣二郡；武帝元狩二年，江都王建谋反国除，置广陵郡（前身是东阳郡，鄣郡别属改名丹阳郡）。江都国东阳郡罢废与天长纪庄木牍年代相距不远，包括东阳县在内的东阳郡十七县，所辖之乡共计97个，平均一县领乡6个，这与天长纪庄《户口簿》木牍所载武帝时期东阳县领乡6个完全一致。天长纪庄《户口簿》木牍县领乡数材料，不仅印证了《春秋繁露》等传世文献记载的正确性，同时也反映了秦至西汉武帝时期江淮地区置县规模之实际情形。

乡的建置，是秦汉置县制度的重要组成部分，严耕望称"乡吏亦即县廷属吏之出部者"③，证之尹湾汉简《东海郡吏员簿》（YM6D2），严说不谬。关于乡的建置，《汉书·百官公卿表》："县大率方百里，其民稠则减，稀则旷。乡、亭亦如之，皆秦制也"，如是，乡的置立同样遵循以户为主，兼顾地域大小的原则。《陈留风俗传》："故梁国宁陵县之徙种龙乡也。以成哀之世，户至八九千，冠带之徙求置县也。"《水经·渠水注》："平陆县，高后元年封楚元王子礼为侯国。建武元年以户不满三千，罢为尉氏县之陵树乡。"④《续汉书·百官志五》："乡置有秩、三老、游徼。"本注："有秩，郡所置，秩百石，掌一乡人；其乡小者，县置啬夫一人。"注引《汉官》曰："乡户五千，则置有秩。"徙

① （清）孙诒让著，孙以楷点校：《墨子间诂》，中华书局1986年版，第484页。
② 周振鹤：《西汉政区地理》，人民出版社1987年版，第34—37页。
③ 严耕望：《中国地方行政制度史·秦汉地方行政制度》，第57页。
④ （北魏）郦道元注，杨守敬、熊会贞疏：《水经注疏》，第1909页。

种龙乡"户至八九千"求置县，或是乡之大者；平陆县"户不满三千"罢为乡，杨守敬按："三千盖两千之误"，或是乡之小者；"乡户五千，则置有秩"，安作璋、熊铁基《秦汉官制史稿》："'五千'二字恐有讹误"[①]；荆州纪南松柏M1汉墓《二年西乡户口簿》载二年西乡"户千一百九十六"，同墓出土的墓主周偃自占功劳木牍文书又记录墓主于建元元年（前140）任江陵西乡有秩啬夫，可证安、熊二氏疑之有据。天长纪庄木牍《户口簿》记载武帝时期东阳县所辖6乡分别领户为：东乡1783、都乡2398、杨池乡1451、鞠（？）乡880、垣雍北乡1375、垣雍南乡1282。领户最多之乡——都乡，户不满三千；最少之乡——鞠（？）乡，户不过千；东乡等其他四乡则皆在千户以上，三千户以下，无一乡户数高至"五千"或达"八九千"，可证汉时废乡立县、罢县置乡，皆有制度。常态之乡，千户以上（《太平经》亦载"一乡有千户"），三千户以下，这是天长纪庄木牍《户口簿》带给我们的又一启示和认识。

（原载《中国史研究》2012年第1期）

---

① 安作璋、熊铁基：《秦汉官制史稿》，齐鲁书社2007年版，第690页。

天长纪庄木牍所见楥姓考

2004 年 11 月，安徽省天长市安乐镇纪庄村发掘清理一座西汉中期墓葬（M19），出土木牍 34 方[①]。《简帛研究二〇〇六》刊发《天长西汉木牍述略》（以下称《述略》），文中首次公布了该墓 17 号木牍的初步释文[②]；《文物研究》2010 年第 17 辑登载《刍议天长纪庄西汉木牍》，随文又发表了 17 号木牍的图版照片[③]。17 号木牍是一份记录墓主患病亲朋好友探视所送礼品的清单，内容涉及致送人姓名、致送物品名称及数量，对研究汉代江淮地区姓氏构成、社会风俗与生态环境变迁等具有重要史料价值。学术界于此牍的姓氏学价值迄今鲜有讨论[④]，本文拟就木牍所见汉代楥姓及其相关史实试作考述。

---

① 天长市文物管理所、天长市博物馆：《安徽天长西汉墓发掘简报》，《文物》2006 年第 11 期，以下称《简报》。目前，学术界对于天长纪庄汉墓的年代学考察，已将墓葬年代由《简报》的"西汉中期偏早"，调整确定在武帝末年太初改历以后至宣帝五凤四年间，如杨振红《纪庄汉墓"贲且"书牍的释读及相关问题》（《简帛研究 2009》，广西师范大学出版社 2011 年版）："根据书牍中十二月上计以及广陵国存续的时间，确定墓葬的年代在武帝太初三年至宣帝五凤三年间"；陈刚、李则斌《关于安徽天长纪庄汉墓年代学的考察——以出土陶器的类型学研究为线索》（《简帛研究 2010》，广西师范大学出版社 2012 年版）："墓葬下葬的时代接近于前 127 年和前 70 年的中间时段"；王晓光《天长纪庄木牍墨迹研究及书写时间新探》（《简帛研究 2010》）：墓葬时间或在"宣帝五凤三年十二月末至四年正月初之间"的此后不久。

② 杨以平、乔国荣：《天长西汉木牍述略》，《简帛研究 2006》，广西师范大学出版社 2008 年版，第 195—202 页。

③ 杨以平、王震：《刍议天长纪庄西汉木牍》，彩版一二·5，载安徽省文物考古研究所、安徽省考古学会编《文物研究》第 17 辑，科学出版社 2010 年版，第 314—321 页。

④ 目前仅见戴卫红《天长纪庄汉墓木牍所见礼单考析》（《简帛研究 2010》，第 82—88 页）一文曾涉及 17 号木牍人名"姓＋字"组合特征的探讨。

一　木牍所见汉代橪姓及其分布

17 号木牍，长 22.8 厘米，宽 6.7 厘米，正背面各分两栏书写文字，内容为[①]:

☑（第 1 行）

橪中翁石四斗雉一只（第 2 行）

橪卿石四斗（第 3 行）

橪中君石鸣（？）一（第 4 行）

橪□人五斗鱼一（第 5 行）

☑翁□石雉一只（第 6 行）

（以上为正面第一栏）

橪翁中粱米二斗（第 1 行）

董父酒一斗彊糗二只（第 2 行）

朱中孺四斗糗一只（第 3 行）

蔡正（？）彊糗四只（第 4 行）

陈嚄（？）麋一（第 5 行）

陈中公麋鸣（？）一只（第 6 行）

（以上为正面第二栏）

☑少翁彊糗二只（第 1 行）

橪少君雉一只（第 2 行）

范卿鱼一枚（第 3 行）

（以上为背面第一栏）

□

匠

旁（？）

（以上为背面第二栏）

---

① 该处木牍释文，已据杨以平、王震《刍议天长纪庄西汉木牍》一文提供的 17 号木牍图版照片校改，其中个别文字的校改同时还吸收了天长纪庄汉墓木牍整理小组的意见。

木牍正、背面记载了致送人姓名及致送物品如米、酒、雉、鱼、麇、鹈（鷃）① 等的名称与数量，《述略》称这是"一张礼品记录单，是孟生病时亲朋好友探视带来的礼品"。

汉代某人生病，亲朋好友乃至皇帝有探视致医药、送饮食、致信存问患者之俗。《史记·淮南列传》："前日长病，陛下忧苦之，使使者赐书、枣脯。"②《汉书·公孙弘传》："上报曰：'君不幸罹霜露之疾，何恙不已，乃上书归侯，乞骸骨，是章朕之不德也。今事少闲，君其存精神，止念虑，辅助医药以自持。'因赐告牛酒杂帛。"③《汉书·盖宽饶传》："宽饶初拜为司马……躬案行士卒庐室，视其饮食居处，有疾病者身自抚循临问，加致医药，遇之甚有恩。"④ 天长纪庄汉墓出土的木牍书信多与墓主谢孟生病有关，如6号木牍"孙霸致谢卿书"："甚苦病者，玉体毋恙。……寒时不禾（和），霸愿卿为侍前者幸强酒食，近衣炭，以安万年"；12号木牍"方被致孟书"："孟脾（體）不安，善少谕（愈）"，"寒时少进酒食，近衣炭，慎病自宽毋忧（正面）"；13号木牍载有"桔梗一两，乌喙三果（颗），甘草三尺……"中草药名与剂量的药方⑤。墓主谢孟生病期间，这些亲朋好友不仅纷纷来信表达关切、问候并致送医药，有的甚至同时还送来了"米一石鸡一只"等物品，如12号木牍背面："米一石鸡一只（第1行）贱弟方被谨使使者伏地再拜（第2行）进（第3行）孟外厨　野物幸勿逆被幸甚幸甚（第4行）。"17号木牍所记与上述文献记载一致，表明17号木牍的性质当为墓主患病期间亲朋好友致送物品的记录无疑。

17号木牍所记致送谢孟物品的人员当中，若计姓氏用字释读明确者，共涉及六姓十二人⑥，分别是櫌、董、朱、蔡、陈、范等，其中以櫌姓人员为最多，有櫌中翁、櫌卿、櫌中君、櫌□人、櫌翁中、櫌少君等。天长纪庄汉墓墓主，由木牍文字推知为谢孟，汉时东阳县人，如3号木牍书有"谨伏地再拜进书　孟

<hr>

① 鹈，或同"鹕"，为"鷃"的俗写。《尔雅·释鸟》："鷃，白鷢。"郭璞注："似鹰，尾上白。"参见戴卫红《天长纪庄汉墓木牍所见礼单考析》，第86页。

② 《史记》卷118《淮南列传》，中华书局1992年版，第3077页。

③ 《汉书》卷58《公孙弘传》，中华书局2002年版，第2622页。

④ 《汉书》卷77《盖宽饶传》，第3244页。

⑤ 天长市文物管理所、天长市博物馆《安徽天长西汉墓发掘简报》公布了该墓出土的其中10方木牍的图版照片与释文，杨以平、乔国荣《天长西汉木牍述略》又增公布了包括17号木牍在内的3方木牍释文。以下凡引天长纪庄木牍，皆见《简报》和《述略》，不再一一出注。本文所引木牍释文，皆已据《简报》、《述略》提供的木牍图版照片校改，其中个别文字的校改同时还吸收了天长纪庄汉墓木牍整理小组的意见。

⑥ 17号木牍正面第一行前半部分残缺，后半残留部分不见文字；另有两人的姓氏因木牍残缺而无法辨识。

马足下"，14 号木牍书有"谢汉进东阳谢孟"。秦汉东阳城遗址地在今江苏省盱
眙县东阳镇，《史记·项羽本纪》张守节《正义》引《括地志》："东阳故城在楚
州盱眙县东七十里，秦东阳县城也，在淮水南。"[①]《太平寰宇记》卷十六：东阳
故城"在县东七十五里。按，《史记·项羽纪》注云：东阳县本属临淮郡，汉明
帝分属下邳，后复分属广陵。……楚汉之际，曾以为荆国，封刘贾为荆王，而
王东阳，即此地也"[②]。《困学纪闻》卷十："广陵郡东阳县有长洲泽，吴王濞太仓
在此，东阳今盱眙县。"[③] 从地望上看，秦汉东阳城与今盱眙东阳位置相符。1961
和 1976 年南京博物院对东阳故城遗址进行的考古调查和试掘，确认这是一处汉
代城市遗址[④]。近年在城址周围的秦汉墓葬发掘中，也多次发现与"东阳"有关
的文字资料，1990 年小云山一号汉墓出土的 10 件漆盘，外底朱书"东阳庐里巨
田侯外家"[⑤]；2009 年抢救发掘的大云山西汉古墓群，在陪葬墓中发现刻有"东
阳"的陶器残片[⑥]；这次天长纪庄汉墓出土木牍中又多次出现"东阳"地名，如
14 号木牍写有"进东阳"，10 号、15 号木牍书有"留东阳"、"东阳丞"，这些
汉墓都紧邻东阳故城，可证东阳故城必为秦汉东阳县城无疑，这些墓地亦应都
是秦汉东阳城中居民的墓葬。墓主谢孟患病，各方面人士或致信问候，或致送
药方，或送来米、鸡、野物等慰问品，对照 17 号木牍所记物品，除米、酒外，
多有雉、鱼、麋等野物、鲜物，而据文献记载，这些都应是汉代江淮地区所产
之物，有的本身即是秦汉东阳县之特有物产。如雉，《说文》："伊洛而南曰翚，
江淮而南曰摇（鹞），南方曰翟，东方曰甾（鶅），北方曰稀（鵗），西方曰蹲
（鷷）。"[⑦]《后汉书·明帝纪》："（十一年）是岁，巢湖出黄金，庐江太守以献。
时，麒麟、白雉、醴泉、嘉禾所在出焉。"[⑧] 麋，《续汉书·郡国志三》"广陵郡东
阳县"刘昭注："县多麋。《博物记》曰：'千千为群，掘食草根，其处成泥，名
曰麋畯。民人随此畯种稻，不耕而获，其收百倍。'"鱼，《续汉书·郡国志三》
"广陵郡"条云："东阳，故属临淮。有长洲泽。"[⑨] 秦汉文献中所谓的"泽"，是

---

① 《史记》卷 7《项羽本纪》，第 299 页。

② （宋）乐史撰，王文楚等点校：《太平寰宇记》，中华书局 2007 年版，第 319 页。

③ （宋）王应麟撰，（清）翁元圻注：《困学纪闻》卷 10《地理》，商务印书馆 1959 年版，第 841—842 页。

④ 尹焕章、赵青芳：《淮阴地区考古调查》，《考古》1963 年第 1 期；国家文物局：《中国文物地图集·江苏分册》下册"泰安市·盱眙县·东阳城遗址"条，中国地图出版社 2008 年版，第 619—620 页。

⑤ 盱眙县博物馆：《江苏东阳小云山一号汉墓》，《文物》2004 年第 5 期。

⑥ 蔡震：《盱眙千年汉墓初揭面纱》，《扬子晚报》2010 年 7 月 16 日，第 A10—11 版。

⑦ （清）段玉裁：《说文解字注》，许慎等著《汉小学四种》，巴蜀书社 2001 年版，第 148 页。

⑧ 《后汉书》卷 2《明帝纪》，中华书局 1991 年版，第 114 页。

⑨ 《续汉书》，（南朝宋）范晔《后汉书》，第 3461 页。

指沼泽湿地①，秦汉东阳县地当"淮东"（淮河以南），紧邻淮河，境内"长洲泽"鱼类资源丰富。雉、鱼、麋等乃汉时民间狩猎之物，《史记·田叔列传》："安以为武功小邑，无豪，易高也，安留，代人为求盗亭父。后为亭长。邑中人民俱出猎，任安常为人分麋鹿雉兔，部署老小当壮剧易处，众人皆喜。"②上述记载反映，木牍所记这些致送物品人员所居当离东阳不远，抑或即是东阳城中居民或本县人③，准此，汉代东阳县有楥姓存在和分布当为不争之事实。

二 汉代楥姓播迁与武帝徙民会稽

天长纪庄汉墓 17 号木牍所载楥姓，为迄今出土秦汉简帛所首见。该姓见于秦汉传世文献，《汉书·闽粤传》：元封元年（前 110）冬，"东粤素发兵距险，使徇北将军守武林，败楼船军数校尉，杀长史。楼船军卒钱唐楥终古斩徇北将军，为语兒侯"。师古曰："钱唐，会稽县也。楥，姓；终古，名也。楥音袁。"④王先谦《汉书补注》曰："钱唐，秦县。《始皇纪》，至钱唐临浙江也。隋以前，皆作钱唐。至唐以字系国号，加土为钱塘。"⑤如是，则汉代江南会稽郡钱唐县亦应有楥姓分布。

汉代姓氏用字"楥"，《方言》卷五："篗，楥也。兖豫河济之间谓之楥。"郭璞注："所以络丝者也。"⑥《说文》："篗，收丝者也。从竹，蒦声。"段注："《方言》曰：'篗，楥也。兖豫河济之间谓之楥。'郭云：'所以络丝者也。'音爰。按，今俗谓之篗车。"⑦楥与篗，字异而物同，指一种绕丝线的工具，"兖豫河济之间"这一地区的方言谓"篗"为"楥"。楥字在"兖豫河济之间"的使用可能较早，如《管子·霸形》："于是令之县钟磬之楥，陈歌舞竽瑟之乐，日杀数十牛者数旬。"《诸子评议·管子三》俞樾按："此文楥字，当训为络。"⑧齐国

---

① 王子今：《秦汉时期生态环境研究》，北京大学出版社 2007 年版，第 112—116 页。
② 《史记》卷 104《田叔列传》，第 2779 页。
③ 目前这一推断也得到考古发掘证明，据南京博物院陈刚先生告知，在新近东阳汉墓群发掘中，有 6 座西汉中期昭宣时期的墓葬出有楥姓的印章和漆器铭文，疑为一处楥姓墓地。发掘资料现存南京博物院。
④ 《汉书》卷 95《闽粤传》，第 3862 页。
⑤ （清）王先谦：《汉书补注》，书目文献出版社 1995 年版，第 738 页。
⑥ （清）钱绎：《方言笺疏》，许慎等著《汉小学四种》，第 1317 页。
⑦ （清）段玉裁：《说文解字注》，许慎等著《汉小学四种》，第 198 页。
⑧ 宗福邦、陈世铙、萧海波主编：《故训汇编》"楥"字义项⑤，商务印书馆 2003 年版，第 1135 页。

西、北边境，《通释》载"西有浊河之限"，《博物志》云"北有河、济"①，地处"河济之间"，"樕"字的使用正与扬雄《方言》所载"兖豫河济之间"方言区域相合。上述情况或可表明，在"兖豫河济之间"同时亦应有以"樕"为姓氏用字的，换言之即汉代樕姓亦应最早主要地分布在"兖豫河济之间"②，江南会稽钱唐樕姓以及上述江淮东阳樕姓皆非土著，应系由他处播迁而来。

江南会稽钱唐樕姓的播迁，据考应与西汉武帝徙民会稽一事有关。武帝徙民会稽，事见《汉书·武帝纪》：

> （元狩）四年冬，有司言关东贫民徙陇西、北地、西河、上郡、会稽凡七十二万五千口，县官衣食振业，用度不足，请收银锡造白金及皮币以足用。③

《汉书·武帝纪》所记徙民会稽一事，是目前所知自中原移民会稽的最早记载，前人研究一向认为《汉书》记载有误，事实上并不存在此事，如葛剑雄认为，《武帝纪》"会稽"二字应属衍文④；史念海认为，《汉书·武帝纪》"会稽"有误⑤。辛德勇《汉武帝徙民会稽史事证释》一文认为，《汉书》所记元狩四年（前119）徙民会稽事确实可信，指出：从地理条件上讲，会稽亦比同时接纳受灾移民的陇西等地更为适宜；瓠子河决造成的持续水灾是促成朝廷移民的直接原因，而移民会稽的深层动机，除徙民实边，以抵御越人侵袭的原因外，则有通过移民会稽来巩固东南边防的意图⑥。证诸史籍所载西汉会稽郡所面临的严峻形势及元狩四年徙民会稽十几年后即平定东越，辛氏之说可从。

会稽郡，秦置，《史记·秦始皇本纪》："（二十五年）王翦遂定荆江南地，

---

① （明）董说：《七国考》卷3《田齐都邑》，中华书局1998年版，第117、119页；谭其骧主编：《中国历史地图集（精装本）》第1册，地图出版社1982年版，第33—34页。

② 樕姓与辕姓同系一族，其得姓受氏当与辕姓同，参见本文第三节相关论述。辕姓源于春秋陈国（西汉地属兖州刺史部，东汉改属豫州刺史部），后陈国公子完出奔齐国，后裔代齐，齐地亦当有辕姓存在（如汉初齐人辕固，见《史记·儒林列传》、《汉书·儒林传》），或有改"辕"为"樕"作为姓氏用字的（古音辕与樕通，樕字在齐地的使用又较早），故汉代樕姓与辕姓一样，亦应最早主要地分布在"兖豫河济之间"。

③ 《汉书》卷6《武帝纪》，第178页。

④ 葛剑雄：《西汉人口地理》第10章第3节《武帝时徙民会稽辨证》，人民出版社1986年版。

⑤ 史念海：《中国历史地理纲要》第4章第3节《人口的迁徙》，山西人民出版社1991年版。

⑥ 辛德勇：《汉武帝徙民会稽史事证释》，《历史研究》2005年第1期。

降越君，置会稽郡。"①《汉书·严助传》曰："会稽东接于海，南近诸越，北枕大江。"②知此时的会稽郡境与秦末汉初同。武帝平定东越，东瓯、闽粤地属会稽郡，会稽郡南界遂至南海海境，领《汉书·地理志》会稽郡二十六县。会稽是西汉武帝时征伐东越的前沿基地，《汉书·严助传》："建元三年，闽越举兵围东瓯，东瓯告急于汉。乃遣助以节发兵会稽。助乃斩一司马，谕意指，遂发兵浮海救东瓯。"③又，元鼎六年东粤王余善刻"武帝"玺自立，"上遣横海将军韩说出句章，浮海从东方往。"师古曰："句章，会稽之县。"④《史记·汉兴以来将相名臣年表》：元鼎六年，"韩说为横海将军出会稽，楼船将军杨仆出豫章，中尉王温舒出会稽，皆破东越"⑤。终武帝一代，汉对东越用兵，都曾是从会稽出兵的，这说明会稽是汉朝对东越用兵的军事前哨，具有非常重要的政治、军事地位。

汉武帝对于东越用兵的过程，可以清晰地看出，在采取军事步骤予以坚决打击的同时，也采取了移其民、虚其地的政策，如《汉书·闽粤传》："建元三年（前138），闽粤发兵围东瓯，东瓯使人告急天子。天子遣助发会稽郡兵浮海救之。汉兵未至，闽粤引兵去。东粤请举国徙中国，乃悉与众处江淮之间。"⑥元封元年（前110），汉武帝平灭东粤，"于是天子曰'东粤陿多阻，闽粤悍，数反覆'，诏军吏皆将其民徙处江淮之间。东粤地遂虚。"⑦与此相对应，徙民实边势在必行，一方面在用兵过程中可以就地、就近征用兵员，另一方面又可将内地之民补充到东越人故地，稳固边防。因此，元狩四年（前119）冬武帝徙民会稽之举，是有历史根据的。

元狩四年徙民会稽的贫民来源，辛氏一文认为，自武帝元光三年（前132）瓠子河决水灾至元封二年（前109）武帝亲临瓠子这场灾难结束的二十余年间，"岁因以数不登，而梁楚之地尤甚"（《汉书·沟洫志》），元狩三、四年应当是其中灾情较重的一个时期，武帝所徙的这部分"关东贫民"应当即是来自于"梁、楚之地"的灾民⑧。汉时的梁王国、楚王国，地在今淮河北岸的黄淮之间，这些来自于淮河北岸地区"梁、楚之地"的贫民，南渡淮河、长江，是很容易进入会

①　《史记》卷6《秦始皇本纪》，第234页。
②　《汉书》卷64上《严助传》，第2789页。
③　《汉书》卷64上《严助传》，第2776页。
④　《汉书》卷95《闽粤传》，第3862页。
⑤　《史记》卷22《汉兴以来将相名臣年表》，第1140页。
⑥　《汉书》卷95《闽粤传》，第3860页。
⑦　《汉书》卷95《闽粤传》，第3863页。
⑧　辛德勇：《汉武帝徙民会稽史事证释》，《历史研究》2005年第1期。

稽地区，远比迁往西北边地要近便许多。西汉"梁、楚之地"，正处于上述"�"字方言区——"兖豫河济之间"范围内，结合此后不久武帝元鼎年间又曾有诏令"山东被河灾，及岁不登数年"的饥民"得流就食江淮间，欲留，留处"之举①，我们有理由认为汉代江南钱塘榠姓的存在和分布或与武帝徙民会稽这一重要历史事件有关②，而天长纪庄汉墓 17 号木牍所载东阳榠姓的发现，虽然具体播迁原因尚难明确，但无论何种情形，从现有资料看，汉代榠姓由"兖豫河济之间"较早发源而后播迁"江淮（徐州刺史部）"、"江南（扬州刺史部）"的客观事实，或许又为文献所载武帝徙民会稽史事提供了佐证。

三　汉代榠姓流变与国三老袁良碑

17 号木牍所载榠姓，秦汉传世文献中仅 1 见，即上引《汉书》所载的"楼船军卒钱唐榠终古斩徇北将军"之事。此事又见于《史记·东越列传》记载，只是《史记》作"楼船将军率钱唐辕终古斩徇北将军，为御儿侯"，张守节《正义》曰："钱唐，杭州县。辕，姓；终古，名。"③

辕之为姓，起源较早。秦嘉谟《世本辑补》卷六《传》："辕氏，申公犀生靖伯庚。申公生靖伯。涛涂生选，选生声子�，羿生惠子雅，雅生颇。桓子侨者，涛涂四世孙。"④《通志·氏族略三》："辕氏，陈辕涛涂之后。《史记》儒林有辕固，《汉书》有辕丰。"⑤辕涛涂，见于文献记载，《左传·僖公四年经》："齐人执陈辕涛涂。"⑥《史记·陈杞世家》："三十七年，齐桓公伐蔡，蔡败，南侵楚，至召陵，还过陈。陈大夫辕涛涂恶其过陈，诈齐令出东道。东道恶，桓公怒，执陈辕涛涂。"⑦琅邪王相笺注《百家姓考略》："陈大夫庄伯辕孙涛涂，以祖字为

① 《史记》卷 30《平准书》，第 1437 页。秦汉时期，"关东、关西与山东、山西，是完全可以相互替换的同义地域概念"，"《汉书·武帝纪》所谓'关东'同样完全可以与'山东'（《史记·平准书》）相互替换，二者表述的是同一地域概念"，参见辛德勇《汉武帝徙民会稽史事证释》，《历史研究》2005 年第 1 期。

② 《汉书》记载元狩四年（前 119）徙民会稽，元封元年（前 110）"楼船军卒钱唐榠终古斩徇北将军"，二者相距九年，榠终古作为移民会稽钱唐之人，数年后被应征服兵役是完全可能的。

③ 《史记》卷 114《东越列传》，第 2983 页。

④ （汉）宋衷注，（清）秦嘉谟等辑：《世本八种》，商务印书馆 1957 年版，第 157—158 页。

⑤ （宋）郑樵：《通志》，中华书局 1987 年版，第 461 页。

⑥ 杨伯峻编著：《春秋左传注》（修订本），中华书局 2008 年版，第 288 页。

⑦ 《史记》卷 36《陈杞世家》，第 1578 页。

氏，后世去车为袁，或作爰，实同出一源也。"①顾炎武《日知录》卷二十三《氏族》曰："《礼记·大传》正义：诸侯赐卿大夫以氏，若同姓，公之子曰公子，公子之子曰公孙，公孙之子其亲已远，不得上连于公，故以王父字为氏。"②

　　《史记》、《汉书》于"终古"的姓氏用字——"榬"与"辕"的不同，恰恰反映两者之间应有一定的关系。"榬"与"辕"古韵皆在元部，同为于母平声③，二字读音相同。其次，两者在训诂学意义上亦颇有义近之项。榬，典籍中又训作"络"、"爰"，如《管子·霸形》"于是令之县钟磬之榬"俞樾按："此文榬字，当训为络。"《方言》卷五"篗，榬也"钱绎笺疏："榬之言爰也。爰，引也。《说文》云：'爰，籀文以为辕字。'"关于"榬"的形制，《方言》卷五"篗，榬也"，钱绎笺疏："今人络丝之器，刻木为六角，围尺许，以细竹长五六寸者六联其上，下复为穿，纳柄于其中，长二三尺，持其柄而摇之，则旋转如车轮，谓之络车。"④辕，《左传·宣公十二年》"军行，右辕，左追蓐"孔颖达疏杜预注曰："楚阵以辕为主，故以辕表车。"⑤由此可见，榬与辕音同义近，可通⑥。班固改《史记》"辕终古"作"榬终古"，表明汉代确有"榬"之姓氏用字；"榬"与"辕"通，说明天长纪庄汉墓17号木牍所载榬姓实即辕姓，两者同系一族。

　　天长纪庄汉墓17号木牍所载榬姓即辕姓，已如上述，而相关传世文献记载反映汉代榬（辕）姓与袁姓之间也有着密切的关系，如汉时姓氏用字已有改辕为袁和改袁为辕之例：

　　　　《左传·僖公四年经》："齐人执陈辕涛涂。"《史记·齐太公世家》作"袁涛涂"⑦。

　　　　《左传·哀公十一年经》："陈辕颇出奔郑。"⑧《公羊传》作"袁颇"⑨。

---

① （清）王相笺注：《百家姓考略》，中国书店1991年版。

② （清）顾炎武著，黄汝成集释：《日知录集释》，上海古籍出版社1985年版，第1690—1691页。

③ 《辞源》（修订本）第二册，商务印书馆1992年版，"榬"，第1616页；辕，第四册第3031页。

④ （清）钱绎：《方言笺疏》，许慎等著《汉小学四种》，第1317页。

⑤ （晋）杜预注，（唐）孔颖达等正义：《春秋左传正义》，阮元校刻本《十三经注疏》，上海古籍出版社1997年版，第1879页。

⑥ 高亨纂著，董治安整理《古字通假会典》（齐鲁书社1989年版，第167页）亦云："辕与榬"通。

⑦ 《史记》卷32《齐太公世家》，第1489页。

⑧ 杨伯峻编著：《春秋左传注》（修订本），第1657页。

⑨ （汉）何休注，（唐）徐彦疏：《春秋公羊传注疏》，阮元校刻本《十三经注疏》，第2351页。

《史记·高祖本纪》"袁生说汉王曰"①。《汉书·高帝纪》作"辕生"②。

又，据中华书局 1998 年版《二十四史人名索引》对"前四史"中楥、辕、袁姓人名出现频率的统计，结果如下③：

楥，《史记》、0；《汉书》、1；《后汉书》、0；《三国志》、0

辕，《史记》、3；《汉书》、4；《后汉书》、1④；《三国志》、0

袁，《史记》、5；《汉书》、2；《后汉书》、25；《三国志》、30

上述统计结果表明，汉代姓氏用字"楥（辕）"的消失与"袁"姓有关。

袁，《说文》："长衣皃。"段注："此字之本义，今只谓为姓而本义废矣。古与爰通用，如袁盎，《汉书》作爰盎是也。《王风》：有兔爰爰，《传》曰：爰爰，缓意。遠辕等字，以袁为声亦取其意也。"⑤古文字"袁"与"辕"、"爰"并通。《周礼·考工记·辀人》"今夫大车之辕縶"，孙诒让正义："古辕与爰、袁三字通用。"⑥《方言》卷九"辕，楚卫之间谓之辀"，钱绎笺疏："辕、袁、爰三字古并通。"⑦《释名·释车》"辕，援也"，王先谦疏证补引皮锡瑞曰"古辕、袁、爰三字通。"⑧又，《元和姓纂》卷四《袁》"生诸，字伯爰，孙宣仲涛涂，以王父字为氏"岑仲勉校引温校云："古文爰、袁、辕、溒、楥、援通用。"⑨如是，可知汉代楥（辕）姓与袁姓亦同系一族⑩。

"前四史"楥、辕、袁姓人名出现频率统计中，《史记》只有辕姓、袁姓而无楥姓，说明西汉前期"辕"与"袁"通假并用，姓氏用字很少或不用"楥"；比《史记》晚出的《汉书》，楥、辕、袁同时出现，表明三字在姓氏意义上虽

---

① 《史记》卷 8《高祖本纪》，第 373 页。

② 《汉书》卷 1 上《高帝纪》，第 41 页。

③ 据《二十四史人名索引（上）》（中华书局 1998 年版）中"前四史"人名索引主目统计，特此说明。

④ 《后汉书·儒林列传》出现姓氏用字"辕"1 例，系追述西汉辕固；东汉"辕"姓人名，《后汉书》不见。

⑤ （清）段玉裁：《说文解字注》，许慎等著《汉小学四种》，第 403 页。

⑥ （清）孙诒让撰，王文锦、陈玉霞点校：《周礼正义》，中华书局 2000 年版，第 3222 页。

⑦ （清）钱绎：《方言笺疏》，许慎等著《汉小学四种》，第 1358—1359 页。

⑧ （清）王先谦：《释名疏证补》，许慎等著《汉小学四种》，第 1548 页。

⑨ （唐）林宝撰，岑仲勉校记：《元和姓纂（附四校记）》，中华书局 1994 年版，第 433—434 页。

⑩ 汉代楥姓与袁姓同系一族，目前也得到考古发掘证明，据南京博物院陈刚先生告知，新近东阳汉墓群发掘的 6 座出有楥姓印章和漆器铭文的西汉昭宣时期墓葬中，"楥"字即或省作"袁"同出。

然通假，但还是有所区别，特别是班固改《史记》的"辕终古"作"榬终古"，说明汉代确有"榬"之姓氏用字，天长纪庄汉墓 17 号木牍印证班固所改正确；《后汉书》、《三国志》中"袁"姓共 55 例，"榬"姓未见，"辕"姓仅 1 见，而且是在追述西汉"辕固"时提及，如果抛此而论，《后汉书》、《三国志》中只有"袁"姓，这表明东汉三国以后，史书中的姓氏用字"榬"和"辕"消失而"袁"独存，古代文献姓氏用字上的这种变化，反映了姓氏与社会的变迁。

汉代姓氏用字"袁"取代"榬"、"辕"等成为该族姓氏的唯一用字（正字），确有历史根据和线索。《隶释》卷六《国三老袁良碑》云：

> 君讳良，字厚卿，陈国扶（乐人）也。厥先舜苗，世为封君。周之兴，虞阏父典陶正，嗣满为陈侯。至玄孙涛涂，初氏父字，立姓曰袁。鲁僖公四年为大夫，哀十一年，颇作司徒。其末或适齐楚，而袁生（缺）独留陈。当秦之乱，隐居河洛，高祖破项，实从其册，天下既定，还宅扶乐。孝武征和三年，生曾孙幹，斩贼公先勇，拜黄门郎，封关内侯，食遗乡六百户。……幹崩，子经嗣。经崩，子山嗣。传国三世，至王莽而绝。君即山之曾孙，缵神明之洪族，资天德之清则，惇综《易》、《诗》，而悦《礼》、《乐》。举孝廉、郎中、谒者、将作大匠、丞相令、广陵太守。讨江贼张路等，威震徐方。谢病归家。孝顺初政，咨（缺二字）白，三府举君，征拜议郎、符节令。时元子光，博平令；中子腾，尚书郎；少子璋，谒者。诏书壁（缺二字）可父事。群司以君父子俱列三台，夫人结发，上为三老。使者（缺）节安车亲（缺）几杖之尊，袒割之养，君实飨之。后拜梁相。帝御九龙殿，引君对觌。与酒饭，赐饮宴，册曰……

碑文记载袁良以顺帝永建六年（131）二月卒，其孙卫尉袁滂立此石[1]。袁滂正史有载，《后汉书·灵帝纪》："（光和元年春二月）癸丑，光禄勋陈国袁滂为司徒"，"（二年春）三月，司徒袁滂免"[2]。袁滂身居九卿及相，溯源姓氏，认为其祖"涛涂初氏父字，立姓曰袁"，反映至迟东汉晚期"袁"已取代"榬"、

---

① （宋）洪适：《隶释·隶续》，中华书局 1986 年版，第 70—71 页。

② 《后汉书》卷 8《灵帝纪》，第 340、342 页。

"辕"等姓氏用字而成为该族姓氏的唯一用字①，这一认识与《后汉书》、《三国志》等正史文献中仅见"袁"氏人名的统计结果也是一致的。天长纪庄汉墓 17 号木牍所载榬姓在东汉及其以后各代的消失，正与今之"袁"姓在秦汉历史上的这一氏姓流变过程有关，这也恰恰即是天长纪庄汉墓 17 号木牍在姓氏学上的独特价值所在。

（原载《文献》2014 年第 5 期）

---

① 这一认识也得到东汉晚期王符《潜夫论·志氏姓》有关袁姓记载的佐证。《潜夫论·志氏姓》："帝舜姓虞，又为姚，居妫。武王克殷，而封妫满于陈，是为胡公。陈袁氏、咸氏、舀氏、……司城氏，皆妫姓也。"参见（汉）王符著，（清）汪继培笺、彭铎校正：《潜夫论笺校正》，中华书局 1997 年版，第 427 页。

尹湾六号汉墓墓主师饶思想探析

尹湾六号汉墓1993年发现于江苏省连云港市东海县温泉镇尹湾村，根据该墓出土简牍知墓主是西汉成帝时期东海郡太守府的一名属吏，姓师名饶字君兄[①]。墓中随葬的简牍文书、遗物反映了墓主生前的工作活动与经历，从中折射出墓主师饶的思想倾向和政治主张。有关这方面的研究文章，迄今尚未见有发表，本文拟就此试作分析。

一　物疏木牍所载书籍与墓主师饶思想

尹湾六号汉墓出土之第12、13号木牍分别是墓主随葬衣物、文具与书籍及梳篦等小物的清单，依次自题名为"君兄衣物疏"（YM6D12正反）、"君兄缯方缇中物疏"（YM6D13正）、"君兄节司小物疏"（YM6D13反）。YM6D12为墓主随葬衣物的清单，每件衣物名下都有"唱对"的钩识。YM6D13正反所记应系墓主生前使用的遗物，尤其是文具、书籍为墓主所珍爱，故此也将之随葬入墓中与墓主相伴。它们统称为"物疏"，表明这是在墓主下葬前经过统一处理书写的。但从后两者都没有"钩识唱对"情况看，"衣物疏"恐是赙赠之物，而文具、书籍等则为墓主生前的个人物品，并有固定的经常的组合因而放置在一起，因而才有YM6D13"君兄缯方缇中物疏"与"方缇一"及以下全记缯方缇中文具、书籍名称与数量这类情况发生。这说明，《君兄缯方缇中物疏》中的文具与书籍，尤其是书籍，与墓主生前工作、学习有密切关系，反映了墓主生前的思想倾向与爱好。研究这些随葬书籍的内容，有助于对墓主个人思想的了解和认识。

---

① 连云港市博物馆等：《尹湾汉墓简牍》，中华书局1997年版。以下凡引此书，不再一一注明。

YM 6D 13 正"君兄缯方缇中物疏"共疏录有书籍七种，分别是"记一卷"、"六甲阴阳书一卷"、"列女传一卷"、"恩泽诏书"、"楚相内史对"、"乌傅"、"弟子职"等。现在能够见到的只有《乌傅》即竹简《神乌傅（赋）》一种了，其他如《列女传》、《恩泽诏书》、《楚相内史对》、《弟子职》等在墓葬中未见任何残存。

《列女传》，报告释为《列女傅》，裘锡圭从之 [①]。李学勤《尹湾汉墓简牍综论·序》："查十三号牍，即《君兄缯方缇中物疏》，与砚墨笔刀等一起贮放的，有《记》一卷、《六甲阴阳书》一卷、《列女传》一卷，《楚相内史对》、《乌傅（赋）》、《弟子职》等"，"《列女传》曾经刘向、刘歆父子校理，在《汉志》儒家刘向所序六十七篇之中" [②]。仔细研读、比较尹湾汉墓"君兄缯方缇中物疏"木牍及"神乌傅（赋）"标题简，结合秦汉简牍中"傅"与"傅（传）"二字形体的发展演变 [③]，笔者认为报告"列女傅"释文应改释为"列女傅（传）"。《汉书·刘向传》载："向睹俗弥奢淫，而赵、卫之属起微贱，逾礼制。向以为王教由内及外，自近者始。故采取《诗》、《书》所载贤妃贞妇，兴国显家可法则，及孽嬖乱亡者，序次为《列女传》，凡八篇，以戒天子。及采传记行事，著《新序》、《说苑》凡五十篇奏之。数上疏言得失，陈法戒。书数十上，以助观览，补遗阙。上虽不能尽用，然内嘉其言，常嗟叹之。"刘向，原名刘更生，成帝时改名向。刘向为楚元王四世孙、汉皇室宗亲，面对西汉晚期危机四伏的刘姓政权，忧心忡忡，以文学作为政治斗争的武器，不断通过上书、著书的方式同专权的宦官、外戚做斗争，意欲匡扶汉室。因此，刘向所抨击的是时事、拯救的是时政，《列女传》等是时代的产物和需要。刘向生年不详，卒时七十二岁，《刘向传》载刘向卒后十三岁而王氏代汉，王先谦《汉书·刘向传补注》引钱大昕曰："依次推检，向当卒于成帝绥和元年。"刘向成帝建始元年拜为中郎，河平三年受诏校书，刘向有名的《列女传》、《新序》、《说苑》正是在这一时期编著的，其成书当在刘向河平三年开始典校秘书及阳朔元年。墓主师饶据考证死于元延三年（前 10），与刘向卒年绥和元年（前 8）基本同时，墓主主要生活、活动的时代在成帝时期，这也与刘向一致。刘向受诏典校皇室藏书，为拯救时政上书、著述"数十上"，虽因积弊难返、成帝无能为力而无法实施，但还是

---

① 裘锡圭：《〈神乌赋〉初探》注 61，《文物》1997 年第 1 期。

② 李学勤：《序》，载《尹湾汉墓简牍综论》，科学出版社 1999 年版。

③ 陈振裕、刘信芳编著：《睡虎地秦简文字编》，湖北人民出版社 1993 年版，第 10 页；王贵元：《马王堆帛书汉字构形系统研究》，广西教育出版社 1999 年版，第 214、212 页。

得到了皇帝的肯定。因此，刘向在编著了《列女传》后，可能就迅速在民间社会上流传。刘向《列女传》共分八篇（卷），墓主墓中木牍 13 正仅记"列女传一卷"可能为其中的一篇，同时也说明刘向《列女传》自阳朔元年（前 24）成书后在当时有可能是单篇流传的。至墓主元延三年去世（前 10）已在社会上流传了十四年①。是书倡导的是贤妃贞妇、兴国显家，属儒家学说范畴，墓主有是书一卷，这与其本人位居东海郡卒史、功曹史等职，教化、倡导一郡社会风气、风尚的职掌是分不开的，墓中木牍《赠钱名籍》提及"外大母"、"季母"并放至显要位置，显示出墓主对"外大母"、"季母"的尊重，是墓主个人思想和所受影响的体现。

《弟子职》，《汉书·艺文志》"弟子职一篇"列入"孝经十一家"中。应劭曰："管仲所作，在《管子》书。"顾实《汉书·艺文志讲疏》："存，在《管子》中，而此其别出者也。沈钦韩曰：'今为《管子》第 59 篇，郑《曲礼注》引之，盖汉时单行。'"②陈国庆《汉书·艺文志注释汇编》："杨树达《汉书窥管》：明人朱长春云：弟子职，韵格相协，便于儿童诵读。子游示洒扫应对进退，此略具格式矣。庄述祖云：弟子职是古家塾教弟子之法，记弟子事师之仪节，受业之次序，亦《曲礼少仪》之支流余裔也。"③郭沫若《管子集校》曰："弟子职篇当是齐稷下学宫之学则，故被收入《管子》书中。"④刘宝楠《愈愚录》卷五《古书篇传单行》认为《弟子职》系古书篇章常分开单行之例⑤。西汉成帝时期墓葬出土木牍记有"弟子职"书籍，表明自汉初至西汉晚期，《弟子职》一篇备受汉人重视，并广泛流传单行。《汉书·艺文志》同时记有"三篇"，王先谦《汉书补注》："此弟子职说，亡。"⑥《弟子职》在西汉流传过程中，不断有人注说，墓主珍爱此书，当表明墓主受此较深影响。今传本《管子·弟子职》篇详细叙述了弟子（学子）在学的规则与纪律，篇首主要为学习态度、品德修养与学习方法，可视为总则，以下则分八项，皆有具体要求，即早作、受业，对客、馈馈、乃食，洒扫、执烛、请衽、复习等，可谓一部非常完整的学府学规。YM6D19：进主吏　师卿（正）弟子遄迫疾谨遣吏奉谒再拜　问　君兄起居　卒史宪丘骄孺（反）。

————————

① 陈直《汉书新证》："直按：敦煌汉简校文一○二页，有'□□分列女传书'之残简文，在西汉中晚期，此书已流传于边郡。"天津人民出版社 1979 年版，第 256 页。

② 顾实：《汉书艺文志讲疏》，上海古籍出版社 1987 年版，第 77 页。

③ 陈国庆：《汉书艺文志注释汇编》，中华书局 1983 年版，第 85 页。

④ 郭沫若：《管子集校》，科学出版社 1956 年版，第 956 页。

⑤ 刘宝楠：《古书篇传单行》，《愈愚录》卷五，广雅丛书本。

⑥ （清）王先谦：《汉书补注》，中华书局 1983 年版，第 876 页。

遣自称"弟子"，是否与墓主师饶有师承关系还有待研究，但从墓主生前整个公私活动看，墓主受儒家学说影响是较深的，《汉书·艺文志》将之列入孝经类，这与当时提倡的"孝行"治天下的社会大气候是一致的，墓主身为郡之属吏，有此存书和思想是非常正常的。

《乌傅》即竹简《神乌傅（赋）》，书于 20 支宽简，其中十八支书写此赋正文，草书；一支书写《神乌傅（赋）》标题，隶书；另一支上部文字漫漶不清，下部有双行小字，所记疑为此赋的作者或传写者的官职和姓名。这篇赋用拟人手法，通过雌乌遭盗乌伤害，临死前与雄乌诀别的故事，表现夫妇之间和母子之间的真挚感情，尤其在接近末尾处，以"乌兽且相忧，何况人乎"一语点出了主题。该赋随葬在墓主师饶墓中，无论是否是墓主本人的著作，作为陪葬品，足以显示出死者的爱好和所具有的较高的文化素养，以及对该赋反映的价值观念的认同。也就是说，该赋同时也反映了墓主师饶的基本思想，或许就是墓主人生前遭遇和对黑暗社会现实不满的反映。众所周知，西汉末期，社会政治、政权日益腐朽，宦官、外戚专权，结果出现王莽篡汉的混乱局面。王氏代汉之势始于成帝之时，墓主师饶为成帝时的官吏自然亲身经历这种变局，与收藏刘向《列女传》一样，墓主收藏《乌傅》（即竹简《神乌傅（赋）》）、谴责鹊巢鸠占，其愤世嫉俗思想昭然若揭，也可以说与刘向相同。此外，《神乌傅（赋）》所反映的文化思想属儒家哲学思想体系，赋中引用了《诗》、《论语》、《孝经》等文句，最后并以《传》文"众鸟丽于罗罔，凤凰孤而高翔，鱼鳖得于芘笱，蛟龙蛰而深藏。良马仆于衡下，勒靳为之徐行"六句作结，全文贯穿了儒家的人生价值观，体现了中华民族仁者爱人、仁者重义、仁者自强的传统美德，折射出墓主对人生和社会的理想追求。这与元、成时期重儒是分不开的，由此可知墓主师饶应当受到当时儒家思想的强烈影响。

《记》一卷，李学勤《尹湾汉墓简牍综论·序》："所谓《记》当指《礼记》，《汉书·艺文志》有《记》百三十一篇，此一卷应系其一部分。"《礼记》是后世儒者汇辑而成的孔子及其后学传述礼制、论说礼仪的著作。西汉时传习《礼经》的有十三家，只有戴德、戴圣叔侄两人所传之礼行于世。戴德传《记》八十篇，称为《大戴礼》；戴圣传《礼》四十九篇，称为《小戴礼》，即《礼记》。此《记》一卷是否为二戴所传之《记》还尚待研究。

《楚相内史对》，李学勤《尹湾汉墓简牍综论·序》："《楚相内史对》当为汉初楚国相与内史的奏对。"《续汉书·百官志五》："汉初立诸王，因项羽所立诸王之制，地既广大，且至千里。又其官职傅为太傅，相为丞相，又有御史大夫及诸卿，秩皆二千石，百官皆如朝廷。国家唯为置丞相，其御史大夫以下皆自置之。至景帝时，吴、楚七国恃其国大，遂以作乱，几危汉室。及其诛灭，景帝惩之，遂令诸王不得治民，令内史主治民，改丞相曰相，省御史大夫、廷尉、少府、宗正、博士官。武帝改汉内史、中尉、郎中令之名，而王国如故，员职朝廷为署，不得自置。至成帝省内史治民，更令相治民，太傅但曰傅。"成帝省内史，《汉书·百官公卿表》："成帝绥和元年（前8），省内史，更令相治民，如郡太守，中尉如郡都尉"，由是知景帝中元五年（前145）至成帝绥和元年（前8）间王国主要官吏是傅（王者之师）、相（"统百官"、"总纲纪，辅王"——《汉书·百官公卿表》）、内史（主治民）、中尉（掌武职，备盗贼，维持地方治安）等。徐州狮子山楚王陵出土封泥中有"内史之印"①，表明此墓当属景帝中元五年之后楚王国刘姓某王。墓主师饶元延三年去世（距离成帝省内史尚有二年），《元延二年日记》载元延二年上半年（前11）曾出使楚王国，并有楚相拜请墓主师饶之名谒，可知墓主死时记录有楚相、内史奏对的可能是很大的，不排除《楚相内史对》即是墓主在楚王国时与楚相、内史的奏对议论。因在墓中无存，具体内容无从知晓。

《六甲阴阳书》一卷，滕昭宗认为"当即九号木牍"②；李学勤《尹湾汉墓简牍综论·序》："《六甲阴阳书》是五行家言，《汉志》的《数术略》有标题类似的书多种，如《泰一阴阳》、《黄帝阴阳》、《风鼓六甲》、《六解六甲》等。至于《博局占》、《刑德行时》、《行道吉凶》等占候简牍，本不在疏的范围。"我们认为九号木牍神龟占属《汉志》"数术略"蓍龟之类；"占雨"、"博局占及文字"、竹简"刑德刑时"、"行道吉凶"等应属杂占之类，实用性强，不同于《六甲阴阳书》，因此《六甲阴阳书》一卷不可能指九号木牍。《六甲阴阳书》一卷，在墓中没有遗存。成帝时期，阴阳五行盛行，上至皇帝成帝下至王公大臣以至地方小吏，都笃信不疑，他们将灾事与"人事"联系起来，并以此来指导自己的日常公私活动。谷永，成帝时人，《汉书·谷永传》记谷永多次上书成帝言灾异与人事；刘向"见《尚书·洪范》，箕子为武王陈五行阴阳休咎之应。向乃集合上古以来历春秋六国至秦汉符瑞灾异之记，推迹行事，连传祸福，著其占验，比类相从，各有条目，凡十一篇，号曰《洪范五行传论》，奏之"。墓主师饶为成帝时郡级属吏，受同时代刘向、谷永及整个社会风气的影响，自然也不

---

① 王恺：《狮子山楚王陵出土印章和封泥对研究西汉楚国建制及封域的意义》，《文物》1998 年第 8 期。

② 滕昭宗：《尹湾汉墓简牍概述》，《文物》1996 年第 8 期。

例外，其思想及行动中不由自主地也接受了阴阳五行学说。

《恩泽诏书》，M6 墓中未见实物，据《汉制度》和《独断》，诏书之策"长二尺，短者半之"。汉一尺合今 23 厘米。恩泽诏书，当是指皇帝颁布的有赦免罪犯、抚恤鳏寡孤独、减租免算等诏令，墓主是东海郡太守府之吏，墓中上计《集簿》中又有诸多有关事项的上报，表明墓主是一位受儒家忠君思想影响较深的一名兢兢业业、起早贪黑、稀见妻面的循吏，因此将皇帝颁布的诏令汇编抄录以备工作使用也是有可能的，此处的《恩泽诏书》有可能就是指的这种诏令。

综上所述，物疏木牍所载书籍反映了墓主的思想及其爱好，表明墓主师饶是一位受时人思想影响较深的人物，是一位接受儒家思想体系的知识分子和具有忠君思想的地方官吏，由于时代局限和对自然认识所限，也掺杂了不少当时盛行的阴阳五行思想。

二 生前活动经历与墓主师饶思想

人的行动离不开思想指导，墓主师饶为东海郡府一名重要属吏，毕生从事政治，其生前活动必然在一定程度上反映出墓主本人的阶级立场、政治观点与道德信念。主要表现在：

1. 整理军备、镇压农民反抗反映了墓主鲜明的阶级立场

尹湾六号汉墓出土 1 方题为《武库永始四年兵车器集簿》的木牍（编号为 6），所记分乘舆兵、车器和库兵、车器两大部分，正面分六栏，背面五栏，每栏 23—26 行、每行 4—24 字不等，逐项记载武库所收藏兵、车器的名称和数量，共计 240 种 23268487 件，是迄今所见有关汉代武库器物最完备的统计报告。永始是西汉成帝年号，永始四年即公元前 13 年。西汉内郡和边郡都曾有武库设置，见于《汉书》记载的有"洛阳武库"等。《武库永始四年兵车器集簿》的发现，表明内郡东海郡也曾有武库设置。《武库永始四年兵车器集簿》的编制，可能与山阳郡铁官徒暴动平定后的整顿军备有关。山阳郡铁官徒暴动发生在永始四年的前一年，即永始三年十二月。苏令领导的山阳铁官徒"攻杀长吏，盗库兵，自称将军，经郡国十九，杀东郡太守、汝南都尉"，为此惊动中央，派遣丞相长史、御史中丞持节调动郡国军队镇压。山阳郡与东海郡为近邻，苏令暴动历经十九郡国，东海郡毫无疑问是其所经过的郡国之一[①]。苏令领导的铁官徒暴

---

① 朱绍侯：《〈尹湾汉墓简牍〉是东海郡非常时期的档案资料》，《史学月刊》1999 年第 3 期。

动对西汉统治者的打击是沉重的，故南昌尉梅福在给成帝上书中特别提到"山阳之徒，苏令之群，蹈藉名都大郡，求党与，索随和……欲与上争衡"。大乱之后，必然要总结教训、整顿军备，《武库永始四年兵车器集簿》当是在这一社会背景下产生的。《集簿》出土于尹湾六号汉墓，墓主师饶当与此有关，推测师饶可能在武库担任过关键职务。从随葬品中的一把铁剑和一把铁刀可联想师饶不仅喜文而且习武、通晓军事装备，是亦通军事的智谋人物。

整理军备主要是镇压农民反抗的。《东海郡下辖长吏名籍》记载了东海郡所属38县、邑、侯国及盐、铁官长吏的仕进情况及缘由，其中有直接以镇压山阳铁官徒暴动升迁的，如"利成右尉南阳郡堵阳邑张崇故亭长以捕格山阳亡徒尤异除"、"下邳丞沛郡竹朱□故豫州刺史从事史以捕格山阳亡徒将率"、"□□左尉南阳郡涅阳邑几级故亭长以捕山阳贼尤异除"；也有虽未明指是镇压山阳亡徒，但实际上所镇压的即是山阳铁官徒者，如山乡相、丞"以捕格不道者除"、戚左尉"以捕格不道者除"、平曲丞"以捕格群盗尤异除"等，因为在当时最大的造反团伙也只有山阳亡徒。《名籍》所记一方面反映了此牍时代当在镇压山阳铁官徒暴动后才有可能的论功行赏（与整顿军备情况一致），即永始四年或元延年间，墓主在元延年间曾任法曹、功曹史等，"功曹主选署功劳"掌管一郡长吏功次和升迁，墓主墓中随葬的这份名籍一方面反证了墓主职务与实际职权的一致，另一方面也反映出了墓主的阶级立场，镇压者升官，尤其诬称山阳铁官徒为"亡徒"、"贼"、"盗"，安全是站在统治阶级立场上以维护西汉政权。《元延二年日记》记载："甲申，旦逐贼宿襄贲传舍"（简37、38-5），为镇压人民不惜带病亲自参战、捕捉，可以看出墓主是完全站在统治阶级立场之上，他没有也不可能看到岌岌可危的汉政权即将被人民群众所推翻的历史必然趋势。

2. 重视结交邻郡，维护东海郡稳定，反映墓主有强烈的政治忧患意识

尹湾六号汉墓出土10方名谒，其中琅邪、沛郡太守、楚国相等人派人问候师饶的名谒尤为引人注目。这些人的社会地位均比墓主师饶功曹史为高，墓主师饶与这些人结交，除了一方面说明师饶结交广泛和在东海郡有特殊影响外，在当时已处在西汉末年天有不测风云的年代，自感为官一方责任重大，山阳铁官徒横行"郡国十九"，已使这些地方官吏感到单凭一郡之力难以平息突发的暴动，必须联合起来，互通信息、互相配合方得保一方平安。琅邪郡南临东海，楚国东连东海，沛郡在东海郡东南和西部，三郡环卫着东海郡，东面为大海，这样的地理位置要求东海郡在北、西、南三面与三个邻郡保持良好的关系以应付突发事件，如果没有强烈的政治责任感与政治忧患意识，墓主是不可能如此

不辞劳苦往来奔波去苦心经营这样一个使东海郡保持稳定的周边环境机制的。

　　3. 亲及"外大母"、"季母"，崇尚"孝道"

　　YM6D7—8 记录了墓主为"外大母"、"季母"事而发生的赠钱活动，反映了墓主家庭成员的构成与结构。西汉时期尤其是中晚期，"援礼入法"成为西汉政府管理官吏的手段之一，最突出的表现是"孝"作为调整家庭关系的道德规范上升为用国家强制力量实施的法律规范①。"不孝"一方面不能入仕，另一方面还对官吏"不孝"的行为给予法律制裁。《汉书·衡山王传》："太子爽，坐告王父，不孝弃市。"又，《汉书·陈汤传》："汤待举，父死不奔丧。司吏奏汤无循行……下狱论。"从中看出，墓主行为不仅受到官吏法的强制，还要受到来自道德方面的规范。墓主为东海郡功曹史，主一郡官吏考课选拔，对此当深有感触，因此墓主孝及"外大母"、"季母"的行为当是包含了西汉晚期儒家"孝道"道德观念的深入人心。

　　当然，墓主师饶的生前行为反映出来的思想也存在着矛盾和消极的方面。一方面墓主工作勤勉、忠于职守，虽患病亦不辞劳苦往来于旁郡属县，同时在编制上计《集簿》等方面却为了一郡之利益，与郡官吏一道编制含有虚假和不实成分的上计报告②，虽可能属无奈之举，但也反映了墓主思想消极的一方面；另一方面，墓主身边随葬有大量趋吉避凶择日类数术文献，但《元延二年日记》中的记录文字字里行间没有迷信色彩，记事简洁明了，尤其是对天气暖热、雨晴风止的记录都相当客观，出行也没有忌日选择，反映了墓主唯物的一面。个中原因，有待深入探讨。

三　西汉晚期思想文化与墓主师饶思想

　　据推断，尹湾六号汉墓墓主师饶死于元延三年五月以后，其生活的时代大致相当于元帝和整个成帝时期。这一阶段西汉思想文化的主流一是儒学统治地位的完全确立，二是阴阳灾异盛行，墓主身处其中，自然免不了受此影响。

　　西汉思想文化在武帝、宣帝以后发生了明显转变。汉初以黄老思想为主，主张清静无为。武帝、宣帝以崇尚法制著称，指出："汉家自有制度，本以霸王

---

① 安作璋、陈乃华：《秦汉官吏法研究》，齐鲁书社 1993 年版，第 313 页。
② 高大伦：《尹湾汉墓木牍〈集簿〉中户口统计资料研究》，《历史研究》1998 年第 5 期。

道杂之，奈何纯任德教，用周政乎!"① 说明至少至宣帝一代，虽然早在武帝时董仲舒便罢黜百家，独尊儒术，但儒学并未得以真正重视。儒学真正在政治上确立起统治地位是在元帝、成帝时期，汉元帝彻底改变了汉家"霸王道杂用"的大政方针，片面推崇儒家，元帝的政策为成帝、哀帝、平帝相继承袭，使儒家思想在汉末政治上占据了统治地位。班固说："自孝武兴学，公孙弘以儒相，其后蔡义、韦贤、玄成、匡衡、张禹、翟方进、孔光、平当、马宫及当子晏，咸以儒宗居宰相位。"② 大批名儒受到提拔并进入封建朝堂。《汉书·地理志》称西汉末鲁、东海多出卿相，这一方面与鲁乃儒家发源之地，东海郡部分县、侯国系由汉鲁王国侯国析出③ 和汉末鲁出《榖梁春秋》兴起重视④ 有关，但更重要的是以皇帝为代表的统治集团以儒家思想为指导思想所致。《汉书·赵广汉传》与《汉书·韩延寿传》载赵广汉与韩延寿同治颍川而作风迥异，一个崇尚法制，一个"教以礼让"，反映了武昭至宣元时期这种社会风习的变化。墓主师饶乃东海郡属史，又长期在儒学深厚的东海郡做官，师饶不可能不受儒家思想的影响，墓主随葬品中的"弟子职"乃系弟子事师礼仪规范、尊长有序，墓主师饶看来尊师之道甚谨；文学作品《神乌傅（赋）》多处引用儒家经典，其主旨又是呼唤仁者爱人、仁者重义、仁者自强，所反映的文化思想完全属儒家思想体系；《赠钱名籍》七、八号木牍中的"外大母"、"季母"称谓，反映墓主深受儒家孝悌思想的影响。如此种种，说明西汉元、成时期据统治地位的儒家思想在墓主师饶脑海中有深深的烙印，作为处世行为规范已深深在墓主心中扎下了根，从中折射出墓主师饶完全是一个儒学久已确立其统治地位时代的知识分子。

墓主生活的元、成时代，思想文化方面占据统治地位的还有阴阳灾异思想。西汉大讲阴阳灾异之风始于汉宣帝，汉宣帝以"平民"而骤获"大宝"、登帝位，面临着来自朝廷内外、同姓宗室争夺帝位的威胁，为了证明自己"受命于天"，便带头刮起了灾异之风。元、成时期，孟喜、京房易学成为阴阳灾异的主导思想。《汉书·儒林传》说："孟喜字长卿，东海兰陵人也。……从田王孙受《易》。喜好自称誉，得《易》家候阴阳灾变书……京房受《易》梁人焦延寿，延寿云尝从孟喜问《易》。会喜死，房以为延寿《易》即孟氏学。……至成帝

① 《汉书》卷9《元帝纪》，中华书局1962年版，第277页。
② 《汉书》卷81《匡张孔马传》，第3366页。
③ 周振鹤：《西汉政区地理》，人民出版社1987年版，第32—33页。
④ 金春峰：《汉代思想史》（增订增补版），中国社会科学出版社1997年版，第321—326页；马勇：《汉代春秋学研究》，四川人民出版社1992年版。

时刘向校书，考《易》说，以为诸《易》家说皆祖田何，杨叔（元）、丁将军，大宜略同，唯京氏为异，倘焦延寿独得隐士之说，托之孟氏，不相与同。房以明灾异为幸，为石显所谮诛。"《汉书·京房传》："其说长于灾变，分六十四卦，更直日用事，以风雨寒温为候，各有占验。"成帝时，谷永、刘向更是以上书言阴阳灾异擢升。《汉书·谷永传》载谷永自建始元年上书言后宫事起就不断以阴阳灾异比附人事，如他言："臣闻灾异，皇天所以谴告人君过失，犹严父之明诫。畏惧敬改，则祸销福降；忽然简易，由咎罚不除"，将董仲舒"天人感应"学说进一步发挥。刘向与墓主时代大致同时，面对成帝时期摇摇欲坠的刘氏政权心急如焚，他上书陈灾异，著《洪范·五行传论》，告诫成帝不要大权旁落。《汉书·刘向传》说：

　　　　向见《尚书·洪范》，箕子为武王陈五行、阴阳、休咎之应，向乃集上古以来历春秋六国至秦汉符瑞、灾异之记，推迹行事，连传祸福，著占其验，比类相从，各有条目，凡十一篇，号曰《洪范五行传论》。奏之，天子心知向忠精，故为凤兄弟起此论也，然终不能夺王氏权。

　　京房的易学的灾异系统和刘向洪范五行的灾异仅在于编排灾异的形式不同，而思想实质和理论基础是一致的，刘向的上书在当时虽然已无力挽救刘氏政权，但汉成帝知其所指、嘉其所言，阴阳灾异一时兴盛于西汉朝廷上下。孟喜、京房、刘向皆系关东郡国人，楚、梁、东海边界毗邻，同处历史上黄河下游、黄海之滨就有着相同的历史文化传统，元成时期言阴阳灾异之士出自本处，说明楚、东海、梁国之地系阴阳灾异学说的兴起之地，墓主任职东海，身临其境，自然对此笃信不疑。YM6D12"君兄缯方缇中物疏"记"六甲阴阳书一卷"，李学勤认为是五行家言，《汉书·艺文志》"数术略"中有多种，墓主珍藏《六甲阴阳书》一卷，表明此时占统治思想的阴阳五行灾异思想深深影响着墓主本人。同墓还出土有诸如《博局占》、《刑德行时》、《行道吉凶》等占候简牍，这些虽不见于"缯方缇中物疏"，但它们都属"选择类"数术文献，指导着墓主的日常活动，与秦汉时期官吏墓中多官文书与数术文书并出一致，反映了墓主作为成帝时代普通的社会成员是逃脱不了当时思想文化影响的。

（原载《郑州大学学报》2011年第1期）

简帛学理论探讨

中国简牍学百年回眸与展望之思考

　　1901 年中国西部楼兰、尼雅遗址汉晋简牍的发现与出土是我国近代学术史上的重大事件。它和殷墟甲骨文、敦煌石室文书、内阁大库明清档案等文化珍品一起，被誉为中国近代研究古史新资料的四大发现，"古来新学问起，大都由于新发见"[①]，由此在中国近代学术史上蔚然形成了简牍学这门举世瞩目的新学问。中国近代简牍学自此肇始。

　　自 1901 年我国近代第一枚简牍发现迄今，简牍学已走过了它百年的发展历程。一个世纪以来，在几代优秀简牍学者的共同努力下，我国简牍学经历了初起、酝酿和新中国繁荣确立时期，尤其 70 年代以来，随着多批战国秦汉魏晋简牍帛书的科学发掘出土、整理、研究，简牍学已逐步发展成为一门具有严密规律，并积累了丰富研究资料和多方面研究课题的成熟学科。回顾 20 世纪简牍学的发展，硕果累累，大家辈出；展望 21 世纪，中国简牍学研究的一大幸事，便在于受 20 世纪之赐，有一份丰厚的史学遗产成为自己发展的坚实基础。因此，世纪之交，对过去一百年的简牍学发展及其研究进行全面而科学的回顾总结，在理论、方法、规律上为新世纪简牍学研究提供指导，这不仅具有重大的理论研究意义，而且也属于基础性的学科前沿课题研究，具有重要的学术价值。

　　迄至今日，学术界尚未见到一部或一篇有关简牍学百年研究回顾的著作和文章。这与同为我国近代史料四大发现之一的甲骨文百年学术界姹紫嫣红的局面，形成了鲜明的反差，与简牍学在我国近代史学学术变迁史上所处的地位又是何等的不相称。简牍研究开山之祖王国维在《古史新证》中曾写道："吾辈生于今日，幸于纸上之材料外，更得地下之新材料。由此种材料，我辈固得据以

---

①　王国维：《最近二三十年中中国新发见之学问》，《王国维遗书》第 3 册，上海书店出版社 2011 年版，第 699 页。

补正纸上之材料，亦得证明古书之某部分全为实录，即百家不雅驯之言亦不无表示一面之事实。此二重证据法惟在今日始得为之。虽古书之未得证明者不能加以否定，而其已得证明者不能不加以肯定可断言也。"① 简牍作为地下出土之材料，在 20 世纪初与甲骨文、敦煌文书等一起，成为实证学派、考古学派同当时盛行的疑古学派展开针锋相对斗争的锐利武器，尤其在此基础上提出的"二重证据法"，百年来一直成为中国现代学术的最基本理念和方法。世纪之交，恰逢简牍发现百年，认真总结回顾中国简牍学发展、研究的演进轨迹，建立新的简牍学学科架构，便历史性地落在了当代学人的肩上。具体言之，包括如下方面：

1. 对过去一百年简牍学的发展与研究进行回顾总结，既要从狭义的，也应包括广义的。中国简牍的发现，历史上多有出土，著名的有孔子壁中书、汲冢书，但中国简牍学的形成乃是近代的事情，具体说发轫于 20 世纪初西域各处之汉晋木简的出土。中国近代简牍学经过 20 世纪的百年发展，如今已经形成为一门具有健全学科体系的新兴边缘性交叉学科，对于研究对象的界定，也由过去单纯的文字考释、证史补史，发展成为多学科参与攻关，具有多方面研究课题的综合性学科。作为一种文物，考古学的理论与方法可以引入简牍学领域从事简牍自身发展演变规律的研究；古文献学理论与方法的介入，使出土文献和出土佚籍的整理与研究更具科学性；秦汉简帛文字发展成为古文字学的一个分支，这使得简牍文字资料实质又成为中国古文字学的一个重要组成部分；尤其对简牍文字内容的研究已由简牍学形成之初完全为证史补史服务，发展为向上古音韵、训诂、方言及思想史、文化史、科技史、经济史、历史地理等历史学各专门史研究迈进，极大地扩展了当今简牍学研究的视野。因此，单纯地从狭义方面（特指简牍及其文字的研究）总结失之偏颇，一味强调广义（即举凡以简牍文字为材料论述历史与文化者）又使简牍学研究无研究重点，失之宽泛，正确地认识和把握简牍学研究范畴，并根据简牍学自身发展内在逻辑规律，系统而又全面地将简牍学百年发展与研究的成果展示出来，这既是简牍学百年回顾的首要任务，也有助于我们对既往研究成果的科学总结和新世纪简牍学的正确发展。

2. 20 世纪简牍学发展既有曲折，也有经验和不足，对过去百年简牍学遗产进行回顾总结，先辈学者的学术思想、治学方法及其简牍学在近代中国史学学术变迁上的历史地位要给予足够的关注。1901 年中国西部汉晋简牍的出土，在当时并没有像甲骨文那样，立即引起中国学术界的关注，这主要是由于西方探

---

① 王国维：《古史新证 —— 王国维最后的讲义》，清华大学出版社 1994 年版，第 2—3 页。

险家掠走资料，国内学者迟迟见不到庐山真面目所致。中国近代简牍学的真正开始，乃是1914年罗振玉、王国维著的《流沙坠简》及其后张凤《汉晋西陲木简汇编》和向达、冯承钧等前辈学者在20世纪二三十年代向国内学者的积极翻译、介绍，他们虽然没有看到原件，但根据斯坦因、斯文·赫定等公布的简牍照片和资料，以王国维等为代表的前辈学者却开始了中国人自己的简牍学研究。当时正值"疑古"思潮兴起之时，简牍作为地下出土之材料，很快与甲骨文一道，成为实证学派、考古学派进行证史、补史的重要手段和资料。简牍从出土到形成为一门学问，并迅速以证史补史为重点，这既是近代学术变迁的产物，也是简牍学发展历程上的一个里程碑。受此影响，简牍的工作主要在于考释文字与考订史事与制度等。新中国建立以后，随着近代考古学在我国的成熟，尤其是大批简牍的出土、整理、公布，一些学者开始将考古学引入简牍学领域探讨简牍自身演变规律；随着中国古文字学学科的确立，简牍文字成为中国古文字学的一个分支；又因大量简牍佚籍的出土，出土文献整理研究工作如今吸引着大批文献学家和古籍整理专家的关注，其他如上古音韵、方言的探讨，秦汉语言史研究等也大都成为各门专家进行学术研究的宝贵资料。简牍学的每一步发展，都与我国大的学术发展潮流紧密关联，由此促使不同时代学者在简牍研究中进行着不同角度的探索与思考，总结他们的治学经验、治学道路、治学方法以及研究方面，对于我们正确认识简牍学百年发展，缅怀前辈丰功伟绩，继承前辈治学传统，继往开来，具有积极意义。

　　3. 简牍学发展至今，已成为一门多学科交叉的新兴边缘学科。回顾20世纪中国简牍学发展与研究时，既要全面、系统地吸收诸相关学科参与研究的成果，又要避免条条分割、拼盘式地简单综合，而应在理论层面上对百年来简牍学的自身演进轨迹及诸相关学科研究成果进行新的探索和总结，找出其中的内在逻辑关系。已如前述，简牍学与考古学、古文字学（文字、音韵、训诂、方言）、古文献学、历史学、古籍整理等有密切的关系，诸学科参与攻关研究使简牍学研究领域扩大、课题增多。对百年简牍学发展进行总结回顾乃是一巨大系统工程，如何系统、全面、科学地反映出简牍学自身发展和研究成果，这是需要认真思考的大问题，我们认为解决这个问题的着眼点应在对简牍学学科本身的认识上，要知道不管何种学科参与攻关研究，它们最终都要落在简牍这个点上，从简牍出土发现、形制类型、年代分期研究到文字考释、谱系研究、历史学、文献学研究都离不开简、牍和简牍文字，因此，以简牍文物为中心，由自身研究到文字研究，由文字研究再到历史、文献等研究，利用其内在逻辑关系，在理论层面上合理地将纷繁杂芜、数以万计的涉及诸学科的简牍学研究成果揉合纳入到一个科学体系、框架内，这是回顾总结百年简牍学发展需要努力的另一重要方面。

4.百年来中国简牍学研究成绩的取得是中国学者和海外学者共同努力的结果，简牍学作为国际性"显学"，已经引起全世界学者的关注，他们的研究成果及治学思想、方法，也是我们最宝贵的借鉴。国外的汉学家研究中国简牍从1901年近代简牍发现之日即已开始，主要是斯坦因、斯文·赫定及法、英、德、瑞等国的一些探险家和汉学家，它们的研究主要集中在敦煌汉简、居延汉简及罗布泊等汉晋简牍。当今的简牍学研究，国别主要有日本、法国、美国、瑞典、朝鲜、韩国、英国等。国外这些汉学家关注中国简牍出土及研究，丝毫不亚于中国学者，由于日本、欧美、韩国等学者研究手段、方法先进，甚至出现像日本、韩国等的中国简牍研读会等学术攻坚团体和组织，分工协作，在成果出版周期、研究广度和深度等方面，往往超过国内学者。所以，在回顾总结中国简牍学百年发展、力图反映中国学者的研究成果及贡献所在之时，同样还需要重视国外学者的研究成果，对国外学者有影响的著作和贡献也应充分反映，这既是对外国学者的尊重和成果的认可，同时对指导、帮助我们提高简牍学研究水平，开拓思路，促进国内外学术交流等也大有裨益。

5.总结是为了更好地前进，在对20世纪中国简牍学认真总结阐述时，还应力图对相应问题做出开拓性的展望或可操作性的预测。我们对20世纪简牍学及其研究进行总结研究，其目的就在于继往开来。学术的进一步发展，既得继承，又必须创新，创新离不开对既往成果的继承。因此，我们一方面要对简牍学既往研究成果进行科学的梳理、归纳，找出哪些问题已经解决，哪些问题仍存争议，症结所在，还应根据百年简牍学发展的规律，对下一步中国简牍学的研究提出新的课题、角度和可预见、可操作的手段、方法。只有这样才能将简牍学整体地推向21世纪，为新世纪简牍学发展提供理论、方法及规律上的指导，减少盲目性。

以上仅是就20世纪中国简牍学及其研究的回顾提出的肤浅看法，其实际操作起来当然还有许多基础工作要做。这是因为新世纪简牍学的发展，固然需要继续依靠考古发掘出土简牍的不断推动，但目前在很大程度上将取决于20世纪中国简牍学发展与研究的基础整理工作是否到位，也就是说，新世纪简牍学的健康发展离不开眼下许多基础整理工作的全面展开。大体说来，至少需要在以下几个大的环节方面着手实施：

1. 抓紧编制中国简牍学研究论著总目。编纂中国简牍学研究论著目录的工作，自 70 年代以来，先后有中国大陆学者高敏、林剑鸣、曹延尊、徐元邦，台湾学者邢义田，日本学者大庭脩等身体力行。他们虽然都是根据自己研究需要，往往截取某一时段或限定某一时代简牍进行搜集，未能囊括全部，但发凡启例、筚路蓝缕之功亦不可没，是我们今天从事这项工作的宝贵借鉴。百年来，中外学者研究中国简牍的论文、论著发表不少，发掘简牍的报告、简报与报道也有很多，释文、图版和各种释文校正也同样丰富，而且这些资料十分分散，难以查找，有的详略还很不一致。因此，值此简牍发现百年之际编纂一部全面反映我国简牍学发展与研究的论著目录是完全必要的，同时将会给学习和研究带来极大方便。

2. 编辑出版中国出土简牍释文与图版的合集。中国幅远辽阔，简牍出土遍及全国大多数省区，资料公布也因此散见于全国各地主要报刊，解放后部分已经整理出版的简牍报告有的或因印数较少，或受当时技术条件制约，如今已不为多见，还有因出土太早，建国前即被西方列强掠至国外，要研究它们还需要仰洋人鼻息，或者到法国巴黎、英国伦敦以及日本、俄国等图书馆、博物馆去查阅原件，实属不易。即使被国人掌握的一部分如居延汉简等，也因战乱而版失简散。更有甚者，近些年来受不良社会风气影响，某些发掘简牍的部门和地区，垄断出土简牍，人为封闭，各自为战，或限于学识，整理水平低下，公布后的简牍资料难以令学界信服利用，直接影响了出土简牍学术价值的发挥，还有部分重要简牍出土数年，甚至数十年，至今未见公布，非常宝贵的简牍文字资料多因简牍保护不力、天灾人祸致使出土之后再次断破残损，永远无法进行整理。所以，在简牍发现总数已达 20 万余枚的今天，集全国人力、物力、财力编辑出版一套规模宏大的出土简牍释文与图版的合集，将百年出土简牍无一遗漏地网罗一起，使之成为集出土简牍的释文与图版之大成的工具书，不仅是一件泽被当今、功利后代和世界的大好事，而且也将为 21 世纪中国简牍学的发展奠定良好的基础。

3. 全面开展出土简牍的分类整理工作。日本学者在研究中国出土简牍方面多采用"分类集成"之法。分类集成就是将不同时间，不同遗址、墓葬出土的同类简牍资料穷尽收集在一起，而后进行相关课题的研究。这种方法乍看起来有重复劳动和条条分割之嫌，但实际运用起来相当方便，它将极大地促进各相关学科对出土简牍新资料的利用，推动各相关学科研究的深入与发展。就出土简牍反映的内容而言，目前宜分战国秦汉魏晋社会结构与政治制度、社会经济制度、法律制度、历史地理、思想与文化、语言文字、历法、医学和科技等专题予以分类整理，并能汇集成册，校勘补释。

4.深化文字释读工作，编纂简帛文字字典。文字释读是简帛整理的第一步。文字释读准确与否，直接影响着研究工作的开展。简帛文字出土数量庞大，篇幅较长，又由于有文献可资印证和甲骨文、金文研究的良好基础，辨识相对于甲骨文、金文来说给人以较为容易的感觉。其实不然，由于战国时期各国文字迥异，战国简牍文字存在着较大的差异，楚系简帛文字与秦系简帛文字就存在明显的不同，楚系简牍文字释读不易，至今仍难寻规律。秦汉以降，随着新书体和文字自身结构的不断演化，尤其西汉中晚期以后简帛文书中草体的增多，这给释读带来了相当大的困难。因此，作为中国古文字学四大分支学科之一的简帛文字，其重要性丝毫不亚于甲骨文、金文和战国文字。遗憾的是简牍文字的研究却相当滞后，尽管出现了诸如《楚系简帛文字编》、《睡虎地秦简文字编》等总结简帛文字研究成果的字书，但研究对象都仅仅局限在某一批简牍或某一区域简牍，迄今还没有一部像《甲骨文编》、《金文编》一样，将全国各地百年出土简牍文字释读成果汇编成大型字书的书籍，更谈不上像甲骨文、金文那样，对其文字构形和谱系进行科学系统研究了。

5.加强对简牍自身及其规律的研究。简牍流行于我国战国秦汉魏晋时期，作为中国数百年间重要的书体材料，是一种重要的文化现象。如何全面理解、认识简牍自身演变发展规律及其所反映的历史文化内涵，这是深化中国简牍学研究和学科建设的重要方面。这方面的工作大致包括：出土简牍的年代学分析；出土简牍的类型学分析；出土简牍的文书学分析。

综上所述可以看出，对20世纪中国简牍学及其研究的回顾，我们似乎并不能单纯立足于简牍与战国秦汉魏晋时期历史文化这一层面，专业素质和知识结构当要交叉在多学科之间，除了综合运用传统学科知识，如历史、语言文字、文献和考古学的方法外，许多工作还要势必借助现代科学技术手段如红外摄像与计算机模糊图像处理技术处理文字识读（尹湾汉简整理）、电脑光盘制作出土简牍文献资料库（香港中文大学开发）等。总之，新世纪的简牍学任重道远，专业工作者还需耐得住寂寞，切实从眼下的基础工作做起，这毕竟对学术史和民族文化都是大有裨益的。

（原载《许昌师专学报》2001年第3期）

简帛学的学科分支新论

简帛学是 20 世纪创建并取得丰硕成果的一门重要学科。进入 21 世纪以来，随着简帛学的迅速发展，学科的研究表现为越来越细化，简帛学的学科分支划分和研究便成为学术界无法回避、必须直面的问题。目前，有关简帛学的学科分支划分，主要有如下几种意见：

李学勤在《当代中国简帛学研究（1949—2009）》一书的"序"中指出："事实上，历年出土的大量简牍帛书，依其本身性质，可划分为典籍和文书两大类，对两者进行整理研究的方法途径彼此有相当大的差异，所需要的知识手段也互不相同，应该作为两个学科分支看待。……很明显，把简帛学划分为简帛书籍、简牍文书两个学科分支，不仅是发展趋势，而且还是当前的实际了。"[①] 卜宪群《简帛学刍议》认为："用简帛学来规范这门学科的名称更妥帖。而在许多特定条件下使用'简牍'二字，应表明它是简帛学的一个分支，简牍学应包括在简帛学的学科范围之内，正如还可以有帛书学一样。"[②] 张显成《简帛文献学通论》说："简帛文献学是简帛学的一个分支学科，是研究简帛文献内在规律的专门学科。"[③] 谢桂华在回答记者采访关于"三国吴简"是否预示着将成为一门类似于"敦煌学"一样的独立学科时表示，"'三国吴简'肯定能成为一门独立的简帛学学科"[④]；石见《"敦煌百年"的曲折与"长沙吴简"的未雨绸缪》又首次提出"吴简学"的概念，表明两位都认为"吴简学"应该成为简帛学的一个独立

---

① 李学勤：《序》，载李均明、刘国忠、刘光胜、邬文玲著：《当代中国简帛学研究（1949—2009）》，中国社会科学出版社 2011 年版，第 2 页。

② 卜宪群：《简帛学刍议》，《中国社会科学报》2006 年 11 月 2 日第 3 版。

③ 张显成：《简帛文献学通论》，中华书局 2004 年版，第 12 页。

④ 张邦卫：《"三国吴简"可成为一门独立的学科——中国社会科学院简帛研究中心主任谢桂华访谈录》，《长沙晚报》2001 年 8 月 18 日 B3 版。

学科分支①。

上述诸家有关简帛学学科分支的划分，或以简帛内容性质划分，或以简帛载体不同划分，或以简帛属性特征划分，或以简帛国别时代划分，不一而足。由于研究者的认识角度各异，学界对于简帛学学科分支的具体划分各不相同，迄今尚存较大分歧和争议，这不仅与当今中国简帛学的国际"显学"地位极不相称，同时也严重阻碍了简帛学学科的进一步发展。分析存在上述问题的根源，笔者认为，应与学界对于出土简帛自身的基本属性与特征缺乏科学的认识和研究有关。

首先，出土简帛本身是一种文化遗物。这可以从三个方面来理解：一是简帛作为纸普遍使用之前的一种文字书写材料，无论在中国还是在世界范围内，其本身即是一种重要的文化现象和文化遗物，日本学者富谷至著的《木简竹简述说的古代中国 —— 书写材料的文化史》②，从文化史的角度，清楚地表达了简帛自身的这一文化遗物属性与特征；二是简帛在长期的使用过程中，其形制和使用方式多遵循一定的规则，此即简帛学界所谓的"简帛制度"，众所周知，文化有物质、制度、精神三个层面，简帛制度当是简帛文化的具体体现和重要组成部分；三是简帛资料是珍贵的文化遗产，简帛记录、承载、反映当时社会的文明创造和各个层面的文明积累，出土的简帛古书和简帛文书，不仅可以使我们能够以更广阔的视野纵览中国数千年文化史的全貌，同时也极大地充实了中国文化遗产的宝库，简帛资料的文化遗产意义，已经为越来越多的关心和热爱中国文化的人们所认识③。

其次，出土简帛本身是一种文献。张舜徽在《中国文献学》一书中曾指出："'文献'既是一个旧名词，自有它原来的含义和范围。我们今天既要借用这一名词，便不应抛弃它的含义而填入别的内容。近人却把具有历史价值的古迹、古物、模型、绘画，概称为历史文献，这便推广了它的含义和范围，和'文献'二字的原意是不相符合的。当然，古代实物上载有文字的，如龟甲、金石上面的刻辞，竹简缯帛上面的文字，便是古代的书籍，是研究、整理历史文献的重要内容，必须加以重视。至于地下发现了远古人类的头盖骨或牙齿，那是古生物学的研究范围；在某一墓葬中出土了大批没有文字的陶器、铜器、漆器等实

---

① 石见：《"敦煌百年"的曲折与"长沙吴简"的未雨绸缪》，《中国文物报》2001年1月17日第3版。

② 〔日〕富谷至著，刘恒武译，黄留珠校：《木简竹简述说的古代中国 —— 书写材料的文化史》，人民出版社2007年版。

③ 王子今、赵宠亮：《简牍史话》，社会科学文献出版社2012年版，第3—12页。

物，有必要考明其形制、时代和手工艺的发展情况，那是古器物学的研究范围。这些都是考古学家的职志，和文献学自然是有区别的。"① 出土简帛本身是文献，自然具有文献的一切属性与特征，突出表现为：一方面出土简帛具有一般文献的文献学整理意义，即从文献学的角度出发，利用传统文献学的理论、方法与知识，对出土简帛进行录文、分类、编目、校勘、注释、翻译、索引、编纂、出版等工作，如尹湾汉简与《尹湾汉墓简牍》专题整理报告②；另一方面出土简帛又具有一般文献的文献学研究意义，即传统文献学研究的内容和方面，如年代、结构、体例、内容、来源、辨伪、流传等，同样也适用于简帛文献的研究，尤其出土简帛典籍，或有流传到现在的传本，或是没有传世本的古佚本，有的则是与传世古籍部分篇章相合的另外一种版本，但无论何种情形，作为古书，学者首先都要对其进行文献学方面的研究。

最后，出土简帛本身是文物。其一，出土简帛是考古活动的产物，考古活动是简帛出土、发现的前提，尽管这种考古活动，一开始可能并不是专为寻找、挖掘简帛这种文物而进行的；其二，出土简帛本身是考古发掘出土的古代遗物，具有一般文物的考古学整理意义，换言之，就是可以将出土简帛作为出土遗物中的一种进行考古学的基础整理，全面记录和反映简帛文物自身的一切相关信息，如出土地点、方位（单元）、地层、原状、伴出物（共存关系）、尺寸、文字、图画等，最终以考古发掘报告形式公布，如《新蔡葛陵楚墓》与葛陵楚简③；其三，出土简帛本身同时也具有一般文物的考古学研究意义，即依据简帛质地、外在形制特征等对出土简帛的类型学研究，通过简帛纪年和文字内容的考释等对出土简帛的分期断代研究，以及利用物理化学等现代科技手段对出土简帛的科技考古研究和保护、开发利用等，需要说明的是对于非考古发掘如盗掘出土的简帛，像近年陆续出现的上博简、岳麓简、清华简、北大简等，虽然非科学发掘出土，考古信息有所损失，但一般文物的基本特征并没有丧失，从这一点来说可与科学发掘的简帛等量齐观。简言之，出土简帛具有文物的一切属性与特征。

基于上述的分析可以看出，出土简帛本身既是一种古代文化遗物，同时又是一种宝贵的历史文献和考古发掘出土的珍贵文物，三重属性与特征集于一身，

① 张舜徽：《中国文献学》，河南人民出版社 1982 年版，第 3—4 页。
② 连云港市博物馆等编：《尹湾汉墓简牍》，中华书局 1997 年版。
③ 河南省文物考古研究所编：《新蔡葛陵楚墓》，大象出版社 2003 年版。

对于出土简帛，不仅需要进行文化学、文献学意义上的研究，而且也需要对出土简帛自身进行文物学意义的研究，而对应出土简帛的文化学、文献学、文物学研究，自然就形成了简帛学的三个学科分支，即简帛文化学、简帛文献学和简帛文物学。

简帛文化学是一门揭示简帛自身各种文化信息、意义及其与中国文化关系的学问，也就是从简帛入手研究中国文化，从文化角度研究简帛。简帛作为文字书写材料，虽然并不局限于中国，在世界其他地区也有使用和发现，但以简帛作为普通书写材料却只见于中国古代，是同时期世界范围内影响最广、使用最普遍的书写材料和最大宗的文字资料，在中国和世界文化史上占有重要地位；简帛在长期的使用过程中所形成的各项制度和规定，是中国文化的有机组成部分，所凝固形成的知识、信仰、思想等又深刻影响了我国古代文化的诸多方面。简帛与文化的关系如此紧密，一门新的学科 —— 简帛文化学的建立就势在必行了。简帛文化学以简帛的文化内涵为研究对象，利用文化学的理论、方法和知识，对出土简帛进行文化学方面的研究，深入发掘总结简帛文化的丰富内涵和历史影响。简帛文化学与简帛学两者的研究对象是一致的，都是出土简帛，但前者内涵与外延却较简帛学为小，因此，简帛文化学在学科定位上应从属于简帛学，为简帛学的一个独立分支学科。关于简帛文化学研究的内容，可以分为两个方面，一是要阐明揭示简帛本身蕴藏的丰富的文化信息和意义，包括简帛的起源、使用、形制、编联、版式、题名、符号等；二是要探讨简帛与中国文化的关系，在这一领域里，有大量可作的题目，有的已有人做过，如简帛与中国古代书籍制度[1]、藏书文化[2]等，有的无人问津，可作的文章和题目还很多，还需要深入探讨、发掘和丰富。

简帛文献学，作为简帛学的一个分支学科，其提出与系统论述当首推张显成著的《简帛文献学通论》。该书从文献学的视角，对简帛文献的发现、类别、史料价值、整理等进行了重点介绍和探讨，并从理论上论述了简帛文献学研究的对象和内容，这是近年来简帛学学科理论建设走向深入的重要表现。需要指出的是，该书对于简帛文献学的学科体系构建尚不完备，简帛本身是文献，但却是一种出土文献，对于出土文献的研究，除了依照和借鉴传统文献学的理论方法、结构体系、思路要求外，同时还需要从文献学角度，突出出土文献的文

---

[1]　耿相新：《中国简帛书籍史》，生活·读书·新知三联书店 2011 年版。

[2]　傅荣贤：《出土简帛与中国早期藏书研究》，知识产权出版社 2014 年版。

献特征，即其主要内容和方面始终要围绕出土文献自身逻辑性地展开。笔者认为，出土文献的学科理论体系应包括各类出土文献的考古发现、著录整理、载体演变、文本形态、文字形态、内容构成、史料价值等诸方面①，简帛文献学学科体系亦应如是。

简帛文物学，即以简帛文物为研究对象的学科，这是由简帛的文物属性所决定的。简帛本身是文物，对于简帛的文物属性与特征的研究，自然就形成了一种以简帛文物为研究对象的专门学问。当然，简帛文物自身丰富的文物信息和巨大的文物学研究价值，也为简帛文物学这门学科的独立、形成奠定了基础。如今学界对于简帛这种文物的研究，已经有了明确的研究内容和任务，这是该门学科之所以也应该独立成为一门学科的前提。科学的简帛文物学研究的内容应当包括：一是简帛出土规律，即简帛的调查、发现和发掘规律。目前简帛的出土规律大致有四种情况：出自未曾盗掘的密封的地下墓穴，如马王堆汉墓帛书；出自古代堆放简牍或废弃物的废弃水井、深窖等，如走马楼吴简、里耶秦简；出土于长期极度干旱的荒漠地区，如居延汉简等西北简牍；出土于地下水位较高的地区，如湖北、湖南等地区出土的大量简牍。二是简帛文物的价值研究。重点涉及简帛书法、简帛绘画等艺术价值以及简帛文物的鉴定、辨伪等。三是简帛文物的科学保护研究。涉及出土简帛的现场保护、脱水保护和馆藏保护的现代科学技术、手段和理念等。四是简帛文物资源的开发利用。简帛文物学与简帛学两者的研究对象虽然都是出土简帛，但简帛文物学的内涵与外延却较简帛学为小，在学科定位上应从属于简帛学，为简帛学的一个独立分支学科。

简帛学的上述三个学科分支——简帛文化学、简帛文献学和简帛文物学的划分，较之其他诸家的学科分支划分意见，更符合当下出土简帛研究实际和出土简帛自身属性内在逻辑，应该成为现今简帛学理论研究的新成果、新进展。

（原载《中国史研究动态》2016年第2期）

---

① 蔡万进：《出土文献类课程教学内容的研究与探索》，《历史教学问题》2014年第5期。

中国简帛学体系构建新论

简牍学，或兼包帛书而称简帛学①，有学者考虑到日本、韩国及欧洲都曾有简牍的发现，认为为了更为规范和避免歧义，可以称"中国简帛学"②，笔者认同并采用这种提法。中国简帛学是 20 世纪初形成和发展起来的一门重要学科。百余年来，中国简帛学研究取得丰硕成果，学科建设获得长足进展，但不可否认，目前的简帛研究还存在诸多方面的不足，系统科学的中国简帛学体系亦尚未得到确立、构建，突出表现为迄今所见国内已出版的有关简帛学著作，其研究的内容及体系，仁者见仁，智者见智，各不相同：

台湾学者马先醒撰著的《简牍学要义》③，是我国第一部有关简牍学的通论性著作，正文 12 篇，即"简牍释义"、"简牍时代"、"简牍踪迹"、"简牍初现朝野倾动"、"欧洲学人与汉晋简牍"、"简牍本之经史子集"、"简牍质材"、"笔削与汗青"、"简牍形制"、"简牍文书之版式与标点符号"、"篇卷与竹帛"、"简牍之编写次第与编卷典藏"等，针对简帛形制、质材、内容、发现经过、研究概况，提供了全面而系统的新的综合整理。

林剑鸣在其《简牍学概论》讲义基础上，参考日本学者大庭脩《木简》一书，重又编译而成的《简牍概述》④，是中国大陆地区最早一部较系统全面地介绍简牍学基础知识的专著，除前言与结语外，另有"解放前简牍出土的历史"、"解放后简牍出土的历史"、"简牍的形式和名称"、"简牍中的法律文书"、"简牍中的书籍"、"简牍中的遣策"、"简牍中的诏书"、"简牍中政府下达的文书"、"简牍中上呈和同级间的文书"、"简牍中的通行证和身份证"、"简牍中其他种类

---

① 参见李学勤：《序》，载李均明：《秦汉简牍文书分类辑解》，文物出版社 2009 年版。
② 刘国忠：《对于简帛学建设的几点思考》，《中国史研究动态》2016 年第 2 期。
③ 马先醒：《简牍学要义》，台北简牍学会印行，1980 年。
④ 林剑鸣：《简牍概述》，陕西人民出版社 1984 年版。

的文书"等十一章，重点就简牍出土的历史、简牍的形式和名称以及简牍中出现的各种文体等进行介绍和解说。

高敏先生的《简牍研究入门》^①，是中国大陆地区20世纪80年代出版的又一部有重要学术价值和影响的简牍学著作，基于当时我国简牍学发展的实际，作者审慎地仅以"简牍研究入门"而未以"简牍学研究入门"或"简牍学概论"等定名，是书共九章，分别为"绪论"、"新中国建立前简牍出土的历史"、"新中国建立后简牍出土的简况"、"简牍文书的类别划分和书写体例、格式举例（上、下）"、"云梦秦简的史料价值"、"汉简的史料价值（上、下）"、"秦简、汉简研究的状况与展望"等，较为全面地介绍和阐述了简牍的本身形制、出土历史、文书种类及其史料价值。

郑有国编著的《简牍学综论》^②，系作者《中国简牍学综论》（华东师范大学出版社，1989年版）的再版，是中国大陆地区首部以"简牍学"冠名的研究出土简牍的专著。全书十章，分别题为"简牍的出土与整理"、"简册制度"、"简牍的内容"、"简牍的整理及考释"、"简牍研究的初始时期"、"简牍研究的酝酿时期"、"简牍研究的新时期"、"秦简的出土及研究"、"简牍学与诸学科的关系"、"简牍研究的回顾与展望"等，系统总结、勾勒出一个世纪以来我国简牍研究的学术发展历程。

李宝通、黄兆宏主编的《简牍学教程》^③，作为"西北师范大学历史学本科教材建设工程项目"成果，是我国迄今出版的第一部简牍学教材，全书设为九章，前三章"简牍概论"、"简牍出土情况"、"出土简牍文字与书法艺术"，集中介绍了简牍学的基础知识；其余六章"简牍中的政治与法律制度"、"简牍中的经济制度"、"简牍中的军事活动"、"简牍典籍与思想文化"、"简牍中的民族政策及民族关系"、"简牍中的社会生活"，比较全面阐述了简牍资料反映社会历史文化的重要价值。

上述诸家简帛学著作的内容与体系设计，或是对我国简帛研究的学术史回顾与展望，如郑有国编著的《简牍学综论》；或是侧重简帛史料价值的介绍与分析，如高敏先生的《简牍研究入门》，李宝通、黄兆宏主编的《简牍学教程》；或是主要针对简帛自身形制、内容的综合整理与研究，如马先醒撰著的《简牍

---

① 高敏：《简牍研究入门》，广西人民出版社1989年版。
② 郑有国：《简牍学综论》，华东师范大学出版社2008年版。
③ 李宝通、黄兆宏主编：《简牍学教程》，甘肃人民出版社2011年版。

学要义》、林剑鸣编译的《简牍概述》，它们无疑都是中国简帛学研究的重要成果和中国简帛学体系构建的有益探索，具有重要的借鉴意义，但同时也说明，系统科学的中国简帛学体系至今还尚未定型和确立，仍存在较大分歧，这不仅与当前中国简帛学的国际显学地位极不相称，也严重影响了中国简帛学的理论建设和学科发展。

众所周知，简帛学的研究对象是出土简帛。我国古代历史上曾有过简帛发现的记载，但却无有简帛实物留存下来，近代简牍的发现始自 1901 年西方探险家斯坦因、斯文·赫定在新疆尼雅、楼兰遗址的盗掘，迄今为止，百余年来全国各地出土的简帛总量据统计已达三十余万枚之多。从出土实物的年代来看，上起战国，下迄魏晋，战国、秦汉、魏晋时期是我国古代简帛使用的高峰；从内容来看，书籍类中凡《汉书·艺文志》所列之六艺、诸子、诗赋、兵书、数术、方技等相关内容的文献无所不有，文书类中包括战国、秦汉、魏晋中央至地方官府的书檄、律令、簿籍、录课、符券、检楬等都有发现；从文字来看，有战国楚系简帛文字、战国至秦代的秦系简帛文字、两汉简帛文字、魏晋简帛文字等多种，涉及篆、隶、草、行、楷等汉文字体。中国简帛学应当是把上述全部出土简帛当作一个整体进行纵向、横向研究，至于我国境内出土的历代各类非竹木质类简牍（如玉简、石简、金简、铜简、铅简等）、非汉文简牍（如佉卢文、婆罗迷文、于阗文、龟兹文、回纥文、吐蕃文、西夏文简牍），以及纸取代简帛作为书写材料后出土的魏晋以降历代汉文简牍，由于它们不是主流，数量少，特征规律不明显也不系统，且其形制、用途、地位、作用等与简帛使用高峰时期的战国、秦汉、魏晋出土简帛不可同日而语，它们应是简帛制度、文化的余绪和影响所及，自然不应纳入简帛学的研究对象范围之内。

简帛学的研究对象是出土简帛，毋庸置疑，以上述地下出土简帛为研究对象的专门之学，则即应是学界所称的"中国简帛学"。关于出土简帛研究，谢桂华先生曾指出："大体上可分为简帛的基础研究和应用研究两个方面。所谓基础研究主要包括发掘报告、图版、释文、注释、语译、索引、字编、参考文献和论著目录等。而应用研究主要是应用新发现的简帛资料，结合传世典籍研究当时的政治、法律、经济、军事、文化乃至科技、民族关系、中外关系、语言、文字、书法等各个方面。"[①] 骈宇骞先生认为："目前简帛研究有两种趋向：一种是考古学和古文字的途径，以文字、音韵、训诂、校勘等方法，对简帛文献进

---

① 谢桂华：《百年来的简帛发现与简帛学的发展》，《光明日报》2001 年 9 月 4 日第 3 版。

行研究、考订、校释；另一种是历史学特别是学术史的途径，对简帛文献的思想内涵做出分析，对其史料价值进行发掘，辨章学术，考镜源流。"① 关于简帛研究与简帛学的关系，高敏先生在《简牍研究与简牍学刍议》一文中认为："简牍学研究是任何简牍的基础研究和应用研究都不能取代的"，"简牍研究虽然与简牍学有密切关系，但把它完全混同于简牍学的说法是不可取的。这种说法的危害在于降低了简牍学作为一门学科体系的作用和地位"，"简牍学应当是把全部出土简牍当作一个整体进行纵向、横向研究，从而揭示我国古代简册制度的渊源、内涵、演变及其有关规律的学问。它的内容至少应当包括如下一些方面：简牍的发现史，包括自然发现和科学发掘史；简、牍、方、觚、札、检、楬、遣册等等不同简牍名称和含义及其区别；简牍的制作材料与制作过程；简牍书写时所使用的各种符号及其意义；关于简牍本身按照书写内容不同的长短宽窄的法律规定及其变化发展；编制简册的各种有关规定与做法；书写简牍时按照简牍内容类别不同而产生的各种格式及其变化发展；书写简牍的字体变化及其发展规律，特别是战国简牍与楚简的字体特征与规律值得深究；不同时代的简牍书写时所使用习惯语言的揭示与归纳；整理与研究简牍的基本方法、途径与步骤的总结。"② 高敏先生所言的上述"系统的科学的简牍学的内涵"，虽然现在看来不无失之于窄之嫌，但其简帛研究不能混同于简帛学的认识和论断，对于厘清简帛研究与简帛学的关系，构建新时期系统科学的中国简帛学体系，却不啻醍醐灌顶，具有重要启发意义。

　　综观以上所述可以看出，造成当前中国简帛学研究没有一个确定的体系而致人言人殊，最根本的原因在于学界对中国简帛学的研究对象存在模糊认识。我们说中国简帛学的研究对象是出土简帛，这个提法并无任何之不妥，但问题在于中国简帛学是研究出土简帛的文字内容，还是研究出土简帛自身的各种现象、特征与规律，到底哪些方面的研究才是属于真正的简帛学的研究内容与范围？如果说中国简帛学研究的是出土简帛的文字内容，则等于说出土简帛仅是古代文献的一种，而且我们知道，简帛所记内容十分广泛，其学术内容涉及所有人文社会科学和自然科学，按照常识，利用简帛文献资料开展的相关学科与领域的研究，则属于各相关学科的范畴，应由各相关学科总结综述，与简帛学无关，否则简帛学与人文社会科学和自然科学中的其他学科将难分彼此，同时

① 骈宇骞：《简帛文献纲要·前言》，北京大学出版社 2015 年版，第 2 页。
② 高敏：《简牍研究与简牍学刍议》，《光明日报》2002 年 4 月 30 日第 3 版。

也大大降低了简帛学作为一门学科体系的作用与地位。实际上，把出土简帛文字内容的研究视为简帛学，本身其实也是对于出土简帛的自身属性与特征缺乏科学认识的表现。研究表明，出土简帛本身既是一种古代文化遗物，同时又是一种宝贵的历史文献和考古发掘出土的珍贵文物，三重属性与特征集于一身，对于出土简帛，不仅需要进行文化学、文献学意义上的研究，而且也需要对出土简帛本身进行文物学意义的研究①。因此，从文化学、文献学和文物学等角度，对出土简帛自身各种现象、特征与规律进行全面、系统、深入、科学地揭示、分析和总结，这才是中国简帛学真正研究的内容和方面，也是中国简帛学区别于其他任何一门学科的所在。

确定了中国简帛学的研究对象是"出土简帛自身的各种现象、特征与规律"这个主题，其理论体系便不难构建，与其他以出土简帛的学术内容为研究范围的学科如哲学、文学、史学等的界限便不难区别，学界长期存在的"简帛研究"混同"简帛学"的不正确认识将得到消除，既往学界有关简帛学的定义、概念和范畴等的研究也因此而得到修正、补充和完善，有关出土简帛自身的各种现象、特征与规律的诸多方面研究也将在这个主线下似珠串线而不再一盘散沙。如前所述，简帛学是研究出土简帛自身各种现象、特征与规律的科学，出土简帛自身不仅是一种文化遗物（简帛制度），同时又是一种宝贵的文献（简帛文献）和考古发掘出土的文物（简帛文物），简帛学研究的内容与方面自然应紧紧围绕出土简帛自身这一特性和特征逻辑性展开，并在此基础上，对简帛学的概念、定义、范畴等进行探讨，对有关简帛学的理论与方法进行思考，构建严密科学的简帛学研究体系（逻辑和学理）。具体言之，中国简帛学的研究内容可以归纳为以下六个方面、六大板块。

第一个方面是对简帛学概念、定义和范畴的探讨与界定，具体涉及简帛学学科名称、研究对象与范围、内容与体系以及学科属性与分支、简帛使用发现史与学科发展史等，这是中国简帛学成为一门独立学科必须首先直面和回答的问题。关于学科名称，我们以为还是以"简帛学"命名较为准确和符合历史实际；关于简帛学研究的对象和范围，我们认为应是 20 世纪初以来百余年间中国境内各地出土的战国秦汉魏晋即简帛作为书写材料普遍使用时代的汉文简帛，至于 20 世纪以前的古代出土简帛、近代以来出土的历代各类非竹木质类简牍、非汉文的少数民族简牍以及纸取代简帛作为书写材料后出土的魏晋以降历代汉

---

① 蔡万进：《简帛学的学科分支新论》，《中国史研究动态》2016 年第 2 期。

文简牍、世界其他国家出土简帛，则不应包括在研究对象范围之内，但可以参与中国简帛学的讨论、比较和建设。关于简帛学研究的内容及体系，我们认为应在厘清确定中国简帛学的研究对象是"出土简帛自身的各种现象、特征与规律"这个主题和出土简帛自身具有文化、文献和文物"三位一体"属性与特征这一认识下逻辑性地展开与构建；关于学科属性，简帛自身"三位一体"属性与现代学科分类都表明，简帛学是史学研究的一个领域，而非史学的辅助学科，应是"历史学"（大类）中"历史学其他学科"（中类）下的一个独立分支学科。有关简帛学的学科分支，我们研究认为出土简帛自身的属性与特征决定了简帛文化学、简帛文献学和简帛文物学是中国简帛学的三个学科分支 [①]；简帛学与分支学科的关系是，简帛学重在简帛本体研究，是对简帛自身各种现象、特征和规律的系统、全面、科学揭示，分支学科则是对简帛本体的专题、深入和拓展研究，是对简帛不同属性特征现象、规律和意义的揭示，两者研究的内容虽有交集，但各有自身研究的体系。关于简帛学的学科定义，可以概括表述为：中国简帛学是以 20 世纪初以来中国境内各地出土的战国、秦汉、魏晋即简帛作为书写材料普遍使用时代的汉文简帛为研究对象，综合运用考古学、语言文字学、文献学、历史学等多学科理论、方法和知识，揭示我国古代简帛制度渊源、内涵、演变及其规律，总结简帛文献文本形式、内容、整理与研究的基本方法、途径与步骤，以及探索简帛文物价值作用、辨伪鉴定、科技保护与开发利用的一门学问。简言之，中国简帛学是研究出土简帛自身各种现象、特征与规律的学问。

第二个方面是对简帛学研究理论与方法的总结归纳。任何一门独立的学科都有自己一套严密成熟的理论体系和研究方法论，中国简帛学也不例外。百余年来的简帛学发展历程与研究实践表明，中国简帛学的研究理论与方法，主要地来源于与简帛学关系密切的相关学科，即考古学、语言文字学、文献学和历史学等。首先，出土简帛是考古活动的产物，本身是一种古代遗物，即一种带字的文物，既然是文物，就要遵照田野考古操作规程进行发掘、清理、保护，就要按照考古发掘出土遗物进行考古学意义上的整理与研究，记录留下文字及其他一切相关出土信息，如出土地点、方位（单元）、地层、原状、伴出物、尺寸等，换句话说，就是考古学的理论方法完全可以引入到出土简帛的整理与研究当中；其次，出土简帛都是由不同时代的文字书写而成，本身是古文字材料，

---

① 蔡万进：《简帛学的学科分支新论》，《中国史研究动态》2016 年第 2 期。

既然是古文字就需要综合利用传统文字学、训诂学、音韵学即语言文字学的理论、方法与知识，对出土简帛文字进行释读与考释；再次，出土简帛本身是古代文献，具有文献的一切属性与特征，既然是我国古代文献的一种，就具有文献学的整理研究意义，就能够利用文献学的理论、方法和知识，对出土简帛文献进行录文、分类、编目、校勘、注释、翻译、索引、编纂、出版等整理和来源、形成、内容、年代、结构、流传、典藏等研究工作；最后，出土简帛本身是史料，是研究和编纂历史所用的材料，而对于出土简帛史料价值的认识、研究、考证等，同样也需要利用历史学的理论、方法和知识。一般地说，出土简帛都要依次经过考古学、语言文字学、文献学的整理过程，最后才能为历史学等学科研究者方便利用，因此简帛学与考古学、语言文字学、文献学、历史学等相关学科有着密切的关系，正是这种密切关系，决定了上述诸相关学科的理论和方法，同样可以引入到简帛学的研究当中，形成发展为简帛学的理论方法的有机组成部分。本部分旨在通过对简帛学与其他相关学科关系的梳理分析，主要借助考古学、语言文字学、文献学、历史学等学科的理论和方法，结合简帛学研究实际，有所运用发明，总结、归纳、升华、产生出科学的简帛学理论与方法，从而构建简帛学自身的理论体系与研究方法论。

　　第三个方面是对出土简帛自身各项制度的研究揭示。简帛在长期的使用过程中，形制和使用方式上多遵循一定的规则，形成了一定的制度和规范，此即所谓的"简帛制度"，而这种简帛制度反过来又深刻地影响着简帛的使用，积淀形成独具特色的中国简帛文化，对这种文化现象和规律的揭示，自然应是中国简帛学的重要部分。简帛存在制度，自 1912 年王国维《简牍检署考》[①]首次详考以来，久已成为学界共识，代有学者研究阐发，比较重要的有傅振伦的《简策说》[②]、劳榦的《居延汉简·图版之部》[③]和《居延汉简·考释之部》[④]、陈梦家的《由实物所见汉代简册制度》[⑤]、马先醒的《简牍通考》[⑥]及《简牍制度之有无及其时代

①　王国维：《简牍检署考》，《王国维遗书》第九册，上海古籍书店 1983 年版；王国维著，胡平生、马月华校注：《简牍检署考校注》，上海古籍出版社 2004 年版。

②　傅振伦：《简策说》，《考古社刊》1939 年第 6 期。

③　劳榦：《居延汉简·图版之部》，《"中央研究院"历史语言研究所专刊》第 21 本，1957 年。

④　劳榦：《居延汉简·考释之部》，《"中央研究院"历史语言研究所专刊》第 40 本，1960 年。

⑤　陈梦家：《由实物所见汉代简册制度》，《武威汉简》，文物出版社 1964 年版；陈梦家：《汉简缀述》，中华书局 1980 年版。

⑥　马先醒：《简牍通考》，《简牍学报》1976 年第 4 期。

问题》①、胡平生的《简牍制度新探》② 等，从不同的角度对古代的简牍制度进行
了多方面的探讨，取得了丰硕的成果，而且随着近年来简牍的不断大量发现和
研究认识水平的不断提高，有关简帛制度的研究，不断有新的发现与进展，极
大地丰富了简帛制度的内涵，如近年多批战国秦汉简牍背划线及其功能的发现
与认识等③。目前简帛制度研究工作的重中之重，在于对既往丰富的简帛制度研
究成果的总结、系统、归纳、整合，确立科学的简帛制度的内涵、逻辑和体系。
我们认为，简帛制度一般地应包括简帛形制、简帛编联、简帛版式、简帛题名、
简帛符号、简帛文字等诸方面，涉及简帛自身材料应用的规律、编联形式的规
律、版面形式的规律、标题格式的规律、符号应用的规律和文字演变的规律等，
这些都是简帛自身外在形态和形式的反映，也是基于简帛自身形体由表及里认
知的最基础和最基本方面。

　　第四个方面是对出土简帛文字内容本身的研究。对出土简帛文字内容本身
的研究，实际上即是对出土简帛文献的整理研究。简帛首先应该表现为是一种
书写载体，继之才是在其上书写文字，形成一种文献。张舜徽在《中国文献学》
一书中曾指出："'文献'既是一个旧名词，自有它原来的含义和范围。我们今
天既要借用这一名词，便不应抛弃它的含义而填入别的内容。近人却把具有历
史价值的古迹、古物、模型、绘画，概称为历史文献，这便推广了它的含义和
范围，和'文献'二字的原意是不相符合的。当然，古代实物上载有文字的，
如龟甲、金石上面的刻辞，竹简缯帛上面的文字，便是古代的书籍，是研究、
整理历史文献的重要内容，必须加以重视。至于地下发现了远古人类的头盖骨
或牙齿，那是古生物学的研究范围；在某一墓葬中出土了大批没有文字的陶器、
铜器、漆器等实物，……那是古器物学的研究范围。这些都是考古学家的职
志，和文献学自然是有区别的。"④ 既然"竹简缯帛上面的文字"是文献，那么
在对上述简帛形制、编联等一系列外在形态和制度的研究揭示之后，接下来自
然就应该对简帛上的文字内容本身进行文献学的整理与研究，即对简帛自身诸
文献特征的揭示，具体应该包括如下一些方面的内容：简帛材料与简帛文字内

---

① 马先醒：《简牍制度之有无及其时代问题》，《国际简牍学会会刊》第一号，（台湾）兰台出版社1993
　　年版。

② 胡平生：《简牍制度新探》，《文物》2000年第3期。

③ 孙沛阳：《简册背划线初探》，《出土文献与古文字研究》第4辑，上海古籍出版社2011年版，第
　　449—462页。

④ 张舜徽：《中国文献学》，河南人民出版社1982年版，第3—4页。

容的关系；简帛形制与简帛文字内容的关系；简帛文字内容的性质；简帛文字内容的分类；简帛文字内容的结构、体式、格式；简帛文字内容的来源；简帛文字内容的习惯语言表达；简帛文字内容整理的基本方法、途径与步骤；简帛文字内容的数字化等。简言之，就是要从文献学的角度对出土简帛文字内容自身进行诸如性质、内容、分类、属性、价值、整理等文献学意义和方面的现象、特征和规律的揭示研究。至于简帛文字学术内容的多学科具体研究，如前所述，因为不是简帛学研究、总结和综述的范畴，这里不作涉及。

第五个方面是对出土简帛自身的文物学研究。出土简帛本身是文物，对出土简帛自身进行文物学的研究，自然亦应是中国简帛学的题中应有之义。首先，出土简帛自身的文物学价值是多方面，需要认真进行深入研究揭示，研究表明，出土简帛自身具有独特的艺术、科学和社会价值，如简帛书法价值；简帛绘画价值；简帛考古、文字、文献和历史价值；简帛教育价值；简帛经济价值等。其次，非考古发掘出土的简帛自身需要进行辨伪研究，首先因为出土简帛具有重大价值，利益驱使，社会上不少不法分子作伪假简伪简手段不断翻新；其次盗掘使大量简帛流散社会，对待非发掘品简帛，鉴定辨伪至关重要，学界需要花大气力对简帛自身各方面的特征规律进行讨论归纳。再次，出土简帛在进行和完成以上各方面的发掘、整理和研究过程之中、之后，简帛文物保护工作至为关键，不仅需要对出土简帛自身的物理、化学等特性进行研究认识，同时还需要探索、研究、制定科学的简帛出土现场、馆藏、库藏的文物保护技术、手段和方法。最后，简帛文物保护是手段不是目的，对于出土简帛文物还需要站在中华优秀传统文化资源的认识和高度，对简帛文物资源的开发利用进行全面研究、科学规划，使之更好地为我国当前社会、经济和文化建设等服务。此外，还有普及推广工作，尤其当下公共考古和公共史学方兴未艾，简帛学的公共普及推广应该引起重视。

第六个方面是对国际简帛学体系构建的可能性探索。简帛的使用与出土，除中国外，同时期或稍晚的世界其他国家和地区，如韩国、日本和欧洲等地，同样也都有使用和发现。在韩国，自1975年以来，据不完全统计，到2010年止，共发掘出土6—8世纪的木简1226枚（其中885枚为书写有文字的有字简），韩国学者对此进行了多年的整理研究，提出了"韩国木简学"的概念[1]；日本发

① 戴卫红：《近年来韩国木简研究现状》，《简帛》第9辑，上海古籍出版社2014年版；戴卫红：《韩国木简研究》，广西师范大学出版社2017年版。

现木简数量较多，截至 2008 年底，年代属于 7—9 世纪的出土木简总数超过 32 万枚，受到日本学者广泛重视，同样提出了"日本木简学"的概念①。自 1973 年至 1994 年，英国雯都兰达出土公元 1 世纪前后的罗马帝国木牍军事文书总数已达 1900 件，据估计在雯都兰达地下可能保存的木牍在 1 万—10 万件之间，这些木牍的形式与内容和中国汉代的居延、敦煌的简牍颇多类似，故有学者将之誉为"罗马帝国的居延与敦煌"；此外，罗马时代的木牍过去在英国、德国、荷兰、法国、意大利南部、埃及、多瑙河中下游北岸以及瑞士等地都曾发现②。如今，各国简帛研究者已从专注本国简牍研究转向探寻世界各地出土木牍的共性、区别与联系，在努力使本国简牍研究国际化的同时，还试图整合、构建国际简帛学的体系，如韩国学者"东亚简牍文化圈"构想③，日本学者"东亚木简学"的提出④。中国简帛学以其简帛出土数量大、年代早、种类全、延续久、制度规律显著、学科体系发展完善成熟、研究国际化程度高以及简帛制度、文化在历史上对于汉字文化圈地区辐射作用强等特点和优势，理应在当今国际简帛学体系的构建中占据中心地位，发挥主导作用。

自 20 世纪初以来，中国简帛学已走过了百余年的发展历程，中国简帛学研究取得了丰硕成果，方方面面，林林总总，内容宏富，不是区区一本几十万字的著作就能加以缕述的。目前首要的不是理论与方法的标新立异，而是要着眼于对百余年来中国简帛学研究成果的总结，并尝试用更为科学的体系加以统括，在此基础上做进一步的研究和创新。本文即是个人在这方面思考的阶段性成果，现提出来，供大家讨论。

（原载《河南师范大学学报》2016 年第 5 期）

① 王元林：《日本古代木简的发现与研究》，《出土文献研究》第 9 辑，中华书局 2010 年版。又，王元林《国际简帛学视野下的日本古代木简》（《河南师范大学学报》2016 年第 5 期）："据不完全统计，截至 2016 年 6 月底日本全国各地陆续出土木简总计近 40 万枚。"
② 邢义田：《罗马帝国的"居延"与"敦煌"——英国雯都兰达出土的驻军木牍文书》，《地不爱宝：汉代的简牍》，中华书局 2011 年版，第 258—284 页。
③ 〔韩〕尹在硕：《东亚简牍文化圈的形成与发展》，《河南师范大学学报》2016 年第 5 期。
④ 〔日〕角谷常子：《东亚木简学的构建》，日本汲古书院 2014 年版。

出土简帛整理的若干理论问题

"出土简帛整理"是一个特定的概念，仅指简帛整理的方面，不包括简帛的发掘、保护和研究等。自1901年新疆尼雅遗址近代第一枚汉晋简牍实物发现至今，出土简帛整理工作已走过了一个多世纪的历程。百余年来，既有众多出土简帛整理的成功实践，也有不少出土简帛整理的经验教训；既有诸多对于出土简帛整理有价值的前瞻性理论思考，但也不可否认仍存在一些有关出土简帛整理的认识误区与偏差，严重影响了简帛学的学科建设和发展。本文仅就出土简帛整理的基本过程与步骤、学科属性以及未来发展的方向及趋势等若干理论问题进行思考，不妥之处，敬请方家指正！

一 出土简帛整理的基本过程与步骤

我国简帛出土的历史表明，古代简帛的发现不外有如下数种情况：一是自然发现，即无意的偶然的发现，我国古代起到19世纪末叶历代发现的简帛，都可视为简帛的自然发现[①]；二是近代外国探险家的盗掘，如20世纪初斯坦因、斯文·赫定等西方探险家在我国新疆、甘肃等地对于汉晋简牍的掠夺和盗掘；三是考古发掘，如建国前后由我国考古工作者自主进行的科学发掘所获得的大批古代简帛；四是新世纪以来国内部分文博单位与高校的购藏，如上海博物馆藏战国楚竹书、清华大学藏战国竹简、北京大学藏西汉竹书与秦简牍、岳麓书院藏秦简等。除去我国历史上发现的简帛，今天已无法接触实物和不甚明了其整理的具体步骤，本文不予讨论外，其他三种情况发现的我国古代简帛，尽管整

---

① 高敏：《简牍研究入门》，广西人民出版社1989年版。

藏、出土和流散的方式各异，但对其整理从实践看无一例外大致都遵循了基本相同的整理过程与步骤。概而言之，具体如下：

（一）田野与室内清理

众所周知，简帛出土离不开考古活动，尽管这种考古活动一开始并不是专为寻找、挖掘简帛而进行的。当然，包括简帛在内的各种古代遗物的出土，一般都是在田野直接进行，但随着文物保护认识和技术的提高，目前对于简帛的考古，大多采用了整体提取后转移室内的方式，在室内继续进一步展开对古代简帛的考古发掘；近年出现的几批购藏简牍，由于失却了最初的田野考古信息，购藏单位对于这些简牍的考古，也都不约而同地将重点放在了简牍的室内考古环节，并由此总结、升华，形成了一套简牍室内考古发掘操作规程与方法①。既然出土简帛是考古发掘出土的古代遗物，即出土简帛本身是文物，那么这就决定了出土简帛要像其他种类的出土文物一样，必须严格遵照田野或室内考古操作规程进行发掘、起取、清理与保护，必须按照考古发掘出土遗物进行考古学意义上的整理，记录下文字及其他一切相关出土信息，如出土地点、方位（单元）、地层、原状、伴出物（共存关系），等等，为后续出土简帛的文化学、文献学和文物学研究奠定基础，如是，则出土简帛的考古学整理当是出土简帛整理的重要环节和步骤，具有重要的学术价值和意义。

（二）文字释读隶定

出土简帛是一种带字的文物，都是由不同时代的文字书写而成，本身即是古代的文字资料，既然是古文字，在经过了田野发掘、起取、室内清理与保护以及考古学意义上的初步整理以后，自然就需要对其上的文字进行释读和考释。这项简牍文字释读工作在我国古代被称为"隶古定"。《尚书·序》："至鲁共王，好治宫室，坏孔子旧宅以广其居，于壁中得先人所藏古文虞夏商周之书及传、《论语》、《孝经》，皆科斗文字。……科斗书废已久，时人无能知者，以所闻伏生之书考论文义，定其可知者为隶古定，更以竹简写之。"《晋书·束皙传》："初，太康二年，汲郡人不准盗发魏襄王墓，或言安釐王冢，得竹书数十车。……大凡七十五篇，七篇简书折坏，不识名题。漆书皆科斗字。……武帝

---

① 胡东坡、常怀颖：《简牍发掘方法浅说 —— 以北京大学藏秦简牍室内发掘为例》，《文物》2012 年第 6 期。

以其书付秘书校缀次第，寻考指归，而以今文写之。"这一概念发展至今天，其含义应是指出土简帛的文字释读，就是要将出土简帛中的"古代文字"隶定书写成"现代汉字"。与现代汉字直接对应的，就直接隶定书写成那个现代汉字；不能对应的，要根据古代文字的形体偏旁，用文字学、古文字学的理论方法和知识进行考释，照原字形隶写，留待后人考释。我国文字自身的"形"、"音"、"义"三位一体的特点，决定了对于出土简帛文字的释读与考释，既要注重从文字的字形入手，同时又要联系字音、字义。而我国与古代文字释读考释密切相关的知识与学问是传统的文字学、训诂学和音韵学，即所谓的"小学"，亦即近代章太炎所称之"语言文字之学"和当代语言学学科中的"汉语言文字学"。准此，可知出土简帛的语言文字学整理是继出土简帛考古学整理之后的又一重要整理环节、阶段与步骤。

（三）抄录写定释文

刘勰《文心雕龙·章句》曰："夫人之立言，因字而生句，积句而为章，积章而成篇。"在完成上述对出土简帛的单字释读、隶定等语言文字学整理工作之后，无论从理论还是从实践的层面，接下来的工作自然就进入到了对出土简帛释文的大规模录写阶段，这一过程完成的即是将释读、隶定的出土简帛文字（单字），通过全面录写，积字成句，积句成章，积章成篇，使出土简帛成为能读、可用和系统的文字记录资料，亦即所谓的"文献"，为后续对出土简帛展开一系列的全面、系统、深入的文献学整理，提供基础文本。

（四）缀合编连复原

出土简帛整理工作的最终目的和目标，是在最大程度上恢复简帛文本的原貌，即所谓的"文本复原"。从百余年来的出土简帛整理实践看，这一目的与目标主要是通过文字释读的准确、残断简帛的缀合以及散乱简册的复原等环节实现的。尤其是在对出土简帛文字完成上述语言文字学的整理工作——文字释读之后，残简缀合与简序排定就成为简帛类文献整理的核心环节。实际上，从百余年来的简帛出土和整理实践看，由于保存环境和其他方面的原因，我国境内各地出土的简帛大都普遍存在严重的残断、朽烂、编册散乱等现象，出土简帛整理的缀合编连复原工作相当繁重，整理者为此投入了大量的时间和精力，付出了难以名状的艰辛和汗水。

（五）分类定名编目

在对出土简帛释文文本进行缀合编联等基本的文本复原工作之后，下一步自然就进入到了对于该批出土简帛自身基本内容的了解、分析和认识之上了。这一环节主要涉及出土简帛的内容组成、种类、性质、结构、体裁和题名等方面，表现在传统文献学的整理工作方面，即对该批出土简帛的分类、定名和编目。

（六）校勘辨伪考证

出土简帛由于书手水平、埋藏环境等因素，自身难免存在文字上的衍、脱、误、增、讹等情况，整理过程中自然需要我们通过校勘工作去发现、指出；由于方言、流传和人为增删、窜改等原因，整理过程中同样也需要对出土简帛自身的真伪、完整性和异文、通假等问题进行辨伪、甄别、考证等。如果说对出土简帛的分类定名编目属于传统文献学上的对文献文本的形体认知（外部形态、内部结构）的话，那么对于出土简帛的校勘、辨伪和考证等整理工作，则应属于传统文献学上的对文献文本的内容实证。

（七）标点注释翻译

简帛时代，去今久远，文字古奥，语义难明，加之无现代句读，严重影响了对出土简帛的阅读、理解和使用，为此现今多数出土简帛的整理都在一定程度上做有一些标点、注释和语译的工作，这方面整理工作的典范，当属《睡虎地秦墓竹简》①整理报告的出版，为我国出土简帛整理贡献了标准，树立了标杆，产生了广泛和深远的影响。如今，出土简帛的标点注释翻译业已成为出土简帛整理的必备和必要环节。

（八）编纂出版传播

在完成上述一系列的文献学整理工作之后，出土简帛整理就进入到了它的最终编纂出版传播环节。这一环节的任务主要是对上述整理工作诸过程、各环节、各要素中所生成文字、图片、表格和索引的合成、印制和数字化，使之成为像传世文献那样的、可以被各学科研究者直接利用的文献资料，更加广泛的流传下去、传播开来。

综上所析，可以看出，出土简帛整理一般要经过上述三个基本过程，即出

———————————

① 睡虎地秦墓竹简整理小组：《睡虎地秦墓竹简》，文物出版社 1990 年版。

土简帛的考古学、语言文字学和文献学整理过程；八个基本环节，即田野室内清理、文字释读隶定、抄录写定释文、缀合编连复原、分类定名编目、校勘辨伪考证、标点注释翻译和编纂出版传播。这一过程与步骤的总结、归纳和认识，不仅有来自出土简帛自身文物、文字、文献、史料多重属性与特征研究发现的理论上的支持和学理、逻辑上的支撑，同样还得到了百余年来我国出土简帛整理实践的检验，因此大致科学地反映了出土简帛整理的一般规律。

二　出土简帛整理的学科属性

如前所述，出土简帛整理，无论从理论还是从实践层面看，一般地都应经过考古学、语言文字学和文献学的整理过程，才能最终成为像传世文献那样的、可以被各学科研究者直接利用的古代文字资料，尤其是历史研究的史料。因此，现今出土简帛的整理公布，据笔者的观察和分析，无怪乎有这么三种形式：第一种是从考古学的角度，将出土简帛作为出土遗物中的一种进行考古学的整理，全面记录和反映简帛文物自身的一切相关信息，如出土地点、方位（单元）、地层、伴出物（共存关系）、尺寸、文字、图画等，最终以考古发掘报告形式公布，文字释文则以附录形式附在考古报告之后，如葛陵楚简与《新蔡葛陵楚墓》[①]；第二种是从文献学角度出发，将出土简帛作为古代文献的重要组成部分，利用传统文献学的理论方法与知识，对出土简帛进行录文、分类、定名、编目、校勘、辨伪、考证、标点、注释、翻译、索引、编纂、出版等工作，最终以简帛文献专题整理报告的形式公布，考古发掘报告则多以附录形式附于简帛文献专题整理报告之后，如尹湾汉简与《尹湾汉墓简牍》[②]；第三种是既出版包含该批出土简帛的考古发掘报告，同时又出版该批出土简帛的专题整理报告，如云梦秦简与《云梦睡虎地秦墓》、《睡虎地秦墓竹简》。尽管没有也不可能有单纯从语言文字学角度对出土简帛进行整理公布的，但作为出土简帛整理重要的、不可或缺的语言文字学整理过程，还是在不少的出土简帛整理报告中有所体现和反映，如《包山楚简》[③]正文中的"包山楚简文字的几个特点"及图版中所附的"字

---

① 河南省文物考古研究所：《新蔡葛陵楚墓》，大象出版社 2003 年版。
② 连云港市博物馆等：《尹湾汉墓简牍》，中华书局 1997 年版。
③ 湖北省荆沙铁路考古队：《包山楚简》，文物出版社 1991 年版。

表"（图版一二二—一七七）。毋庸讳言，上述诸种情况客观上已经造成了出土
简帛整理在学科属性认识上的混乱，迄今为止出土简帛整理尚无统一标准、要
求和范式，整理工作各自为战，整理水平良莠不齐，整理报告内容结构千差万
别。质言之，出土简帛整理归根结底应属于传统文献学的范畴。

　　首先，出土简帛本身是一种文献，是我国古代文献的重要组成部分。我国
现存的传世古籍虽然号称繁巨，但也仅仅是我国古代茫茫书海中的一粟。由于
历史上的天灾、战乱及统治者的政治需要等多种复杂的原因，古代无数的书籍
材料屡遭毁灭。然而，也有一部分尽管长期失传，但却并未化为灰烬，原来它
们安然埋藏在地下，在幽冥之域度过了上千数百年岁月之后，通过偶然的机会
重现于世，简帛的出土即属此类。张舜徽在讨论"文献"的含义时曾指出："古
代实物上载有文字的，如龟甲、金石上面的刻辞，竹简、缯帛上面的文字，便
是古代的书籍，是研究、整理历史文献的重要内容，必须加以重视。"[1] 既然"竹
简、缯帛上面的文字"是文献，那么出土简帛自然就具有一般文献的一切属性
与特征，就能够而且也应该能够对其进行文献学意义上的整理与研究。换言之，
即出土简帛具有一般文献的文献学整理意义，可以从文献学的角度出发，利用
传统文献学的理论、方法与知识，对出土简帛进行录文、分类、编目、校勘、
注释、翻译、索引、编纂、出版等工作。而上述这些工作皆是传统文献学中文
献整理工作的重要组成部分，属于传统文献学的范畴，因此我们将出土简帛整
理在学科属性上整体归于传统文献学的范畴是可以成立的。

　　其次，简帛的文献属性可以统摄、涵盖其他相关属性。研究表明，出土
文献自身具有文物、文字、文献和史料的多重属性，并集多重属性与特征于一
身[2]。简帛作为出土文献之一种，也是出土文献中之大宗，其自身自然亦应同时
具有上述多重属性，并集多重属性与特征于一身。出土简帛的文物、文字、文
献和史料属性多元一体，相关属性都是附着于文献属性之上的，如出土简帛的
文物属性，涉及的只是简帛文献的载体；出土简帛的文字属性，涉及的仅是简
帛文献的文字形态，文字记录构成文献，文字附着于文献而存在，文献整理研
究离不开对构成文献的字、词研究；文献是历史研究的史料来源，没有文献就
没有史料，史料属性因文献而生、因文献而存，简帛史料属性同样亦附着于简
帛文献属性。可见，出土简帛的基本属性虽然多元，但多元一体，文献属性是

---

[1]　张舜徽：《中国文献学》，河南人民出版社 1982 年版，第 3 页。
[2]　蔡万进：《出土文献类课程教学内容的研究与探索》，《历史教学问题》2014 年第 5 期。

核心，其他相关属性都是附着于文献属性的，只有文献属性才能统摄、涵括其他相关属性。基于此，我们认为，虽然出土简帛整理过程中考古学、语言文字学等学科和人员参与到了出土简帛的整理过程，但本质上都是为出土简帛的文献学整理服务的，出土简帛整理实质上是对于出土简帛文献的整理，出土简帛文献的整理是传统文献学整理工作两大分支之一"出土文献整理和研究"的重要组成部分（另一个分支是"传世文献整理和研究"），所以，我们将出土简帛整理的学科属性整体归于传统文献学范畴是没有任何问题的，也是有理论上的根据的。

再次，出土简帛的古代文献性质和属性，决定了出土简帛整理的最终成果，无论是在结构体例、体系思路，还是内容组成、手段方法等方面，必然要依照、遵循和利用传统文献学的学科体系、思路和要求逻辑性地展开，其主要内容、方面和工作始终要围绕出土简帛自身，即从文献学角度出发，以突出出土简帛的文献特征为主。现今我国大宗或重要出土简帛的最终整理公布，如长沙走马楼三国吴简、里耶秦简、上海博物馆藏战国竹书、岳麓书院藏秦简、清华大学藏战国竹书、北京大学藏西汉竹书等，无一例外地都采用了多卷本的简帛专题整理报告的形式，且自身所呈现出的体例、结构、内容、手段、方法和方式等，尽管整理者分属不同地区的单位和团队，但亦表现出惊人的相似或相同。简言之，即整理者不约而同地亦都将传统文献学中的文献整理工作手段和方法，引入应用到了出土简帛的整理工作当中。上述情况表明，随着学界对于出土简帛自身基本属性、特征以及出土简帛整理实践的理论思考和认识的深入提高，出土简帛整理的文献学学科属性越来越被广泛地接受，化为自觉和一致的行动，必将在未来相当长一段时期内引领和深刻影响着我国出土简帛整理国家标准的制定和简帛学未来的发展方向，促进简帛文献学这一简帛学独立学科分支的建设和完善。

三　出土简帛整理的未来发展方向及趋势

出土简帛整理已走过了一百余年的发展历程，积累了丰富的简帛整理经验与方法，毋庸置疑，这是我们需要认真学习和继承的。然而，面对当今社会飞速发展与广泛交互渗透的人文社会科学和自然科学，出土简帛整理若仍一味固守传统、缺乏创新，不能从当前出土简帛整理工作所呈现的新特点与趋势中见微知著，洞察和把握出土简帛整理的未来发展方向及趋势，那也将是极其危险的。具体地说，相对于传统的出土简帛整理而言，现今出土简帛整理的标准化、数字化、科技化、协同化和国际化，当是我国出土简帛整理未来发展的重要方向和基本趋势。

（一）出土简帛整理的标准化

出土简帛整理的标准化问题，最早应是由胡平生先生提出的，他在 2007 年发表的《论简牍整理国家标准的制定》[1] 一文中，针对简帛整理工作中存在的种种情况与问题，向国家相关行政管理部门和学术界首次郑重发出了尽快制定简牍整理国家标准的建议和呼吁；2016 年在《中国史研究动态》编辑部组织的"简帛学理论的总结与创新"笔谈《中国简帛学理论的构建》[2] 一文中，胡先生就出土简帛整理的标准化问题，再次予以重申和说明，这些意见和建议都是极富远见和卓识的，应予充分肯定、关注和研究、落实。首先，出土简帛整理标准化，是简帛学学科成熟的重要标志。简帛学是二十世纪初创建，如今已发展成为一门研究对象、目标、任务明确，理论、方法、体系基本完备并取得丰硕成果的一门重要学科，出土简帛整理是简帛学理论和方法体系中的有机组成部分，出土简帛整理的标准化无疑是对简帛学学科建设和完善的重大贡献；其次，简帛整理方面的规范与标准，是我国行业标准化的必然要求和重要组成部分，出土简帛整理是一个操作性很强的过程和行为，如今"简帛学"业已单独列入《中华人民共和国学科分类与代码国家标准》"历史学"（大类）中"历史学其他学科"（中类）的独立分支学科——"简帛学"（小类），加速出土简帛整理过程、结果的规范和标准的制定，也是对中国标准化事业的贡献；再次，出土简帛整理的标准化，有助于人才的培养，简帛整理需要专门的人才，它的培养，除了传统的言传身教，当前最为要紧的是有一套规范和标准的制定在全国颁行，前几年国家文物局委托中国文物研究所组织举办的包括出土简帛在内的出土文献抢救、保护、整理培训班[3]，虽是一种较好的形式，但由于缺乏标准，使得培训、考核缺乏标准要求和遵循，令人遗憾。

---

① 胡平生：《论简牍整理国家标准的制定》，《出土文献研究》第 8 辑，上海古籍出版社 2007 年版。
② 胡平生：《中国简帛学理论的构建》，《中国史研究动态》2016 年第 2 期。
③ 李均明：《出土文献整理面临的机遇与挑战——从出土简牍谈起》，《中国文物科学研究》2006 年第 2 期。

（二）出土简帛整理的数字化

出土简帛整理的数字化问题，近几年在古籍数字化的影响、推动和启示下，也得到了一定关注，有关科研机构和高等院校做了一些工作，如台湾史语所的"汉代简牍数位典藏"、"简帛金石数据库"以及香港中文大学的"竹简帛书数据库"，有关学者进行了一些简牍数字化问题的理论探讨，如苏卫国、王文涛的《简牍整理研究的现实困境与简牍数字化的发展方向》[1] 和《试论简牍数字化的规范问题》[2]。总体而言，当前我国出土简帛整理的数字化水平比较低，开发的数字化产品水准与数量也相当有限，但简帛数字化是出土简帛整理未来发展的方向，亟待重视和加强。其原因有三：一是当今社会信息科技迅猛发展，数字化是这项技术得以高效采集、处理、传播海量信息的一个关键前提，信息技术的魅力能够使不同行业、不同领域的人们利用它来解决眼前棘手的问题，简帛学界也不例外，简帛数字化具有强劲和强大的技术支撑，不仅能够也应该能够解决简帛数字化过程中遇到的各类技术壁垒和难关；二是数字化是信息技术背景下当今我国人文、社会和自然诸学科发展的趋势，简帛学学科也是如此，我们应该把简帛数字化提升到信息技术背景下全新简帛学的高度来认识，不能把简帛数字化简单地视为简牍图版释文的数字存储与检索；三是当今简帛研究的需要，据统计，现今我国简帛出土已达 30 余万枚（件），百余年来中外学者积累的简帛研究文献万余篇（部），远非 20 世纪初或上半叶仅凭个人目力和精力即能穷尽，不借助当今信息科学技术对出土简帛进行数字化处理，对于出土简帛的整理和研究，困难将是很难想象的，当今的简帛研究呼唤、需要简帛数字化。

（三）出土简帛整理的科技化

传统的出土简帛整理主要是靠人工，参与整理的人员也多为人文社会科学工作者，如今自然科学的发展，使自然科学的诸多方面的技术、手段等开始大量应用到出土简帛的整理过程中，如红外线成像技术，大大提高了文字释读的效率和准确度；多尺度 Retinex 算法在简牍数字图像增强中的应用，大大方便了简牍考古工作者对于简牍文字的修复、提取[3]；基于阈值的图像分割技术在简

① 苏卫国、王文涛：《简牍整理研究的现实困境与简牍数字化的发展方向》，《鲁东大学学报》2011 第 6 期。

② 苏卫国、王文涛：《试论简牍数字化的规范问题》，《鲁东大学学报》2012 年第 3 期。

③ 汪刘艳阳、王绪本：《多尺度 Retinex 算法在简牍图像增强中的应用》，《计算机科学》2009 年第 3 期。

牍中的应用、OCR 技术在简牍图像数字化中的应用等，为简牍文字的识别分析提供了便捷有效的方式①；基于轮廓曲率的残断简牍匹配拼接关键技术，借助计算机实现了残断简牍的自动拼合②，如此等等，不一而足。随着现代科技的进步，出土简帛整理工作必将从传统的整理工作方式中解放出来，为简帛学发展带来新的途径和气象。

（四）出土简帛整理的协同化

出土简帛整理的协同化，并不是新近才出现的事物，其实可溯源至 20 世纪 70 年代的马王堆汉墓简牍帛书、银雀山汉墓竹简、云梦睡虎地秦墓竹简 "整理组"，当时由国家文化部在全国范围内抽调了考古、文字、文献、历史及其各方面的顶尖专家，共同参与对新出简帛的整理，其整理出版的简牍帛书报告，至今仍是出土简帛整理的典范，产生了广泛的学术影响。其后一段时间内，尤其是改革开放以后，由于我国科研管理体制向 "课题制" 的变化，出土简帛整理领域出现了许多问题，滋生诸多弊端，引起学界的强烈不满。痛定思痛，进入 21 世纪以来，这一局面得到扭转和改善，内部多学科参与、外部多部门协同的简帛整理模式被近年来大宗或重要出土简帛的整理所广泛接受和采用，如长沙走马楼三国吴简、长沙五一广场东汉简牍、岳麓书院藏秦简、清华大学藏战国竹简、北京大学藏秦简和西汉竹书等，既提高了整理工作的水平和效率，又增强了整理成果的可信度和公信力。有理由相信，这一协同模式必将在现今及未来一段时期内继续成为出土简帛整理的基本范式，并加以继承发扬。

（五）出土简帛整理的国际化

出土简帛整理的国际化问题，可作两个方面的理解：一是指中国境内出土简帛的整理，得到国际学者的广泛参与，世界其他国家出土简牍的整理，同样有中国学者的广泛参与；二是指简帛整理方面的规范和标准的国际化。第一个方面，应该说从近代中国第一枚汉晋简牍实物发现伊始，中国出土简帛整理即具国际性，新世纪以来，这一趋势得到进一步的加强，如岳麓书院藏秦简、清华大学藏战国竹简等的整理，不仅简牍整理专题研讨会、定稿会等邀请国外的

---

① 张阳洁：《基于阈值的图像分割技术在简牍中的应用》，成都理工大学硕士论文，2010 年；刘瑛：《OCR 技术在简牍图像数字化中的应用》，成都理工大学硕士论文，2007 年。

② 陈瑜：《基于轮廓曲率的残断简牍匹配拼接关键技术研究》，成都理工大学硕士论文，2009 年。

中国简帛研究专家参加，甚至到美欧国家召开，就是整理小组中也不乏外国学者，如日本东京外国语大学德籍陶安教授即是《岳麓书院藏秦简（三）》的整理主持者和撰稿者；相反，我国学者直接参与境外如日本、韩国木简整理情况却少见或根本没有，尽管这些国家发现的多为汉文简牍（可能有韩语或日语音读），这与中国的简帛大国地位是极不相称的，应是我们今后努力的方向。关于简帛整理方面的规范和标准的国际化，即在于通过交流协商，使不同国家之间的出土简牍整理达成一致和认可的整理规范，促进国际简帛学体系的构建。

此外，近年出土简帛的"再整理"，如七卷本《长沙马王堆汉墓简帛集成》（中华书局 2014 年版）、四卷本《秦简牍合集》（武汉大学出版社 2014 年版）、七册本《居延新简集释》（甘肃文化出版社 2016 年版）等的出版，也是一种不容忽视的重要现象，并有不断发展扩大的趋势，如 2015 年 3 月中国文化遗产研究院与山东博物馆合作开展的"银雀山汉简保护、整理与研究"项目的启动等，因本文主要涉及的是出土简帛的初始整理，对于出土简帛的再整理现象，这里就不深入讨论了。

（原载《郑州大学学报》2017 年第 5 期）

简帛学史研究的理论价值及其意义

　　任何一门学科的发展均离不开对其自身发展过程的省思。简帛学自 1901 年瑞典人斯文·赫定、英籍匈牙利人斯坦因在我国新疆尼雅、楼兰遗址发现汉晋简牍，迄今已走过了百余年的发展历程，并蔚然成为国际显学。百余年来，尤其是 20 世纪末、21 世纪初的简帛发现与简帛学一百周年（2001 年）之际，学界对于简帛学发展历程的总结与关注，产生了一批有价值的简帛学史研究成果，举其荦荦大端者，主要有以下数种：

　　沈颂金《二十世纪简帛学研究》[①] 一书，试图对百年来中国简帛学界的研究成果做全面清理、总结和评价。该书扼要概述了 20 世纪简帛研究的进展，总结了 20 世纪在简帛研究上成就最大的王国维、劳榦、陈梦家的学术贡献和特点，从"从秦简看秦代的历史地位"、"简帛的发现与楚文化研究"、"郭店楚简与先秦学术思想"、"汉简所见西北地区的交通运输及其相关问题"、"出土简帛与文学史研究"、"汉代边塞吏卒的文化教育和娱乐活动"、"从出土文物看秦汉时期的民间信仰"等角度，探讨了简帛学对于推进 20 世纪学术史发展的重要意义，且最后以专章形式论述了简帛学研究的理论与方法。

　　赵超的《简牍帛书发现与研究》[②]，作为"二十世纪中国人文学科学术研究史丛书"之一种，分设"中国古代简牍帛书的考古发现"、"简帛的考古发掘、科学保护与对古代简帛制度的研究"、"出土简牍帛书与有关的考古学研究"、"简牍帛书中的古代文书整理与研究"、"简帛中的古代经籍、佚书与古代思想史、学术史的研究"、"古代简帛文字的研究与收获"等诸章，总结回顾了中国简帛研究走过的百年历程以及所取得的丰硕成果。

① 沈颂金：《二十世纪简帛学研究》，学苑出版社 2003 年版。
② 赵超：《简牍帛书发现与研究》，福建人民出版社 2005 年版。

骈宇骞、段书安编著的《二十世纪出土简帛综述》①，全书由"综述篇"、"资料篇"、"论著目录篇"三部分组成，是对百年来简帛学发现与研究的概括总结。"综述篇"从简帛文献学的角度，对 20 世纪出土简帛文献进行了全面论述，涉及简牍帛书的起源、形制、缮写与销改、题记、文字、内容与分类等。"资料篇"所收内容从 1900 年至 2002 年，凡属已公布了的墓葬、遗址中出土及征集、收购来的绝大部分简帛都收录了进来；"论著目录篇"所收内容是在 1903 年至 2002 年间出版、发表的论著，其中也包括有关日本学者的论著。

李均明、刘国忠等著《当代中国简帛学研究（1949—2009）》②一书，从新的视角考察了现代中国简帛整理与研究的情况。书中根据简帛的自身特点，将出土简帛分为简帛典籍、简牍文书和帛书三大部分，即本书之上、中、下三编；每编之后又大致分为相关发现概况、基础研究、专题研究三部分，介绍百年来出土的所有简牍与帛书概况，解析简帛自身所包含的各种规律及百年来简帛研究的曲折历程、各种观点的交锋、代表人物等。该书向广大读者展示了简帛学这一新兴学科的发展轨迹和丰富内容。

郑有国《台湾简牍研究六十年》③，是一部对我国台湾地区简牍研究历史总结与回顾的学术史著作。书中将台湾简牍研究分为三期，即 1949 年至 1974 年为第一时期、1974 年至 1991 年为第二时期、1991 年至今为第三时期，并分设专章就各时期的简牍研究主要学者、重要成果等进行总结介绍，不仅注重学术内容的铺陈，更能读出学者的人格特征、学术风范和时代印记。

综观上述诸种简帛学史著作，在肯定其取得不少成绩的同时，不可否认还存在诸多方面的不足。突出表现为：一是概念体系和内容研究各异，缺乏对系统科学的简帛学史体系构建的深入思考和探讨；二是分期不明确，缺乏对百余年简帛学发展阶段的科学分析和各阶段各时期的特征把握，研究平面化，没有"史"的立体感；三是理论凝炼不够，注重具体研究成果呈现，缺乏在学术史的回顾与展望中提炼简帛学的基础理论。简言之，当前的简帛学史研究，既往虽有过一定工作，但还很不够，需要站在新时期认识和理论的高度去总结、构建简帛学史的体系、框架、结构和内容。如同文献学学科之有中国文献学史研究、语言学学科之有中国语言学史研究等，简帛学作为 20 世纪初发展起来的一门新

---

① 骈宇骞、段书安编著：《二十世纪出土简帛综述》，文物出版社 2006 年版。
② 李均明等：《当代中国简帛学研究（1949—2009）》，中国社会科学出版社 2011 年版。
③ 郑有国：《台湾简牍研究六十年》，福建人民出版社 2011 年版。

兴学科，亦应有其专门之学 —— 中国简帛学史的研究。对百年简帛学史进行总结研究，写出一部比较系统全面和科学的中国简帛学史著作，不仅势在必行、迫在眉睫，同时也有着重大的学科理论价值和意义。

第一，通过对简帛学史的总结与研究，丰富完善简帛学的学科体系。现代学科研究表明，任何一门成熟的学科，都必须具有明确的研究对象、系统的理论与方法以及学科发展史，即通常所谓的"体"、"法"、"史"、"论"，把这些融为一体进行系统研究，构成一个完整的学科体系。简帛学自然也不例外。简帛学的"体"即研究对象，就是出土简帛，以出土简帛为研究对象，对出土简帛自身外在形态、内在结构的各种现象、特征和规律进行研究揭示的学问，就是简帛学；"法"即整理研究出土简帛的方法，出土简帛的文物、文字、文献、史料基本属性与特征等决定了简帛学与考古学、语言文字学、古文献学、历史学等学科有密切的关系，以上相关学科的方法自然同样可以应用到出土简帛的整理研究过程当中，与简帛学自身特有的研究方法一起，构成简帛学的方法论体系；"史"即简帛学发展的历史，厘清中国简帛学发生、发展、演变的脉络，揭示各个时期各个阶段中国简帛学的全貌及其特色；"论"即简帛学的基础理论，包括简帛学的定义、概念与范畴，研究对象与范围、内容与体系，学科属性与分支等。如是，简帛学史研究则无疑应是简帛学学科体系的有机组成部分，而对于简帛学史的总结与研究，则毫无疑问地丰富完善了简帛学的学科体系。但从上述数种概述性的学术史著作来看，当前的简帛学史研究，无论是在对百余年来简帛学学术史资料的整理方面，还是在简帛学史研究自身的理论建设上面，都可以说是还远远不够，需要就简帛学史研究的相关理论与实践问题进一步展开探讨。其包括：1.中国简帛学史研究的对象和范围；2.中国简帛学史研究的目的与任务；3.中国简帛学史的自身特征与特点；4.中国简帛学史的分期与阶段划分；5.中国简帛学史的体系、框架、结构和内容；6.中国简帛学史研究的理论、方法与手段；等等。

第二，通过对简帛学史的总结与研究，推动简帛学理论体系的构建。简帛学理论研究与建设亟待加强，已为当今学界共识。为此我们分别于 2015、2016、2018 年召开了三届以简帛学理论探讨为主题的"简帛学的理论与实践学术研讨会"，先后组织了"简帛学理论的总结与创新"（《中国史研究动态》2016 年第2 期）、"国际简帛学体系的构建"（《河南师范大学学报》2016 年第 5 期）、"出土简帛整理的理论与实践"（《郑州大学学报》2017 年第 5 期）等三组笔谈，本人也相继发表了《简帛学的学科分支新论》①、《中国简帛学体系构建新论》② 以及《出土简帛整理的若干理论问题》③ 等有关简帛学理论思考的研究文章。实践和学科研究表明，基础理论历来都是在学术史的回顾与展望中提炼出来的。譬如简帛学研究对象，这是简帛学理论的基本问题，一般认为简帛学的研究对象就是出土简帛，这个提法并无任何不妥，但实际上通过对该问题大量学术史资料的梳理研究发现，却存在着简帛学的研究对象究竟是"出土简帛的文字内容"，还是"出土简帛本身各种现象、特征和规律"的不同认识和争议；同样，也是在对大量简帛学学术史资料研究的基础上，获得了集文物、文字、文献、史料四大基本属性与特征于一体的出土简帛，本身不仅是一种文化遗物，同时又是一种宝贵的文献和考古发掘出土的文物，对出土简帛自身上述文化遗物、文献、文物诸现象、特征、规律的揭示、分析、归纳和总结，即构成了简帛学研究的主要内容和诸方面这一科学认识，最终确定了中国简帛学的研究对象是"出土简帛本身各种现象、特征和规律"这个主题。循着这一主题，使简帛学的学科界限，简帛学的定义、概念和范畴，简帛学的研究体系、学科分支等其他一系列基础理论问题得以廓清、补充、修正、完善和确立④。简帛学史的总结与研究，推动了简帛学理论体系的构建。

第三，通过对简帛学史的总结与研究，促进了国际简帛学体系构建可能性的探索。众所周知，简帛的使用与出土，不惟有中国，同时期或稍晚的世界其他国家和地区，如韩国、日本、欧洲大陆与英国等地，同样也都有使用和发现。如今，各国简帛研究者已从专注本国简牍研究转向探寻世界各地出土简牍的共性、区别与联系，试图整合、构建国际简帛学的体系，如韩国学者"东亚简牍文化圈"构想⑤，日本学者"东亚木简学"的提出⑥，中国学者"国际简帛学"的倡议⑦ 等。不容否认，中国简帛学以其简帛出土数量大、年代早、种类全、延续久、制度规律显著、学科体系发展完善成熟、研究国际化程度高以及简帛制度、文化在历史上对于汉字文化圈地区辐射作用强等特点和优势，理应在当今国际简帛学体系的构建中占据中心地位、发挥主导作用。百余年来，随着大量简帛

① 蔡万进：《简帛学的学科分支新论》，《中国史研究动态》2016 年第 2 期。
② 蔡万进：《中国简帛学体系构建新论》，《河南师范大学学报》2016 年第 5 期。
③ 蔡万进：《出土简帛整理的若干理论问题》，《郑州大学学报》2017 年第 5 期。
④ 参见蔡万进：《中国简帛学体系构建新论》，《河南师范大学学报》2016 年第 5 期。
⑤ 尹在硕：《东亚简牍文化圈的形成与发展》，《河南师范大学学报》2016 年第 5 期。
⑥ 〔日〕角谷常子：《东亚木简学的构建》，日本汲古书院 2014 年版。
⑦ 国际简帛学体系的构建（笔谈），《河南师范大学学报》2016 年第 5 期。

资料的不断出土和整理研究实践的长期积累，中国简帛学留下了丰富的简帛学学术史资料。通过梳理这些学术史资料，一方面可以发现中国简帛学国际化的滥觞及其与 20 世纪初一批西方探险家有密切的关联，早期简帛发现与研究离不开西方探险家，这一特殊群体在简帛学史上应予关注，并关注他们的简帛学研究贡献；另一方面，外国学者的中国简帛学研究及其成果，以及中国学者的外国简牍研究及其成果，同样亦应是中国简帛学史总结和研究的重要组成部分，它们共同为国际简帛学体系构建的可能性探索提供了学术支撑和线索。如戴卫红《韩国木简研究》[①] 一书中有关韩国出土新罗、百济时期"椋"字木简的考察，研究指出"椋"是与粮食、物品储存有关的官府仓库系统，百济时期既有属于内官系统的外椋部，也存在归属不明的"仲椋"；新罗时期"椋"有仲椋、下椋之分，是有瓦的地上建筑，有专门的"椋司"来管理。"椋"在中国现存的传世文献中，未见有仓库之意，而它从木京声，从词源、词义上与表仓廪之意的"京"同源；从建筑形制看，"京"底部当有立柱或高台，为地面建筑物，与椋的建筑形制相合。4 世纪中叶逃亡到朝鲜半岛的中原汉人的壁画墓中，出现了储存食物的"京屋"；5 世纪初的高句丽壁画墓中出现了表仓库之意的"椋"；从 1972 年古照遗迹（日本松山市南江户四丁目）发掘出土的屋梁、楼板、桩柱等建筑物的木材部件复原的古坟时代前期即 4 世纪时期的高床仓库，以及日本出土的 22 枚写有"椋"字的木简，反映了"椋"这样的含义及建筑形制是经由百济流传至日本列岛的，从简牍内涵上诠释了中日韩三国简牍文化的关系。又如韩国学者尹在硕《以简牍为中心看东亚记录文化》[②] 一文，从中日韩三国出土的论语简、九九表木简入手，探讨了中日韩简牍文化的关系。所有这些，从文化的内在关联性上为国际简帛学体系构建的可能性提供了证据和思路。简帛学史的总结与研究，有力地推进了国际简帛学体系构建可能性的探索。

（原载《郑州大学学报》2019 年第 4 期）

---

① 戴卫红：《韩国木简研究》，广西师范大学出版社 2017 年版。

② 〔韩〕尹在硕：《以简牍为中心看东亚记录文化》，《中国秦汉史暨石家庄区域文化国际学术研讨会论文集》，中国石家庄，2018 年 11 月 30 日—12 月 3 日。

简帛发现概述与书评

新世纪初我国简牍重要发现概述

20 世纪初，"敦煌塞上及西域各处之汉晋木简"与甲骨文、敦煌文书的发现，开创了学术研究的新时期，被王国维称为"发见时代"。世纪轮回，与 20 世纪初的大发现相呼应，新世纪之初首个十年我国简牍的发现更是层出不穷，无论在数量还是学术价值上，都具有划时代的意义。现依简牍出土年代为序概述如下。

一　二〇〇〇年

（一）湖北随州孔家坡 8 号汉墓

2000 年 3 月 10—15 日，湖北省随州市考古队在位于随州城关东北的孔家坡墓地一座编号为 M8 的汉墓中清理出土简牍近 800 枚。简牍出土时分两堆置于椁室头箱位置的两侧。按照两组简牍的内容，可分为《日书》简和《历日》简。《日书》简，出土于椁室头箱东北角，共 700 余枚，整简长 33.8 厘米，宽 0.7 厘米至 0.8 厘米，厚约 0.1 厘米，简文隶体墨书于篾黄，三道编绳，自左至右收卷用绢包裹，其内容如建除、从辰、星、盗日等已见于睡虎地秦简《日书》及放马滩秦简《日书》。《历日》简，出土于椁室头箱西北角，共计 78 枚，整简长 26.8 厘米，宽 0.5 厘米至 0.6 厘米，厚约 0.1 厘米，经推定系汉景帝后元二年，即公元前 142 年的历日。与《历日》简同出的还有无字竹简 7 枚，无字木牍 3 枚，有字纪年木牍 1 枚，内容为告地策。《中国文物报》2000 年 6 月 8 日刊登的《编钟故里出土竹简 700 余枚》和《光明日报》2000 年 7 月 14 日刊登的《编钟故里又有重要考古新发现》二文，初步报道了竹简的出土情况。《古代文明通讯》2000 年第 6 期刊登的由张昌平撰写的《随州孔家坡墓地出土简牍概述》以及《文物》

2001年第9期刊发的由湖北省文物考古研究所、随州市文物局撰写的《随州市孔家坡墓地M8发掘简报》，简要地介绍了孔家坡8号汉墓发掘与简牍出土等情况。2006年，文物出版社出版由湖北省文物考古研究所、随州市考古队编的《随州孔家坡汉墓简牍》一书，公布了该墓出土的全部简牍，并附有简牍的图版、释文和注释及孔家坡汉墓发掘报告。

（二）甘肃武都赵坪村汉简

2000年5月，甘肃省武都县琵琶乡赵坪村出土一批木质汉简，陕西博物馆征集得到12枚，简文中可辨认有"阳朔元年十一月丙午"字样。2001年6月，三秦出版社出版的陕西历史博物馆编《寻觅散落的瑰宝——陕西历史博物馆征集文物精粹》一书作了简要介绍；《文物》2003年第4期刊发的由王子今、申秦雁撰写的《陕西历史博物馆藏武都汉简》一文对这批木简释文进行了隶定、考释，并公布了这批木简的图版。

（三）天津蓟县道教木牍

2000年上半年，天津蓟县刘家坝乡大安宅村一口古井中出土一枚道教方术木牍，据称系国内首次发现，对道教方术研究有重大意义。《每日新报》2000年7月13日报道了天津市考古队在蓟县发掘战国及两汉的古井情况。《中国文物报》2000年9月24日刊登了由梅运鹏等撰写的《蓟县出土国内首见道教木牍文书》一文，详细报道了这次考古发现的全部文物情况。

（四）内蒙古额济纳汉简

2000年和2002年，内蒙古自治区文物考古研究所在额济纳河流域分别对甲渠塞第十六隧及第十六隧、第十七隧、第十八隧东侧灰坑、察干川吉烽燧进行了发掘清理，出土一批汉简和其他遗物。这两次新获汉简与1999年该所在额济纳河流域汉代烽燧遗址调查采获的汉简，现一并整理释读，以《额济纳汉简》为书题，由广西师范大学出版社于2005年出版发行。书中收录了相关考古调查发掘报告、彩色简牍图版及其释文、简牍内容考述、索引等。

额济纳汉简，是继1930—1931年间发现的第一批居延汉简及1972—1974年间发现的第二批居延汉简之后的第三批居延汉简。其形制有简、两行、牍、觚、封检等，存两件完整册书，其一尚系有编绳，保存了册书的原貌。时代以西汉中期至东汉早期者居多，最早的纪年是汉宣帝神爵三年，晚者见东汉光武帝建武四年，少见东汉中期遗物。内容大体与以往出土的居延汉简雷同，以行政文书居多，涉及政治经济军事诸领域，亦不乏新史料，如王莽登基诏书、分封单于诏书、行政条例等皆属首见；涉及历史地理的从泾阳至高平的驿置里程簿可与前此所出居延汉简驿置里程相比对；有关名籍、债券契约等亦多异于旧简；此外，尚见《晏子》、《田章》、《仓颉》、医方、日书等残简，对研究边塞戍卒文化生活提供了宝贵资料。

二　二〇〇一年

（一）甘肃高台县骆驼城 5 号墓

2001 年 6—7 月，甘肃省文物考古研究所、高台县博物馆对甘肃高台骆驼城遗址及墓葬区进行了发掘清理，其中在编号为 5 号的墓葬中出土"升平十三年"（公元 369 年，前凉末代王张天锡年号）木牍 1 枚，牍长 36.4 厘米、宽 4 厘米、厚 0.8 厘米，单面墨书，内容为死者衣物疏。《考古》2003 年第 6 期发表了该墓发掘和出土木牍情况，并公布了该木牍释文。

（二）陕西西安杜陵汉代木牍

2001 年 8 月，陕西西安杜陵陵区内一座汉代墓葬中出土一枚木牍，牍长 23 厘米，宽 4.5 厘米，厚 0.4 厘米。木牍文字八行，每行 15—25 字，共约 177 字。内容为《日书》，有始田良日、禾良日，及粟、豆、麦、稻良日等，与睡虎地简《日书》"农事篇"相近。字体为古隶书。2002 年张铭洽、王育龙在南阳师范学院召开的"汉文化学术研讨会"上提交的《西安杜陵汉牍〈日书〉农事篇考辨》一文披露了该木牍的内容，后在《陕西历史博物馆馆刊》第九辑、《国际简帛学会会刊》第四号刊登了此文。

（三）香港中文大学文物馆藏简牍

香港中文大学文物馆共有历年收购入藏的简牍 259 枚，其中战国简 10 枚，西汉《日书》简 109 枚、遣策 11 枚、奴婢禀食粟出入簿简牍 69 枚、"河堤"简 26 枚，东汉"序宁"简 14 枚，东晋"松人"解除木牍 1 枚，另有残简 8 枚，空白简 11 枚。

战国简大都是文献类的楚简，现已可知的是《缁衣》、《周易》等，为迄今所见最早的写本。与传出于湖北省购于香港的、现入藏上海博物馆的楚竹书同篇文字相接读，引起对两地所藏战国楚简出土地的种种猜测。

西汉《日书》简是这批简牍中的大宗，内容与睡虎地秦简《日书》、随州孔家坡汉简《日书》多可对应，简文中有"孝惠三年"纪年简，可知该《日书》为惠帝时物。

奴婢廪食粟出入簿，详细记录了"寿"、"根"、"贝"等人给家奴廪食宿出入的情况和家奴每月食粟的多少。简文中有"元凤二年"字样，容量单位有大、小石之别，使用特殊量词"参"等。

"序宁"简约成书于东汉章帝建初四年，内容为祷祀先祖神灵，以安慰死者和保佑活着的人，所祷神灵有炊、造（灶）、外家、社、田社、官社、郭贵人、殇君、水上、大父母丈人田社、男殇女殇司命、命君等。

"河堤"简内容是有关江河堤坝的规则，记有诸乡河堤的长度、宽度，尤其如积、率、畸、实等专门术语的出现，皆可与《九章算术》相印证。

东晋"松人"解除木牍是迄今所见唯一一块既有图像，又有长篇文字的解除文，对认识流行于东汉以后的镇墓文、解适文提供了新资料。

2001年，香港中文大学文物馆出版由陈松长编著的《香港中文大学文物馆藏简牍》一书，公布了这批简牍的全部图版、释文，并对其内容和价值做了考证和解说。

三 二〇〇二年

（一）湖北荆州印台墓地

2002年1月—2004年1月，荆州博物馆组织岳桥考古队对荆州市沙市区关沮乡岳桥村岳桥古墓群内的麻子塘墓地、印台墓地和岳家草场墓地进行发掘清理，其中印台墓地9座西汉墓（M59、M60、M61、M62、M63、M83、M97、M112、M115）出土竹、木简2300余枚、木牍60余方，内容包括文书、卒簿、历谱、编年记、日书、律令以及遣策、器籍、告地书等。文书中有景帝前元二年（前155）临江国丞相申屠嘉下达文书的记录。卒簿记载当时适龄丁卒的数量、服役、力田等状况。历谱分上下栏书写，干支之下多有节气及某人行迹。编年记所见有秦昭王、始皇帝和西汉初年的编年、史实。日书内容与睡虎地秦墓所出有类似之处。告地策记载了墓主下葬的绝对年代。2004年文物出版社出版的《中国考古学年鉴 2003》对岳桥古墓群发掘和简牍出土的情况进行了报道；
2009 年文物出版社出版的由荆州博物馆编著的《荆州重要考古发现》一书，以
《印台墓地出土大批西汉简牍》为题详细介绍了印台汉墓简牍出土情况，并公布
了其中 24 枚汉简的图版。

（二）山东日照海曲汉代墓地

　　2002 年 3—6 月，山东省文物考古研究所对位于山东省日照市西郊西十里
堡村西南的汉代墓地（墓地之北约 1 公里，即为汉代海曲县城故址）进行了抢
救性发掘，出土大批铜器、玉石器、漆木器、丝织品以及竹简、木牍等重要文
物。其中，M106 为一棺一椁，保存完好，随葬品丰富，棺内及头箱出土的竹简
字迹清晰，竹简上有汉武帝“天汉二年”和“成阳十一年”的明确纪年，内容
可能与历谱有关，木牍应为遣策。《文物世界》2003 年第 5 期刊登何德亮等撰写
的《日照海曲汉代墓地考古的主要收获》、2003 年文物出版社出版的由国家文
物局主编的《2002 中国重要考古发现》一书以“山东日照海曲汉代墓地”为题
分别就海曲汉代墓地发掘和出土文物、简牍等情况予以介绍。

（三）湖南湘西里耶秦代简牍

　　2002 年 5—6 月，湖南省文物考古研究所和湘西土家族苗族自治州文物处、
龙山县文物管理所为配合碗米坡水电站建设，在龙山县里耶镇里耶战国—秦代
古城北护城壕中段底部一凹坑及城内的一座编号为 J1 的秦代古井中，清理出土
37000 余枚简牍。

　　J1 出土的秦代简牍，均为木质，最常见的长度是 23 厘米，宽度 1.4 厘米
至 8.5 厘米不等，也有宽度达 10 厘米或 46 厘米的异形简。一般一事一简，构成
一个完整公文。有两道编绳或无编绳。简牍所用木材的种属，除少量可以确定
为杉木、松木外，还有很多质地坚硬的、具体树种尚待鉴定的杂木做成的简牍。
此外，还有笥牌、封检、封泥等。从简牍出土情况看，这批简牍埋藏并无规律
可循，很可能是秦末动乱之时弃置在井中的，据井内出土物分析，该井开凿于
战国时期楚国的末年，到秦末时废弃。

　　简牍是当时的官署档案，内容包括政令、各级政府之间的往来文书、司
法文书、吏员簿、物资登记和转运、里程书。简文中的纪年，有二十五年至
三十七年和二世元年、二年，因此这批简牍当是秦始皇及秦二世时的遗物。从
秦简文书格式及内容看，里耶城址就是秦时的迁陵县，故这批简牍的性质又可

进一步认定为秦朝洞庭郡迁陵县政府档案。里耶秦简是继 20 世纪秦始皇兵马俑之后秦代考古的又一重大发现，极大地补充了原本不足的秦代史料，丰富了对秦代各项制度的认识。

关于里耶秦简的出土，《大河报》2002 年 7 月 15 日首先进行了报道。《中国文物报》2002 年 8 月 9 日以《龙山里耶出土的大批秦代简牍》为题作了专题报道。《中国国家地理》2002 年第 9 期刊登由张春龙、龙京沙合写的《湘西里耶秦简"复活"秦国历史》一文，文中配有多幅彩色照片，首次介绍了湘西里耶秦简的发现经过。《文物》2003 年第 1 期刊登由湖南省文物考古研究所等单位合写的《湖南龙山里耶战国—秦代古城一号井发掘简报》，详细地介绍了该井发掘和出土的文物、年代情况，并发表了部分简牍的彩色照片和释文。《文物》同期还发表了李学勤撰写的《初读里耶秦简》一文，文中对秦简历朔、文书格式、洞庭与迁陵等进行了探讨。《中国历史文物》2003 年第 1 期刊登的由湖南省文物考古研究所等单位合写的《湘西里耶秦代简牍选释》，文中选择了 37 枚简牍材料予以公布，并进行了初步的注释和考释。《考古》2003 年第 6 期刊登的由柴焕波撰写的《湖南龙山里耶战国秦汉城址及其秦代简牍》，探讨了里耶古城发掘和秦简发现的意义。2003 年国家文物局主编、文物出版社出版的《2002 中国重要考古发现》一书以"湘西里耶古城及一号井出土秦代简牍"为题对古城、古井发掘和秦简出土情况进行了重点报告。2006 年，岳麓书社出版由湖南省文物考古研究所编著的《里耶发掘报告》，对 2002—2006 年在里耶盆地的田野考古成果，尤其是里耶城址和里耶秦简进行了全面系统的介绍。

里耶古城及其秦简的发现，引起世界关注。2002 年 7 月，由湖南省文物考古研究所、湘西土家族苗族自治州文物处等单位联合主办的"湘西里耶秦简学术研讨会"在长沙召开；2007 年 10 月，由中国社科院考古研究所、历史研究所、湖南省文物考古研究所联合主办的"中国里耶古城、秦简与秦文化国际学术研讨会"在里耶镇和龙山县城两地召开，来自美国、韩国、日本和中国香港、台湾、内地的百余位专家学者参加了会议。

（四）甘肃玉门花海毕家滩墓葬群

2002 年 5—6 月，甘肃省文物考古研究所在疏勒河移民安置区今玉门花海乡上回庄西北约 2 公里的毕家滩对一处五凉十六国时期的墓地进行了抢救性发掘，共清理小型竖穴土坑墓 55 座，出土衣物疏木牍 9 枚，以长 23 厘米—30 厘米、宽 3 厘米—5 厘米的木板制成，内容为记录随葬品衣物清单，两面分栏书写，而记录埋葬时间、墓主人名称与道家用语的文字则全部没有分栏书写。衣物疏中纪年最早为建元十六年，最晚为庚子四年和麟嘉十五年（403）。2004 年文物出版社出版的《中国考古学年鉴 2003》有介绍。

（五）江苏连云港海州区双龙村汉墓

2002 年 7 月，连云港市博物馆在连云港市海州区双龙村建设工地发掘清理了一座西汉晚期两椁四棺竖穴土坑墓，编号为 M1，在北椁室编号为 2 号棺的棺内出土一批木简，主要是名谒，记载了河南太守、河南都尉、弘农太守曾派属下拜谒墓主的事实；在北椁室编号为 3 号棺的棺内出土 1 枚字迹清晰的衣物疏木牍。2002 年 7 月 23 日《新华每日电讯》有报道。

（六）湖北枣阳九连墩楚墓

2002 年 9 月—2003 年 1 月，湖北省文物考古研究所对位于湖北襄樊枣阳市吴店镇东赵湖村与兴隆镇乌金村以西一条低岗上的楚国贵族墓地（因岗脊上自北而南分布 9 座大中型墓冢，当地俗称“九连墩”）1、2 号墓及其车马坑进行了抢救性发掘（2 号楚墓距离 1 号楚墓约 18 米，从地层看，2 号楚墓晚于 1 号墓，但两墓下葬的年代差距不大，根据出土器物推断 1、2 号墓下葬年代在公元前 300 年左右）。其中在 2 号墓南室的西部发掘发现一批竹简，共 1359 枚，长度 30.8 厘米—31.9 厘米，一般为 31.1 厘米；宽 0.3 厘米—0.9 厘米，一般为 0.7 厘米；厚度 0.12 厘米—0.21 厘米，多为 0.16 厘米。竹简篾黄一面空白，篾青一面绘画。单元纹样为三角形变形凤鸟纹，若干三角形变形凤鸟纹构成一组四边纹饰中间素面的回形状书纹图案，一组图案需用竹简 14—19 枚，一般在 16 枚左右。整画有若干组重复的回形状书纹图案构成，画纹凸起呈黑色，似由生漆掺和黑色颜料绘成。绘画是在竹简编联成册后进行的，竹简之上上下两道编痕清晰可见。简册不见文字，又出自女性墓中，推测这些画有可能是乐谱、舞谱之类。《考古》2003 年第 7 期刊登由湖北省文物考古研究所撰写的《湖北枣阳市九连墩楚墓》一文，公布了 1、2 号楚墓的发掘以及文物、竹简出土情况。2003 年国家文物局主编、文物出版社出版的《2002 中国重要考古发现》一书，以“湖北枣阳九连墩楚墓”为题再次对该墓发掘和文物、竹简出土情况重点进行了报道和介绍。

（七）河南信阳长台关 7 号楚墓

2002 年 10 月，河南省文物考古研究所对河南信阳平桥区长台关乡一座编号为 M7 的大型楚墓进行抢救性发掘，在该墓的北侧室发现了一组竹简，均为遣策，年代应为战国中期。2003 年文物出版社出版国家文物局主编的《2002 中国重要考古发现》一书，以《河南信阳长台关七号楚墓》为题对该墓发掘情况进行了简要报道；《文物》2004 年第 3 期发表的《河南信阳长台关七号楚墓发掘简报》，介绍了该墓发掘以及文物出土情况。

（八）江苏泗阳县大青墩汉墓

2002 年 11 月—2003 年 1 月，南京博物院考古研究所、宿迁市文化局、泗阳县广播电视文化局等单位对位于泗阳县城西北 15 公里处三庄乡夫庙村的大青墩汉墓进行发掘。墓中出土了大量的文字，有漆器、铜器上的"长乐"以及随葬坑内出土的数十枚木牍。根据正南外藏椁盖板上烙印的"泗水王家"，结合出土器物及文献资料，初步判定墓主为西汉泗水国的第四代王刘综或第五代王刘骏。2004 年文物出版社出版的《中国考古学年鉴（2003）》以"泗阳县大青墩汉墓"为题报道了这项考古文物新发现。

（九）重庆云阳县旧汉坪遗址

2002 年，为配合三峡水库建设，对位于重庆云阳县旧汉坪的汉朐忍县城址进行了发掘，清理出简牍 20 余枚，内容为记事等。2002 年 8 月 16 日《中国文物报》予以报道。

四 二〇〇三年

（一）甘肃安西九墩湾汉代烽燧遗址

2003 年 6 月，甘肃省文物考古研究所在安西县布隆乡九上村一处汉代烽燧遗址发掘清理木简 33 枚，竹简 2 枚。2005 年文物出版社《中国考古学年鉴（2004）》有介绍。

（二）湖南长沙走马楼西汉简牍

2003 年 11 月 6—30 日，长沙市文物考古研究所、长沙简牍博物馆在位于市中心走马楼街东侧的省供销社基建工地一口编号为 J8 的古井中，发掘清理竹简万余枚。形制主要分为三种：①长 46 厘米、宽 1.8 厘米—2.1 厘米，字两行；②长 23 厘米、宽 1.8 厘米—2.1 厘米，字两行；③长 23 厘米、宽 0.8 厘米—0.9 厘米，字单行。根据简牍上的历朔和书体判断，这批简的时代为西汉武帝早期。

走马楼西汉简牍皆为当时实用的文书，绝大多数是官署文书，包括下行、平行、上行等通行文种，下行文书见皇室诏文，涉及皇后事宜、决事比等，而多数是长沙国和临湘县各机构下发给下属的指令性文件；平行文书多见各县、都官之间的往来文书，文句多用"敢告"及"移书"等，如"九月丁卯，仓啬夫午行鹿丞事敢告临湘丞主：案赎罪以下，写书辟报爰书。移书到，令史可问……"；上行文书主要是长沙国及临湘等县及其下属门下、诸曹、诸乡上报各种情况的文书，内容大多涉及司法案卷，展现了当时从案件发生、起诉告劾、侦察拘捕、审讯判决的全过程，其中又以有关起诉的告劾文书及验问调查的"爰书"数量最多，每简字数多在百字以上。所见犯罪事项多涉及经济及职务犯罪，亦见一般犯罪，罪名有盗、纵火、诈钱、逃往、纵罪人、劾不以实等。走马楼汉简司法文书所见的法制史料，亦可印证西汉文景时期法制改革的事实，如张家山汉简常见的代表西汉早期徒刑的"黥"、"斩"，皆较残酷，而走马楼汉简所见徒刑表明，过去的附加刑"黥"、"斩"等亦被"髡"、笞以及附加刑具钳钛等所替代。此外，走马楼汉简中有多枚简是对传舍的调查实录，可补张家山汉简《二年律令》中的《传舍律》、《行书律》及敦煌悬泉汉简所见传置资料所缺；所涉及的武陵郡及其属县的简文，或揭示《汉书·五宗世家》"集解"注引应劭"景帝后二年，帝以武陵、零陵、桂阳属焉"的记载应有其真实性。

私家书信仅见 1 枚，文句格式与云梦睡虎地秦简及居延、敦煌汉简相类，涉及治狱事。

长沙走马楼 J8 出土汉简，初步考证是西汉武帝长沙国刘发之子刘庸（前 128—前 101 年）在位时的行政文书，其性质大部分属于司法文书，涉及汉代当时的诉讼制度、法制改革、上计制度、交通邮驿制度及长沙国的历史、法律、职官、郡县、疆域等诸多方面，这是继湖北荆州张家山汉简之后的汉代司法简书的又一重大发现。《中国文物报》2004 年 2 月 18 日第 1 版发表的由曹砚农、宋少华、邱东联等撰写的《万余枚西汉简牍惊现长沙走马楼》的报道，以及中国文物研究所编《出土文献研究》第七辑（上海古籍出版社，2005 年）刊发的由长沙简牍博物馆、长沙市文物考古研究所联合发掘组撰写的《2003 年长沙走马楼西汉简牍重大考古发现》一文，最早介绍了该批汉简的出土情况及其内容；

2005 年，国家文物局主编、文物出版社出版的《2004 中国重要考古发现》一书，以《2003 年长沙走马楼西汉简牍》为题予以重点介绍，并附 5 枚汉简照片。

（三）湖南郴州三国吴简

2003 年 12 月，在湖南省郴州市苏仙桥"华鹤花园"基建工地一口编号为 J4 的古井中发掘清理出 140 余枚（含残片）三国吴简，整简长 23 厘米—25 厘米，宽 1.4 厘米—2.11 厘米，多残断，削衣片占近一半。简文可分为簿籍、书信（文书）、记事（纪年）、习字等类，汉晋时期郴州是桂阳郡郡治所在地，苏仙桥 J4 吴简的发现，为了解郴州汉晋时代的历史提供了难得的资料。2005 年上海古籍出版社出版的《出土文献研究》第 7 辑《湖南郴州苏仙桥 J4 三国吴简》（执笔张春龙、唐涛、曹彪）一文，公布了这批吴简的释文和图版照片。

五　二〇〇四年

（一）湖南郴州西晋简牍

2004 年 2 月 10—14 日，湖南省考古工作者在郴州市市中心"华鹤花园"基建工地一口编号为 J10 的古井中发掘清理古代木简近千枚。木简长 24 厘米、宽 2.2 厘米—4.1 厘米、厚 0.2 厘米—0.4 厘米。出土时保存完好，字迹清晰，从两枚分别露出"大（太）安二年六月十日"、"永康元"等字迹的简牍分析，初步认为应是西晋之物。

"表"，是古代一种章奏，即臣向君所上的文字报告。出土木简中发现了西晋"表"的实物，此枚木牍长 24 厘米、宽 2.2 厘米，上用毛笔工整书写"大安二年七月癸酉朔廿日壬辰　桂阳太守臣　君。"这应是公元 303 年七月二十日桂阳太守向西晋朝廷所上之"表"，结合文献记载，桂阳太守此"表"可能与当时湖湘间爆发大规模流民起义这一事件有关。

"祝文"，即所谓"祝史正辞"。刘昭《后汉书》注引《汉旧仪》称："春始东耕于籍田，官祠先农；先农即神农炎帝也。"祠先农是国家一项祭祀大典，出土木简中，发现了一篇祭祀祝文的标题简，为我们提供了有关西晋"祝文"的实物资料，其文曰"右正月祠先农祝文"，西晋桂阳郡将其作为重要文书保管，这是郡政府"官祠先农"活动的真实写照。

"谨条社稷猪羊贾如牒"简文中的"条牒"，是公布祭祀社、稷用猪羊价目的木简。《后汉书·祭祀志下》："郡县置社稷，太守、令、长侍祠，牲用羊豕。"上述简文与"牲用羊豕"的规定完全吻合。此类文书作为郡府档案保存，说明西晋地方政府是民间祭社的组织者、操纵者和主祭人。

"祖君来降灵驾楚楚歆，享洁祀福禄"简文，这是郴州晋简有关家庙中祭祀祖先之文。简文中的"享"即享祖神，即向祖先的神位进馈献酒的习俗。古人认为不洁之物不可用于祭祀，因此必于祭前洗濯祭祀用具，并展示鲜活清洁的祭祀用的牺牲，这便是"享洁"。祭祀时的祭品丰盛于活人的享用，主要表现对祖神的尊重，最终祈盼祖先神明显灵，赐给祖孙福禄安康。此类简牍反映了西晋时期士族家庙祭祖的习俗，这与西晋为保证政治统一，加强对宗法礼制观念的整顿有密切联系，但士大夫家庙祭文与官府档案夹杂存放，其谜待解。

湖南郴州发现的西晋简牍，数量超过了自 20 世纪初至今晋简出土总和，且填补了我国国内西晋简牍保存的空白，为晋史研究提供了证史补史的可贵资料。关于这批晋简的出土情况，2004 年 3 月 3 日《光明日报》有介绍；2004 年 4 月 2 日《中国文物报》发表的《先睹为快：湖南郴州简牍揭秘》的报道，介绍了这批西晋简牍的学术价值和基本内容。

（二）南京新出孙吴、西晋简牍

2004 年 4 月，南京市博物馆考古部在今南京城南的皇册家园建设工地发掘清理出 40 余枚木质简牍，其中多枚发现有明确纪年，孙吴年号有赤乌元年（238）、赤乌十三年（250）和永安四年（261）三种，西晋年号有建兴三年（315）一种。简牍种类有木简、名刺、签牌、符券、封检等，内容主要涉及米粮缴纳、道教符祝等，对当时经济、宗教以及地名、职官的研究、考订等具有重要的史料价值。2005 年第 3 期《书法丛刊》简单介绍了木简的出土情况，并公布了部分木简的图版。

（三）湖南长沙东牌楼东汉简牍

2004 年 4—6 月，长沙市文物考古研究所对位于市中心五一广场东南侧的东牌楼建筑工地内的古井群进行了考古发掘，其中在编号为 J7 的古井内清理出了一批东汉简牍。

J7 简牍出土于第 2—5 层，经过初步清理统计，共有简牍 426 枚，其中有字简 206 枚，无字简 208 枚。均为木质简牍，材质大多为杉木，形制可分为木简、木牍、封检、签牌以及名刺、异形简等六类，其中尤以木牍和封检居多。

这批简牍不少都有年号，但所见只有汉灵帝建宁、熹平、光和、中平等四个纪年，最早为建宁四年（171），最晚为中平三年（186）。这批简牍的年代当为东汉灵帝时期。

东牌楼东汉简牍的性质，主要属于邮亭文书。这批简牍的形制类别虽然较多，但封检居多，数量最多的木简、木牍也多为封检内的文书。此外，这批简牍也不断提到"邮"、"亭"和"邮亭"以及与"邮亭"有关的"马驿"、"驿马"、"驿卒"等，其中屡次提到的"中部"，如"中部督邮"、"中部督邮掾"、"中部亭长"等，根据汉代郡置诸部、郡治之县大多为"中部"的制度，应指属于长沙郡治的临湘县，而简牍中提到的各种不同名目的"亭"、"邮"，推测大多也都隶属于长沙郡尤其是临湘县。如果考虑这些简牍文书中提到的均为郡县特别是长沙郡和临湘县及其所属官吏，加上还有一些如"府朱掾家书"、"张仪从家书"等明确属于私人的文书，这批简牍的性质又可进一步断定为主要属于长沙郡和临湘县通过邮亭收发的公私文书。

东牌楼东汉简牍的内容，大致可分为公文、私信、杂文书（事目、户籍、名刺、券书、签牌、杂账）、习字等类。公文如"临湘守令臣肃上言荆南频遇军寇文书"，反映了荆南地区屡遭军寇之乱后动荡不安局势的事实；"监临湘李永、例督盗贼殷何言实核大男李建与精张诤田自相和从书"，披露了当时民事诉讼可以"私了"的信息；"建宁四年益成里户人公乘户籍"，提供了东汉户籍的实物。私信作者有官吏、有庶民，且多用流行的章草写成，对于了解当时私信的语言、书法非常重要。事目是一种官府事务的分类记录，包括白状当对、刑事案件等。户籍首次明确记载汉代有所谓"算卒"的制度。券书虽然不多，但其中一件保留了破莂之后残存的半边"同文"二字。杂账主要是一些杂器物账。习字各体皆备，对了解当时书法很有助益。

在以往发现的汉简中，东汉末期简牍极为少见，J7所出简牍可以说填补了这一空白。《文物》2005年第12期刊登的由长沙市文物考古研究所撰写的《长沙东牌楼7号古井（J7）发掘简报》，首次报道了J7发掘和出土简牍情况。《文物》同期还刊登了王素的《长沙东牌楼东汉简牍选释》及刘涛的《长沙东牌楼东汉简牍所见书体及书法史料价值》，公布了部分简牍的释文，考察了东牌楼简牍所见书体及其书法史料价值。2006年，文物出版社出版了由长沙市文物考古研究所、中国文物研究所合编的《长沙东牌楼东汉简牍》一书，该书全面系统地发表了长沙东牌楼东汉简牍的照片、释文；书中所收《长沙东牌楼七号古井发掘报告》详细介绍了这批简牍的发现与出土情况，所收《长沙东牌楼东汉简牍概述》、《长沙东牌楼东汉简牍的书体、书法与书写者》，就该井出土简牍的内容、形制、年代及其价值进行了解说。

（四）安徽天长纪庄汉墓木牍

2004 年 11 月，天长市文物管理所、天长市博物馆在安徽省天长市安乐镇纪庄村一座编号为 M19 的汉墓中，发掘出土一批木牍，这是继 20 世纪 70 年代阜阳汉简出土之后安徽省简牍考古的又一重大发现。

M19 北部毗邻汉代东阳古城遗址（今江苏省盱眙县东阳乡），木牍文字中多次出现"东阳"地名，表明此墓的葬地属于汉代东阳县。墓葬形制为竖穴土坑墓，葬具为一棺一椁，随葬品丰富，主要放置在椁内的头箱和边箱，木牍就出土于该墓头箱的靠近木棺的位置。

M19 出土的木牍，共计 34 枚，出土时上下叠放在一起。木牍保存较为完整，少数残缺。字体为隶书，单面或双面书写。木牍的尺寸长 22.2 厘米—22.3 厘米、宽 3.6 厘米—6.9 厘米。内容有户口簿、算簿、书信、木刺、药方、礼单等，为研究汉代的户籍、赋税、医药等提供了重要的文献资料。

该墓木牍出土后，《中国文物报》2005 年 6 月 15 日以《安徽天长出土一批珍贵木牍》为题最早进行了报道。《文物》2006 年第 11 期刊登的《安徽天长西汉墓发掘简报》，详细介绍了 M19 发掘和出土文物、木牍情况，并公布了其中 10 枚木牍的彩色照片和释文。《光明日报》2007 年 6 月 15 日发表的由卜宪群、蔡万进撰写的《天长纪庄木牍及其价值》一文，系统全面地阐述了天长纪庄木牍的学术价值。

（五）湖北荆州纪南松柏汉墓

2004 年底，湖北省荆州博物馆对荆州市荆州区纪南镇松柏村 4 座汉代古墓葬（编号 M1—M4）进行了抢救性发掘，其中 M1 出土木牍 63 块、木简 10 枚，经初步整理，发现有汉武帝建元、元光年间历谱，据此初步推断 M1 的年代为汉武帝早期。

M1 出土的木牍，出土时多呈浅黄色或浅褐色，长 22.7 厘米—23.3 厘米、宽 2.7 厘米—6.5 厘米、厚 0.2 厘米，63 块木牍中，其中 6 块无字，31 块单面墨书文字，26 块双面墨书文字。根据出土位置推测，木牍原应分类捆绑，无字木牍似作为上下封页使用。

经初步整理，木牍上书写的内容主要有以下几类：一是遣书，记录部分随葬器物的名称与数量；二是各类簿册，包括南郡及江陵西乡等地的户口簿、正里簿、免老簿、新傅簿、罢癃簿、归义簿、复事算簿、见（现）卒簿、置吏卒簿等；三是叶（牒）书，记载秦昭襄王至汉武帝七年历代帝王在位的年数；四是令，主要是汉文帝颁布的部分法令；五是历谱，主要是汉武帝时期的历谱；六是周偃的功劳记录；七是汉景帝至汉武帝时期周偃的升迁记录及升调文书等公文抄件。

M1 出土的 10 枚木简，长 19.7 厘米—22.8 厘米、宽 1.3 厘米—1.4 厘米、厚 0.15 厘米，皆为单面墨书文字，内容与木牍有关，应为放置于各类木牍后面的标题，如"右方四年功书"、"右方除书"、"右方遣书"等。

松柏汉墓位于楚故都纪南城东南部，西距凤凰山 168 号汉墓约 340 米，南距纪南城外的高台秦汉墓地约 380 米。M1 为长方形竖穴土坑木椁墓，一棺一椁，墓主人据漆器针刻铭文及木牍、木简所记，姓"周"，名"偃"，官职为"江陵西乡有秩啬夫"，爵位为"公乘"（汉爵第四级）。M1 出土的木牍木简上的文字材料，内容丰富，为研究西汉时期南郡、江陵的政治经济文化等提供了重要资料，具有较高的学术研究价值。

《文物》2008 年第 4 期刊登由荆州博物馆杨开勇、朱江松执笔撰写的《湖北荆州纪南松柏汉墓发掘简报》，首次报道了该墓葬及出土文物、简牍情况，并刊登了其中的 35 号木牍、5 号木简的图版和释文；2009 年文物出版社出版的由荆州博物馆编著的《荆州重要考古发现》一书，以《罕见的松柏汉代木牍》为题较为详细地介绍了松柏汉墓木牍出土情况，同时又新增刊布 4 枚木牍的图版。

六　二〇〇五年

（一）广州市南越国宫署遗址

2004 年 11 月—2005 年 1 月，由广州市文物考古研究所、中国社会科学院考古研究所、南越王宫博物馆筹建处组成的联合考古队，在广州市南越国宫署遗址一口南越国较早时期的水井（编号为 J264）中，发掘清理出百余枚西汉南越国木简。

J264 内出土的木简，完整木简长约 25 厘米、宽 1.7 厘米—2.4 厘米、厚 0.19 厘米—0.2 厘米，木简的长度和宽度比普通的秦汉简牍大，但是容字相对较少，除 1 枚简写有两行半文字外，其余均只有 1 行文字。文字皆墨书隶体，个别字体含一定的篆意。各简文字字数不等，最多为 23 字，少者仅 3 字，一般在 12 字左右，字大而疏朗，与以往秦汉简中长的单简容字一般在二三十字甚至更多的情况也完全不同。这些情况表明，南越国木简是秦汉简牍制度相关材料的新发现。

通过对木简文字的初步释读，可知简文内容主要是籍簿和法律文书，其中籍簿可能包括了出入籍（如简 099）、门籍（如简 091）和物籍（如简 068）。此外，如简 009 右侧文字仅存一半的木简，可能属于"莂"。这批简中究竟包含多少种性质的文书，须待完成最后释读和缀连工作后确定。

J264 内出土木简的年代，据简 091"廿六年"的纪年，可确定为西汉南越国早期。南越国自汉高祖四年（前 203）立国到武帝元鼎六年（前 111）灭亡，计 93 年传五主，除赵佗在位 67 年外，其余四主在位最长 16 年，所以简 091 的"廿六年"纪年，当为南越国赵佗纪年无疑。西汉南越国木简的发现，不仅填补了广东地区简牍发现的空白，是南越国考古的重要突破，同时也弥补了南越国史料记载的不足，极大地拓展了南越国史的研究范围，具有非常重要的学术价值。

南越国宫署遗址及木简的发掘、发现情况，《中国文物报》2004 年 12 月 8 日以《广州南越国宫署遗址发掘又获重大成果》为题最先进行了报道。《考古》2006 年第 3 期发表了由广州市文物考古研究所、中国社会科学院考古研究所、南越王宫博物馆筹建处联合考古队撰写的《广州市南越国宫署遗址西汉木简发掘简报》，文中选择 16 枚木简材料予以公布，并对其进行了初步的注释和考证。2008 年科学出版社出版的黄展岳著《先秦秦汉考古论丛》一书又从中选释 33 枚收入该书。

七　二〇〇六年

（一）江西南昌火车站东晋雷焯墓

2006 年 3 月，江西省文物考古研究所在南昌火车站站前广场施工工地发掘一座棺木保存基本完好的东晋券顶砖室墓，出土随葬器物共计 50 余件，从墓葬形制和随葬器物的特征看，墓葬年代应为西晋晚期至东晋早期；结合出土器物上的铭文，基本可确认墓主为一男性贵族，鄱阳人，名雷焯，字仲处。

该墓出土木刺 2 件，其中一件木刺上墨书"鄱阳雷焯再拜，问起居，字仲处"；另一件木刺上墨书"□……再拜……弟……"。国家文物局主编的《2006 中国重要考古发现》一书，以"江西南昌火车站东晋雷焯墓"为题予以报道和介绍。

（二）湖北云梦睡虎地 77 号汉墓

2006 年 11 月，湖北省文物考古研究所和云梦县博物馆联合对汉丹铁路施工队加固铁路路基在云梦县城睡虎地路发现的一座西汉墓葬（编号睡虎地 M77）进行了抢救性发掘。该墓为长方形竖穴土坑木椁墓，葬具为一椁一棺带一单边箱，清理出土有漆器、陶器等，特别重要的是在置于边箱的一件竹笥内出土了一批内容丰富的简牍，编号简牍总数 2137 枚。

简、牍分别成卷、成束纵向叠放于竹笥内，出土时基本上保持着原始的位置关系和编次状况，初步可分为 22 组。竹简上下两端平齐，整简长度 26 厘米—31 厘米之间，三道编绳，简文均以隶书书于竹黄一面，多数留有天头。内容主要可分为质日、日书、书籍、算术、法律五大类：

1. 质日。包括 A、B、C、D、E、F、G、H、O、P 组，一般一组为一年。每枚简自上而下分为六栏，首枚简书写当年双月的六个月名及其大小，在记列各月干支的竹简之后，复有一简书写当年单月的月名及其大小，其后再记各月干支。如果当年有闰月，闰月的月名及其干支记在最后。在一些干支之下还记有一些事件。首枚简的背面多题有"某年质日"，如"元年质日"、"七年质日"。

2. 日书。C 组 82 号简简背题有"日书"二字。在残断的碎简中也有大量日书类内容。

3. 书籍。该类简共计 1 卷 205 枚，该组简比其他简略宽，宽约 0.6 厘米，简文中提到许多历史人物，如商纣、仲尼、越王勾践、伍子胥等。

4. 算术。该类简共计 1 卷 216 枚，其中 1—76 号简长约 26 厘米、宽约 0.4 厘米，77—216 号简长约 28.2 厘米、宽约 0.55 厘米；书名《算术》题于 1 号简简背。从内容看，《算术》是一部数学问题集，部分算题见于张家山汉简《算数书》，但是文字内容有一些差异。

5. 法律。该类简共计 2 卷（V 和 W）850 枚，其中 V 组 306 枚，长约 27 厘米—27.9 厘米、宽约 0.55 厘米，有盗、告、具、捕、亡律等 16 种律名；W 组 544 枚，长约 27.5 厘米，宽约 0.5 厘米，有金布、户、田、工作课、祠、葬律等 24 种律名。律名前均有墨块作为标记。这四十种律名多见于张家山汉简《二年律令》和云梦睡虎地秦墓竹简法律文献，但也有少数律名为首次出现，如《葬律》等。

牍的材质有木和竹，完整和比较完整的有 6 组 128 枚，长度 22 厘米—24

厘米，多残存两道编绳，内容是司法文书和簿籍。

M77 随葬简牍中未见丧葬时间的记载，但簿籍类牍文中多见"五年"、"六年"、"七年"等，据此推知墓主下葬年代上限在文帝后元七年（前 157），墓葬年代约在文景时期。《江汉考古》2008 年第 4 期刊发了由湖北省文物考古研究所、云梦县博物馆撰写的《湖北云梦睡虎地 M77 发掘简报》，介绍了这批简牍的出土情况，公布了部分简牍的图版照片。

八　二〇〇七年

（一）安徽六安双龙机床厂 271 号汉墓

2007 年 1 月至 2008 年 9 月，为配合开发区的经济建设，安徽省文物考古研究所联合六安县文物管理所（现六安市文物局）对双龙机床厂墓群进行了抢救性发掘，发掘墓葬 871 座，其中在编号 M271 墓葬中出土一批汉代木牍（编号001—087）。2016 年 11 月，安徽省文物考古研究所编著、上海古籍出版社出版的《安徽六安城东墓地：双龙机床厂墓群发掘报告》（全 5 册），公布了 271 号汉墓的发掘和出土木牍情况，刊载了这批木牍的图版（包括其中 9 枚木牍的正背面彩色图版），以及鲁家亮对这批木牍所作的释文。

（二）云南广南牡宜东汉墓

2007 年 9 月，云南省文物考古研究所、文山壮族苗族自治州、广南县考古人员联合对广南县牡宜村一座汉代木椁墓（M1）进行抢救性发掘，该墓早年即遭盗掘，但仍出土木雕车马模型、黄釉陶、漆木耳杯、竹简等一批珍贵文物。规模庞大的墓室（墓室中出现了墓葬规格较高的头箱）及有木雕车马模型等随葬品，显示了墓主生前的王侯地位；黄釉陶罐在当时极其稀有，很可能是拾骨重葬使用的"金罍"；漆木耳杯和漆盘底部朱书的"王"和"王承"等字样，反映漆器所有者可能是一位名"承"的国王。史载西汉昭帝封赐的句町王的活动中心在今云南广南县一带，牡宜汉墓文物为解决句町活动中心及句町故国情况提供了重要线索。

　　该墓出土书写工整的汉字竹简共 5 残片，系云南省首次发现，内容为记录当时随葬物品的"遣册"，可辨识者有"□□三枚"、"□□三枝"、"王筑一"等字样。2008 年 7 月，云南科技出版社出版的由云南省文物考古研究所等单位编纂的《云南边境地区（文山州和红河州）考古调查报告》收录了该墓的清理报告，公布了竹简残片的图版和摹本。

（三）湖北荆州谢家桥 1 号汉墓

2007 年 11 月 20 日至 30 日，湖北省荆州博物馆对荆州市沙市区关沮乡谢家桥村一座编号为 M1 的汉墓进行抢救性考古发掘，出土了一批保存完好、造型精美的漆木竹器、简牍和丝织品等珍贵文物。

该墓位于荆州市沙市区关沮乡清河村六组，西距秦汉时期南郡江陵县城——郢城约 2 公里，西北距楚故都纪南城约 5.5 公里。根据既往的考古调查和发掘，在谢家桥四周不远处还有岳桥、萧家草场、周家台、杨家山、清河、火巷台等同时期的中小型墓群。谢家桥 1 号汉墓为带墓道的竖穴土坑木椁墓，保存完好，密闭严实，椁室结构为 5 室，4 个边室（据出土遣策名为"便椁"）较狭小，中室为棺室较宽大，随葬器物丰富，文物总数达 333 件套（约 800 余件）。出土竹简牍记载，该墓下葬年代为"五年十一月癸卯朔庚午"，据考证，为西汉吕后五年（前 183）十一月二十八日。

谢家桥 1 号汉墓简牍，出土时以蒲草包裹捆扎放置于东室，共有竹简 208 枚、竹牍 3 枚，保存完好，字迹清晰，竹简内容为遣策，竹牍内容为告地策。目前，谢家桥 1 号汉墓出土的简牍等文物正在进行室内整理和保护中。

有关该墓清理及简牍出土等情况，《中国文物报》2008 年 1 月 30 日第 2 版刊登的由王明钦、杨开勇执笔的《湖北荆州谢家桥 1 号汉墓发掘取得重要收获》最早予以报道；《文物》2009 年第 4 期刊登的《湖北荆州谢家桥一号汉墓发掘简报》，简要介绍了谢家桥一号汉墓发掘和文物、简牍等出土情况，发表了 3 枚竹简、1 枚竹牍的照片和释文；2009 年文物出版社出版由荆州博物馆编著的《荆州重要考古发现》一书，又新增公布 12 枚竹简、2 枚竹牍的图版照片。

（四）湖南大学岳麓书院藏秦简

2007 年 12 月，湖南大学岳麓书院从香港购藏一批竹简（经揭取共编号 2098 个，其中比较完整的简 1300 余枚），经国内有关专家鉴定，系十分珍贵的秦简珍品。简文中有诸多官员出使的记载，湖北境内的古地名亦在此有所出现，推测竹简有可能在湖北出土，而简文中关于律令、算术书、日书、格言等的记载，较先前出土的里耶等地的秦简有所不同，填补了先秦文献的多项空白；现已发现的两个迄今历史资料上从未记载过的"州陵郡"、"清河郡"等新郡名称，将改写目前

学术界的"秦朝 48 郡"的考证。这批秦简是继 1975 年云梦睡虎地秦简和 2002
年湘西里耶秦简之后又一重大发现，对于秦代历史，特别是对秦代的法律、数学
以及秦代的书体等方面的研究具有非常重要的意义。《光明日报》2008 年 4 月 20
日第 2 版、5 月 1 日第 5 版分别以"岳麓书院抢救性回购一批流落海外秦简，填
补了先秦文献多项空白"、"岳麓书院抢救秦简有新发现"为题予以报道；《文物》
2009 年第 3 期发表陈松长撰写的《岳麓书院所藏秦简综述》一文就上述购藏秦简
及 2008 年 8 月接受香港收藏家捐藏秦简（共编号 76 个，较完整的 30 余枚，形制、
内容与书体与新购藏秦简相同，应属同一批出土）的内容、价值等进行了介绍和
解说，并公布了部分秦简的图版和释文。

九　二〇〇八年

（一）湖北宜都中笔墓地 1 号墓

　2008 年 5—6 月，湖北省宜昌博物馆在宜都市陆城镇中笔村一座编号为 M1
的西汉棺椁墓头箱和边箱中发掘出土较多的文物，有铜镜、彩绘陶器、木遣策、
漆木器等。木遣策 1 件，长条形，长 46.6 厘米、宽 6 厘米、厚 0.6 厘米，正背
面光滑，正面竖书汉隶 7 栏，共 154 字，已辨认 48 字，这是鄂西地区的首次发
现，为研究宜都乃至鄂西地区西汉前期的丧葬制度和埋葬习俗提供了资料。有
关该墓出土的木遣策，《中国文物报》2008 年 8 月 29 日第 5 版以《宜都中笔墓
地一号墓发掘收获》为题最早予以报道。

（二）清华大学藏战国竹简

　2008 年 7 月，清华大学入藏一批由楚地出土、曾流散海外的战国竹简 2100
枚（包括残片），简的长度最长为 46 厘米，最短的不到 10 厘米，较长的三道编
绳，文字清晰，内容以书籍为主，其中最为重要的是发现了许多篇《尚书》，都
是秦始皇焚书前的写本，且多为前所未见的佚篇；此外，类似"竹书纪年"的
一编年体史书，所记历史上起西周初，下至战国前期，与《春秋》、《史记》等
对比，有许多新的内涵和以往史书中没有记载的历史事件；类似《仪礼》的礼
书以及与《周易》有关的书等，都先于秦始皇焚书坑儒。这批竹简是十分珍贵
的历史文物，涉及中国传统文化的核心内容，是一项罕见的重大发现。《中国文
物报》2008 年 10 月 29 日第 2 版以《战国竹简入藏清华园》、《光明日报》2009

年 4 月 26 日第 1 版以《清华园又现重要发现》、《清华大学学报》2009 年第 3 期
《清华简的入藏及其重要价值》为题分别予以报道和介绍。《文物》2009 年第 6
期公布了《保训》简的图版和释文，同期发表的李学勤《论清华简〈保训〉的
几个问题》就《保训》简的性质和意义进行了解说。

（三）甘肃永昌水泉子汉墓

2008 年 8—10 月，甘肃省文物考古研究所在对国家重点建设项目 —— 西气
东输二线工程施工管线经过的甘肃省永昌县水泉子汉墓群一座编号 M5 的墓葬
中发掘清理出大量木简，木简原本放置于木棺内，因木椁盖板坍塌，将棺盖板
压塌，令木简断裂，加上墓地地下水位较高，墓室十分潮湿，出土时木简较为
残断，粗略统计约有 1400 余段 / 枚，相对完整的约有 700 多段 / 枚。简为松木
材质，长度约 19 厘米—20 厘米。经初步释读，内容有七言本《仓颉篇》字书
和《日书》等；另外，还发现 "本始二年" 简一枚。《中国文物报》2009 年 4 月
24 日第 4 版以《甘肃永昌水泉子汉墓群》为题予以报道；《文物》2009 年第 10
期刊发的由甘肃省文物考古研究所编写的《甘肃永昌水泉子汉墓发掘简报》，介
绍了水泉子汉墓发掘和出土文物、简牍等情况，同期发表的由张存良、吴荭执
笔的《水泉子汉简初识》，就水泉子汉简的内容和价值进行了解说，并公布了其
中 25 枚木简照片和释文。

十 二○○九年

（一）北京大学藏西汉竹书

2009 年 1 月，北京大学入藏一批从海外抢救回归的珍贵竹简，总数达 3300
多枚，经过初步整理与研究，内容是罕见的古代书籍，其中有迄今最完整汉代
古本《老子》，首次发现史书类文献《周驯（训）》，发现时代最早的古小说
《妄稽》，发现已亡佚的李斯著作《仓颉篇》，发现记录秦始皇的《赵正书》，简
帛文献中年代最早、篇幅最长、保存最完整的汉赋，记载了 180 余个医方，其
中可能包括神医扁鹊医方的古医书，以及大量记载阴阳五行、占卜吉凶等方面
的古代数术文献。北京大学藏西汉竹书，在目前已知的西汉时期典籍简中，是
数量最大的一批，对于先秦史、秦汉史、古代思想史、自然科学史等多领域的
研究具有非同寻常的学术价值。这批西汉竹书从竹简上出现的 "孝景元年" 字

样大致推知可能抄于汉武帝时代。《光明日报》2009 年 11 月 6 日第 1 版和第 2 版分别以《3300 多枚珍贵西汉竹简入藏北京大学》、《北京大学收藏珍贵西汉竹书》为题报道和介绍了这批西汉竹书的内容与价值。

（二）湖北武汉江夏丁家咀楚墓

2009 年 5—6 月，武汉市文物考古研究所、江夏区博物馆对位于武汉市江夏区山坡乡光星村丁家咀编号为 M1、M2 的战国楚墓进行抢救性考古发掘，出土一批竹简。M1 由于早年被盗，随葬品仅存漆器及残断竹简 1 支；M2 随葬品为漆木器、仿铜陶礼器等百件，最为重要的是在椁盖板上和棺室内，各出土残长 10 厘米—30 厘米的竹简 20 余枚，保存较好，字迹清晰可辨，初步判断分别为卜筮记录和遣策。丁家咀楚墓出土竹简是鄂东南地区的首次发现，特别是其中的遣策，为墓葬和墓主身份的考证提供了重要依据，对楚文化和当时社会历史等研究也有着重要的学术价值。《江汉考古》2009 年第 3 期以《武汉江夏丁家咀发现战国楚墓并出土竹简》予以报道，公布了部分竹简照片。

（原载《简帛研究二〇〇八》，广西师范大学出版社 2010 年版，收入本书时，
文中有增补修订）

2009—2019 年间我国简牍重要发现概述

　　骈宇骞、段书安编著的《二十世纪出土简帛综述·资料篇》（文物出版社 2006 年版），集中收录了 1900—2002 年间凡属已公布的墓葬、遗址出土及征集、收购的绝大部分简帛资料；蔡万进的《新世纪初我国简牍重要发现概述》（《简帛研究 2008》，广西师范大学出版社 2010 年版），赓续《二十世纪出土简帛综述·资料篇》，总结介绍了 21 世纪首个十年我国简牍材料的重要发现。本文是对我国 21 世纪第二个十年简牍发现成果的集中介绍，现依简牍出土年代为序概述如下。

一　二〇〇九年

（一）甘肃敦煌一棵树汉晋烽燧遗址出土简牍

　　2009 年 1 月，敦煌市第三次全国文物普查工作队新发现一处烽燧遗址，命名为"一棵树烽燧"。随后在勘察保护中，普查队员吴荣国、杨俊采集到简牍 16 枚，其中有字简 9 枚、素简 7 枚，均为就地取材的胡杨、红柳材质。经初步整理，内容有檄书、日常屯戍簿册、私人书启以及其他杂简。按形制可分为简、牍、觚、封检、削衣等。简牍文书的字体有楷书、隶书、草书和半隶半草的草隶体。其中，纪年简有两枚，为西汉宣帝元康三年（前 63）简和元帝初元四年（前 45）简。有西晋封检和汉代缉令简各一枚，形制之完整为历次西陲出土简牍所罕见，为汉晋简牍及官文书制度难得的物证，是研究敦煌西晋历史、边疆史地、丝绸之路南北两道走向诸问题的宝贵史料。杨俊于 2010 年第 4 期《敦煌研究》撰文《敦煌一棵树汉代烽燧遗址出土的简牍》，以简报形式初步公布了这批新简牍。《中国国家博物馆馆刊》2012 年第 6 期刊登石明秀撰写的《敦煌一棵树烽燧新获简牍释考》一文，重点考释了其中 09dh-0、09dh-2 两方简牍的内容。2019 年 11 月，由张德芳、石明秀主编，中西书局出版的《玉门关汉简》，收录了这批简牍的完整图版和释文。

（二）湖北荆州高台汉墓（M46）出土简牍

2009 年 1 月，荆州博物馆对荆州高台墓地 M46 进行了抢救性发掘，其中出土了 9 枚木牍。这批木牍出土时保存较差，大小也不尽相同，整体长 12.6 厘米—23.3 厘米、宽 1.5 厘米—5.2 厘米、厚 0.1 厘米—0.2 厘米，木牍缺字较多，当前可知的主要内容多与钱数有关，性质应为当时乡、里的收费账簿。《江汉考古》2014 年第 5 期刊登荆州博物馆《湖北荆州高台墓地 M46 发掘简报》一文，公布了墓葬发掘和出土木牍情况，并公布了该批木牍的释文。

（三）北京大学藏西汉竹书

2009 年 1 月，北京大学接受捐赠，获得了一批从海外回归的西汉竹简。竹简经整理清点，共编号 3346 个，其中完整简约 1600 枚，残断简 1700 余枚，估计原有整简数在 2300 枚以上。竹简表面一般呈黄褐色或暗褐色，质地硬实，字迹清晰，墨色厚重，部分竹简上用朱砂写画的红色栏格、图表和文字，颜色仍鲜艳如新。竹简简端均修治平齐，多数刻有契口，并保存有编绳痕迹，个别竹简上还黏附有小段编绳或片状丝织品。竹简文字大多书写于竹黄面，少量竹简背面上端被刮去竹青，在其上书写有篇题，竹简保存状况极佳，文字抄写工整，书法精美，在出土简牍中极为罕见。全部竹简按长度大致可分为三种规格：长简约长 46 厘米，相当于汉尺二尺，三道编绳；中简长约 29.5 厘米—32.5 厘米，约相当于汉尺一尺三寸至一尺四寸，三道编绳，不同内容的篇卷之简长与契口位置均有差异；短简长约 23 厘米，相当于汉尺一尺，两道编绳，无契口，从内容看均为医药书。在一枚数术简上发现有"孝景元年"纪年，整理者根据纪年信息和各篇竹书文字的书法与书体特征，并结合对竹书内容的分析，推测这批竹简的抄写年代多数当在汉武帝时期，可能主要在武帝后期，下限亦应不晚于宣帝。

此批竹简全部为书籍简，内容极为丰富，含近 20 种古代文献，基本涵盖了《汉书·艺文志》所划分的"六艺""诸子""诗赋""兵书""数术""方技"六大门类，是迄今所发现的战国秦汉古书类简牍中数量最大的一批。以下大致按照《汉书·艺文志》六略的次序，分别介绍这些古书的主要内容和学术价值。

《苍颉篇》：现存 82 枚竹简，其中整简（包括经过缀合为整简的）69 枚，残简 13 枚。完整简长 30.2 厘米—30.4 厘米、宽 0.9 厘米—1 厘米，有上、中、下三道编绳，保存有完整字约 1325 个，残字 11 个。北大简《苍颉篇》是迄今所见存字最多，保存状况最好的西汉《苍颉篇》传本，而且较多地保留着秦本原貌。该书仍保存有少数完整或较完整的章，所显示的分章方法、章题写法、各章字数及内部编排方式大大扩展了对这部失传已久古书的认识。由此联系以往的简牍本和辑佚本，将有助于全面了解这一重要小学经典的面貌及其发展演变，推动先秦秦汉文字学和与此书相关的若干学术问题的研究。

《赵正书》：现存竹简 51 枚，缀合后为 50 枚，完整简长 30.2 厘米—30.4 厘米、宽 0.8 厘米—1 厘米，简背有划痕。完整简容字 28—31 字不等，总字数近 1500 字，墨写隶书。首简以圆点起头，篇名自题为"赵正书"，书写于第 2 枚简的背面。"赵正"，即秦始皇帝。《赵正书》主要记述从秦始皇第五次出巡之死，到秦二世继位后诛杀诸公子大臣，直至秦亡国这段历史过程中，秦始皇、李斯、胡亥、子婴的言论活动，是一篇以对话为主要内容的著作。《赵正书》的重点并不在于记载历史事件本身，而是以较大篇幅描述秦始皇临死前与李斯的对话、李斯被害前的陈词以及子婴的谏言等，并偶有作者的感言，似为一种"以史为鉴"的叙事方式。书中对胡亥继位以及秦始皇最后一次巡行路线、赵高之死等事的记载与《史记》不同，提供了西汉前期人讲述秦末历史的一个新文本，它不仅为了解这段历史提供了新认识，而且启发我们思考汉代人的秦史观，具有丰富的历史内涵和很高的史料价值。

《老子》：现存竹简 280 枚，缀合后有完整简 218 枚，残简 3 枚，完整简长 31.9 厘米—32.2 厘米、宽 0.8 厘米—0.9 厘米，一般每简 28 字，极少数简 29 字，保存近 5300 字（含重文），其中对理解文意有影响的缺文仅占全书篇幅的百分之一。全书分为上、下两篇，各有"老子上经"和"老子下经"的背题，"上经"相当于今本《德经》，"下经"相当于今本《道经》，其顺序与传世《道德经》不同，而与马王堆帛书本一致。北大简《老子》是目前保存最为完整的简帛《老子》古本，保存着完整的篇章结构，为探讨古本《老子》分章问题提供了宝贵资料。它的文字内容与传世本及郭店本、帛书本相比多有差异，在《老子》的文献整理、校勘方面具有很高的价值，对认识《老子》一书在西汉时期流传、发展直至定型的过程也极有帮助。

《周驯》：现存整简及缀合后的残简，约 210 枚。整简长约 30.4 厘米，三道编绳，每简约容 24 字，整篇约 5000 字。有背题"周驯"二字，"驯"通"训"，该书应即《汉书·艺文志》"诸子"略道家所著录的《周训》十四篇，主要记载战国后期东周昭文公对西周共太子的训诫。昭文公的训诫包含上起尧舜，下至战国中期的众多史事，以及大段关于治国为君之道的议论，这些史事和议论不仅能补充传世文献之不足，而且是了解战国时期统治者政治思想的新资料。另外，《周驯》以月份为纲而施教，这种结构，在"训"体文章中独一无二，构成了一个特别样式，从而丰富了我们的认识。

《妄稽》：现存竹简 107 枚，其中完整的简 62 枚，残 10 字以下的简 6 枚，残缺较多的简 39 枚。竹简为中等长度（约 32 厘米），相当于汉代的一尺四寸左右，竹简的宽度为 0.8 厘米—0.9 厘米，有三道编绳，每简容 32—36 字，所存文字共约 2700 字。《妄稽》篇讲述的是西汉时代一个妒妇的故事，是迄今已发现的我国时代最早、篇幅最长的"古小说"。这篇小说不仅情节曲折，语言生动，具有很高的文学价值，而且反映出西汉士人家庭中复杂的伦理关系，表现了日常生活中的丰富场景，也为研究社会史、文化史提供了重要史料。

《儒家说丛》、《阴阳家言》：大致是属于儒家和阴阳家的子书篇章，现存竹简约 31 枚，形制和书体不尽相同，内容包括齐桓公与管子、梁君与孔子的问答，以及时令灾异占候等，其中一部分与《晏子春秋》、《管子》、《韩诗外传》、《说苑》等书以及银雀山汉简《人君不善之应》中的一些篇章或文句近似。

《反淫》：现存竹简 59 枚，其中完整简约 35 枚，总字数约 1225 字。本文有篇题"反淫"，文体属"七"体，以"魂"铺陈七事说"魄子"构成全文，与《七发》等七体文相比，其铺陈的文字简短，不如《七发》那样波澜壮阔，所列七事涉及射御、游观、宴饮游戏及孔老等要言妙道等内容，颇为丰富。自枚乘《七发》首倡以后，此文是迄今所见时代最早者，为研究"七"体文的产生和发展提供了重要的文本依据。

现存数术类竹简共约 1600 枚，大致包含以下几种书：1.《日书》约 700 枚，内容以选择类为主，兼收筮法、杂占类数术；2.《日忌》410 枚，是编排有序的时日选择书，书前有目次；3.《日约》180 枚，是按月份和六十甲子排列的历忌神煞总表；4.《揕（堪）舆》约 77 枚，性质类似于"日书"，是一种选择类的古佚书；5.《雨书》约 65 枚，内容以占雨为中心，是涉及风雷等气象的占候；6.《六博》约 49 枚，是利用博局占问人事吉凶的占卜书；7.《荆决》约 39 枚，是一种利用算筹成卦的筮占书；8.《节》约 65 枚，包含八节时令和阴阳、刑德运行等内容，还有一部分属于兵阴阳家，文句与银雀山汉简《地典》篇相近。这些竹简从字体和竹简形制上看应属一卷，似为多种与数术有关占书的合抄。北大西汉竹书中数术类文献极为丰富，是已知同类出土文献中数量最大的一批。《日书》

中的不少图表和文字内容为前所未见，《日约》、《荆决》、《揩（堪）舆》等书的篇题和内容组合也均为首次发现，这些篇章将大大推进对秦汉"日书"等选择类文献的理解，对了解古代数术之学，深入开展相关的思想史、科学史和社会史研究，都有重要价值。

医术类文献约存711枚，包含180余种古代医方，记载了内科、外科、五官科、妇产科和儿科等多个科目疾病的治疗方法，内容包括病名、症状、用药种类、剂量、炮制方法、服用方法和禁忌。这些医方与马王堆帛书中的《五十二病方》有密切关系，不少内容极为相似，可以对勘。还有很多病方为《五十二病方》所无，或可对其残缺部分加以补充。尤为重要的是，在少数单方的章末简正面下部，有"秦氏方"、"泠游方"、"翁壹方"等方题，其中人名应都是古代名医。由此推测，北京大学藏汉代医简可能是由当时流传的名医验方摘编而成，这批古代医药典籍，必将大大丰富我们对中国早期医学文献和医学史的认识。

整体而言，这批西汉竹书的学术价值还体现在以下几个方面。第一，以往发现的汉代简牍主要集中在西汉早期和晚期，而北大竹书的抄写约在西汉中期，恰好弥补了这一年代上的缺环。它以道家和数术、方技类文献为主，与马王堆帛书相近。这一点，对认识西汉中期南方地区的文化氛围和学术风气很有启发意义。第二，综合多种因素分析，北大西汉竹书的原主人应与阜阳双古堆汉简、定州八角廊汉简的原主人同属于王侯一级。这批竹书的内容构成，反映出西汉中期社会上层所应具备的知识结构和思想趣味，有助于增进对西汉思想史、学术史的了解。第三，西汉中期是隶书走向成熟定型的阶段，北大西汉竹书正处于这个阶段，对研究隶书的演变和汉字发展史具有重要价值。同时，这批竹书文字的书法水平，堪称精妙绝伦，且书风多样，各具特色，或古朴，或刚劲，或凝重，或飘逸，均为汉隶中的精品，具有极高的艺术价值。第四，这批竹简数量大，保存质量好，为研究古代简册的用材、修治、编连、尺寸、篇题、标点符号等问题，提供了丰富的实物资料。

《光明日报》2009年11月6日第1版、第2版分别以《3300多枚珍贵西汉竹简入藏北京大学》、《北京大学收藏珍贵西汉竹书》为题报道和介绍了这批西汉竹书的内容与价值。《文物》2011年第6期刊登《北京大学藏西汉竹书概说》、《北大汉简〈苍颉篇〉概述》、《北大藏西汉竹书〈赵正篇〉简说》、《北大汉简〈老子〉简介》、《北大竹书〈周驯〉简介》、《北大汉简〈妄稽〉简述》、《北大汉简〈反淫〉简说》、《北大汉简中的数术书》、《北大汉简中的〈雨书〉》、《北大汉简数术类〈六博〉、〈荆决〉等篇略述》、《北京大学藏汉代医简简介》等，对北大汉简的情况，由整体到部分，进行了系统详尽的介绍。由北京大学出土文献研究所主编，上海古籍出版社出版的《北京大学藏西汉竹书》系列，计划出版7册，目前已出版了5册，其中，《北京大学藏西汉竹书（壹）》（2015年6月版）收录《苍颉篇》，《北京大学藏西汉竹书（贰）》（2012年12月版）收录《老子》，《北京大学藏西汉竹书（叁）》（2015年12月版）收录《周驯》、《赵正书》、《儒家说丛》、《阴阳家言》等篇，《北京大学藏西汉竹书（肆）》（2016年4月版）收录《妄稽》、《反淫》两篇，《北京大学藏西汉竹书（伍）》（2015年9月版）收录《节》、《雨书》、《揣（堪）舆》、《荆决》、《六博》等篇。

（四）甘肃玉门金鸡梁墓葬出土木牍

2009年2—4月，为配合西气东输二线工程，甘肃省文物考古研究所对管线经过的甘肃省玉门市清泉乡金鸡梁及其附近的24座墓葬进行了清理发掘，其中，M5出土封检和衣物疏各一件，M21出土木牍一件。出土封检长27厘米、宽9.5厘米、厚1厘米—1.5厘米，单面墨书，正面书写三行文字，有"建兴卅八年"（360）纪年。出土木牍长25厘米、宽8.7厘米、厚1厘米，单面墨书，正面书写三行文字，有"建兴卅五年"（357）纪年。这些纪年信息为墓葬的年代判定提供了直接的依据。衣物疏残断为两块，有"大女赵"字样，为墓主身份的确定提供了依据。《文物》2011年第2期刊发《甘肃玉门金鸡梁十六国墓葬发掘简报》和《玉门金鸡梁出土的木牍和封检》两篇文章，大致介绍了出土封检、衣物疏和木牍的情况，并有相关的照片和释文。

（五）湖北武汉江夏丁家咀楚墓出土竹简

2009年5—6月，武汉市文物考古研究所、江夏区博物馆对位于武汉市江夏区山坡乡光星村丁家咀编号为M1、M2的战国楚墓进行抢救性考古发掘，出土了一批竹简。M1由于早年被盗，随葬品仅存漆器及残断竹简1支。M2随葬品有漆木器、仿铜陶礼器等百件，最为重要的是在椁盖板上和棺室内，各出土残长10厘米—30厘米的竹简20余枚，保存较好，字迹清晰可辨，初步判断分别为卜筮记录和遣策。丁家咀楚墓出土竹简是鄂东南地区的首次发现，特别是其中的遣策，为墓葬和墓主身份的考证提供了重要依据，对楚文化和当时社会历史等研究也有着重要的学术价值。《江汉考古》2009年第3期以《武汉江夏丁家咀发现战国楚墓并出土竹简》为题予以报道，公布了部分竹简照片。

（六）湖北荆门严仓墓群 1 号墓出土简牍

2009 年 10 月—2010 年 1 月，湖北省文物考古研究所为配合南水北调工程建设，对位于荆门市沙洋县后港镇严仓墓群的獾子冢（M1）主墓及车马坑进行了抢救性发掘。M1 平面为"甲"字形，墓道位于东部，椁室由东、南、西、北、中共 5 个室构成，棺室位于椁室中部，由三重棺组成。该墓曾遭盗掘，文物主要出土在南、西和中室内。南室出土有竹简、铜镞、竹笥、银铺等器物 20 余件，西室出土有铜矛、箭镞、玉首削刀、竹简、竹笥等，中室出土有银片、玉珠、角簪、竹签牌等，竹简、竹签牌上均有文字。从后期的整理情况看，现存竹简全部残断，最长的 52 厘米，总计编号 700 多枚。南室简占绝大多数，内容主要是遣策，西室简编号 27 枚，内容是占卜祭祷记录。其中占卜祭祷简数量虽然少，但却是研究墓主和墓葬年代最直接、关键的资料。严仓墓群 M1 及其车马坑的发掘，为研究楚文化提供了新的资料，而随葬品中所出土的竹简、竹签牌、角簪等以及车马坑的发掘，对研究楚国的文字、经济、葬俗与葬制等都是不可多得的新资料。《中国文物报》2010 年 2 月 5 日第 9 版以《荆门严仓发掘甲字形大墓及车马坑》为题、《江汉考古》2010 年第 1 期刊登宋友志撰写的《湖北荆门严仓墓群 M1 发掘情况》分别介绍了墓葬的发掘情况和竹简等文物出土的情况。《历史研究》2014 年第 1 期刊登的李天虹《严仓 1 号墓墓主、墓葬年代考》，介绍了这批竹简中占卜祭祷简的最新整理情况，并公布了部分释文。

二 二〇一〇年

（一）北京大学藏秦简牍

2010 年初，香港冯燊均国学基金会出资抢救了一批流失海外的珍贵秦代简牍，并捐赠给北京大学。这批简牍室内揭剥清理时还保存着成卷的简册状态，经过整理包括 10 卷 762 枚竹简（其中约 300 枚为双面书写）、21 枚木简、6 枚木牍、4 枚竹牍、1 枚木觚。简牍字体是典型的"秦隶"，根据竹简中所载"质日"内容，以及发现的"卅一年十月乙卯朔庚寅"纪年，同时分析竹简记载的文献类型，整理者推测这批简牍的主人是秦始皇时期江汉平原地区的地方官吏，这批简牍应属于墓葬简。

竹简卷号〇—九：其中，卷〇包含 77 枚简，整体长 27.1 厘米—27.5 厘米、宽 0.6 厘米—0.8 厘米，内容为《三十一年质日》；卷一包含 22 枚简，长

22.9 厘米—23.1 厘米、宽 0.7 厘米—0.9 厘米，内容为《公子从军》；卷二包含
55 枚简，长 36.5 厘米—37 厘米、宽 0.5 厘米—0.7 厘米，内容为《日书》；卷
三包含 82 枚简，长 22.9 厘米—23.1 厘米、宽 0.5 厘米—0.7 厘米，内容为《算
书》；卷四包含 318 枚简，长 22.6 厘米—23.1 厘米、宽 0.5 厘米—0.7 厘米，
共抄有 9 段不同的文献，多为双面书写，主要有《算书》、日书、《道里书》、
《制衣》、医方、《禹九策》、《祓除》等；卷五包含 60 枚简，长 30 厘米—30.2
厘米、宽 0.6 厘米—0.8 厘米，内容为《三十三年质日》；卷六包含 6 枚竹简、
1 枚竹牍，竹简长 27 厘米—27.3 厘米、宽 0.6 厘米，竹牍长 34.4 厘米、宽 1.7
厘米，内容为《祠祝之道》；卷七包含 24 枚简，长 23.7 厘米—24 厘米、宽 0.5
厘米—0.7 厘米，内容为《田书》；卷八包含 50 枚简，长 27.2 厘米—27.9 厘
米、宽 0.5 厘米—0.8 厘米，内容为《田书》；卷九包含 62 枚简，长 27.5 厘米—
27.9 厘米、宽 0.5 厘米—0.6 厘米，内容包括《从政之经》和《教女》；另有未
分卷零散简 6 枚。

　　木简甲、乙两卷：卷甲包含 12 枚简，长 22.9 厘米—23.1 厘米、宽 0.9 厘
米—1.1 厘米，内容为《白囊》，简背有墨线及个别文字；卷乙包含 9 枚简，长
23 厘米—23.1 厘米、宽 0.8 厘米—1.2 厘米，内容为《隐书》。

　　木牍 6 枚：编号 M-009 木牍，长 23 厘米、宽 4.7 厘米，内容为《泰原有
死者》；编号 M-016 木牍，长 23.1 厘米、宽 2.2 厘米，主要为记账类内容；编
号 M-025 木牍，长 23 厘米、宽 7 厘米，内容为九九术；编号 M-026 木牍，长
23 厘米、宽 2.4 厘米，内容为《酒令》；编号 W-013 木牍，长 22.9 厘米、宽 2.1
厘米，内容为《酒令》；编号 W-014 木牍，长 25.1 厘米、宽 4.4 厘米，主要为
记账类内容，暂名《作钱》。

　　竹牍 3 枚：编号 Z-002 竹牍，长 23 厘米、宽 2.4 厘米，内容为《酒令》；
编号 Z-010 竹牍，长 23.5 厘米、宽 1.3 厘米，主要为记账类内容；编号 Z-011
竹牍，长 23 厘米、宽 1.7 厘米，主要为记账类内容。

　　木觚 1 枚，编号 M015，长 20.5 厘米、宽 1 厘米—1.3 厘米，主要为记账
类内容。

　　这批秦简牍的内涵十分丰富，下面按照篇章内容的分类顺序，逐一作扼要
的介绍。

　　《从政之经》：共 46 枚简，有 2 枚残半，三道编绳。其内容与体例均近似于
云梦睡虎地秦简《为吏之道》，但未发现篇题，故根据简文内容，暂以《从政之
经》为这部分简的题目。简文大致可分为六节，其中四节分别讲为官吏者之自

律、修身、宜忌及治民之术，一节类似于字书的体例，汇集了与官吏职责范围有关的字词。以上五节均分四栏书写，末一节以《贤者》为题，则是通栏书写，阐述了从政尚贤的道理。

《教女》：共 15 枚简，编连在《从政之经》后，每枚完整简书写 51—61 字不等，现存共 851 字。简有三道编绳，中间一道编绳处，有明显在书写中特意留出的空档。简背有划痕，但不甚规整，大体分成三段自左上向右下的斜线，两短一长。首简上端标有"🐟"号，但未见篇题，初以"善女子之方"为标题，后命名为"教女"。文章先从正面讲为人妇者如何在夫家"洁身正行"，以使"居处安乐，臣妾莫亡"。又从反面讲，如果不遵守善女子之规则，有种种不端之行为，则会为夫家所嫌弃、所不容，"有妻如此，孰能與居"。从文中所描述的情况，不仅可借以了解秦官吏与士人家庭中妇女的地位，亦可从一个侧面了解当时的伦理关系、道德观念以及基层社会生活的景象。此篇文章成文不晚于秦始皇时期，比东汉时期班昭之《女诫》一文要早近三百年，而班昭在《女诫》中所引《女宪》，今已不得见，所以这篇简文应是迄今所发现的我国古代最早专论女教的文章。

数学文献：简牍中与数学相关的文献占有很大比重，共有竹简 4 卷和"九九术"木牍 1 方。竹简卷七的内容是田亩面积的计算，卷八的形式与卷七相似，除田亩面积外还增加了田租的计算。卷八有篇题"田书"，应是这类书的专名。竹简卷三以及卷四的一部分，主要内容是各种数学计算方法和例题的汇编，与岳麓秦简《数》、张家山汉简《算数书》以及传世《九章算术》有很多相似之处。由于未发现篇题，整理者根据内容将其定名为《算书》。在卷四《算书》甲篇的开头还有一段长达 800 余字的文章，暂名为《鲁久次问数于陈起》，内容是讨论数学的起源、作用与价值，这在已发现的古代数学文献中极为罕见，对中国古代数学思想史的研究有重要意义。这批数学简牍与岳麓秦简《数》时代相近，是目前所见出土秦汉数学简牍中数量最大的一批，其内容有不少为前所未见，不仅对于数学史研究有重大价值，而且是重要的社会经济史资料。

《道里书》：抄写于竹简卷四背面中部，共 66 枚简，原无篇题，据其内容定名。此书主要记录了江汉地区的水陆交通路线和里程。每简分上下两栏书写，分别自右向左横读，其形式一般为"某地至某地 ×× 里"，对里程的记载甚至详尽到"步"。一栏之内的地名往往前后相连，如"甲至乙"、"乙至丙"、"丙至丁"，形成链条状的交通线。所记地名大多位于秦南郡范围内，其中县一级的有江陵、安陆、销、鄢、竟陵、孱陵等，以安陆、江陵两地出现最多，还有大量不见于传世文献的乡、亭等小地名。另有很多称为"津"、"内（汭）"或"口"（指两水交汇处）的地名，一望可知是古代的交通要冲。篇首的几枚竹简还记录了江汉流域水路交通的航道里程，以及不同季节"重船"（即装载货物的船）、"空船"分别逆水上行和顺水下行的日行里数。《道里书》是目前关于战国末期至秦代江汉地区行政区划和交通状况最为详尽的记录，对于长江中游历史地理的研究具有极高的史料价值。

《制衣》：共 27 枚简，抄于卷四正面接近卷尾处，除一枚头端缺损一字外，其余均为完整的简。每枚简书写 4—34 字不等，现存 649 字。其第一、二枚简的头端分别写有"折"、"衣" 2 字，"折"通"制"，"折衣"即"制衣"，是本篇篇题。本篇详细记录了各种服装的形制、尺寸和剪裁、制作方法，种类包括大襦、小襦、大衣、中衣、小衣、裙、袭、袴等。篇末有"此黄寄裻（製）述（術）也"一句，"裻"同"製"，即裁衣，"黄寄"应是制衣工匠名。据此可知，本篇应是黄寄所传授的制衣之术。记载汉以前工艺、技术的书，无论在传世文献还是出土简帛中都极为罕见，《制衣》一书的发现，不仅对上古服饰研究有重要的参考价值，而且也是秦代工艺技术书的一个珍贵样本。

《公子从军》：共 22 枚简，其中完整简 9 枚，其余均有不同程度的残缺，两道编绳，完整的简每枚有 27—30 字不等，经红外摄影可知全篇现存约 410 字，篇名未见。简文内容是以一位名"牵"的女子向"公子"陈述之口吻，讲她与"公子"之间的情感纠葛。文中记其送"公子从军"，故暂以此为篇名。文章颇富文学意味，多次引用诗句以述其情。此篇文章应是一篇失传的战国晚期的文学作品，这在传世的与近年来出土的秦人文献中是极为罕见的，殊为可贵。

《隐书》：共 9 枚，有背题"此隐书也" 4 字，结合内容来看，属于《汉书·艺文志》"诗赋略"著录的《隐书》一类。《隐书》篇是用四言赋体写成的，全篇包含三个谜语。三个谜语分三章，各为起讫，除第一简，前面缺三简，后面缺两个字，大体完好。其叙述形式，一般是先出谜语，用黑点隔开，然后说我已经猜到是什么，最后揭出谜底。

《酒令》：木牍 W-013 和竹牍 Z-002 各有一首，木牍 M-026 有两首，饮酒时所唱，属于《汉书·艺文志》分类中的"歌诗"。与此相关，在这批简牍中还有一枚行酒用的骰子，共有 6 个三角面，分别写有"不饮"、"自饮"、"饮左"、"饮右"、"千秋"、"百尝"，为后世酒令之滥觞。这些文物，当为简的主人生前饮酒作乐所用，生动地展现了当时社会生活中自在欢快的一面。

《泰原有死者》：拈篇首语命名，其文是讲死者复生后，从死者喜恶的角度论述丧祭宜忌。它的内容可与天水放马滩秦简《志怪故事》相联系，反映出当时的生死观念，是一篇非常难得的文献。

数术方技类文献：包含数术文献的竹木简牍共有 320 余枚，按照内容可以分为质日、日书、数占和祠祝书四大类。质日有竹简卷〇和卷五两组，日书类文献包括竹简卷二的全部和卷四中的一小部分，数占书有卷四中的《禹九策》一篇，祠祝类书则见于竹简卷四、卷六和木简卷甲中。另外还有一批数量不小的医方，共 80 余枚，按照《汉书·艺文志》的分类，可归入"方技"。其中数占《禹九策》、祠祝书和医方中的绝大部分内容为前所未见，极具价值。

记账文书：《作钱》木牍 W-014 两面书写，一面书写有"作"应得工钱的总额及每月得钱统计，一面是逐次领取的记录。第一面书有："以正月辛丑六日初作，尽四月壬戌十七日。"据此推算是年二月丁未朔，四月丙午朔，与张培瑜编《秦王政元年到秦亡朔闰表》中秦始皇三十二年的历朔相合。另外，木牍 M-016、木觚 M-015 及两枚竹牍 Z-010、Z-011 的内容也大致是工作和收入的记录。这类秦代的经济文书此前罕有发现，是了解当时生产关系、物价水平和数学应用情况的宝贵实物资料，也有助于认识这批竹简原主人的身份。

北京大学藏秦简牍数量可观，内容涉及秦代政治、地理、社会经济、文学、数学、医学、历法、方术、民间信仰等诸多领域，内涵之丰富在出土秦简中实属罕见。其中《教女》、《制衣》、《禹九策》、《酒令》等大量内容前所未见，另外一些如类似《为吏之道》的《从政之经》等，则可补充深化对同类题材出土文献的认识。北大秦简中没有发现成篇的"六艺"、"诸子"等经典文献，符合秦代社会文化的普遍状况，但其内容与以往发现的秦简牍相比则更为丰富多样，尤其是文学作品和大量反映社会生活、民间信仰的文献，展示出当时基层社会丰富多彩的一面，使我们对战国晚期至秦代社会文化的认识大为丰富和扩展。2010 年 10 月 27 日，《中国文物报》第 1 版刊发《北京大学获赠珍贵秦简牍：对秦代认知大为丰富和扩展》一文，最早介绍了该批简牍的基本情况、基本内容和性质。《文物》2012 年第 6 期刊登了《北京大学藏秦简牍室内发掘清理简报》、《简牍发掘方法浅说 —— 以北京大学藏秦简牍室内发掘为例》，对这批秦简入藏时的保存情况、堆积状况以及清理过程进行了说明。同期，"简牍文书专栏"刊登《北京大学藏秦简牍概述》、《北大藏秦简〈从政之经〉述要》、《北大秦牍〈泰原有死者〉简介》、《北大秦简中的数学文献》、《北大秦简中的方术书》等文，对该批简牍的整体情况以及各部分内容都进行了详细的说明和分析。2013年 12 月，由武汉大学简帛研究中心编著，上海古籍出版社出版的《简帛（第八辑）》，刊载了《北大秦简〈公子从军〉的编连与初读》、《隐书》、《北京大学藏秦水陆里程简册的性质和拟名问题》、《北大秦简〈算书〉土地面积类算题初识》、《北大秦简〈祓除〉初识》等文；《北京大学学报（哲学社会科学版）》2015 年第 2 期"北大藏秦简研究"专栏刊发《北大藏秦简〈教女〉初识》、《北大藏秦简〈酒令〉》、《北大藏秦水陆里程简册与战国以迄秦末的阳暨阳城问题》、《北大藏秦简〈鲁久次问数于陈起〉初读》、《北大藏秦简〈祠祝之道〉初探》、《北大藏秦简〈制衣〉简介》等文；《北京大学学报（哲学社会科学版）》2017 年第 5 期"北大藏秦简研究（之二）"专栏刊发《北大藏秦简〈公子从军〉再探》、《北大藏秦简〈禹九策〉》、《北大藏秦简〈医方杂抄〉初识》、《北大藏秦简〈制衣〉释文注释》、《北大藏秦简〈田书〉初识》等文，对这批简牍的重点部分，分批进行了详细的解说与讨论，并刊布了全部或部分的释文。

（二）湖南长沙五一广场东汉简牍

2010 年 6—8 月，长沙市文物考古研究所配合长沙市地铁二号线建设，在五一广场站东南侧的地下管道横穿施工中发现一口古窖，编号 J1，窖内出土了大量东汉简牍。简牍出土于窖内 1—3 层，整体分布不均，大多堆积散乱无序，数量有万枚左右。由于埋藏时间久远，大多出土时呈棕黑色，部分简牍出土时墨迹文字依然清晰。简牍从材质方面区分，可分为木质及竹质两大类，大多质地保存较好。具体形制可分为木牍、两行简、小木简、封检、封泥匣、签牌（木楬）、竹简、竹牍、削衣、异型简等 10 大类，以木牍居多。关于文字的书写，木简大多为单面书写，少量为双面书写，而竹简均为单面书写。简牍所载纪年文字有"章和"、"永元"、"永兴"、"延平"、"永初"等，可以断定该批简牍的时代主要为东汉早中期和帝至安帝时期。简牍内容绝大多数为官文书，主要是下行文书及上行文书，亦见少量平行文书及用于封缄文书的封检及函封、标识文书内容的楬（签牌）等，也有部分名籍及私人信函。

该批简牍是继长沙走马楼吴简之后出土历史文献的又一次重大发现，填补了湖南地区东汉前期简牍发现的空白，也是我国南方地区出土东汉简牍数量最多的一次，为研究东汉时期长沙地区的政治、经济、文化等提供了极其宝贵的实物资料。为进一步展示五一广场东汉简牍的成果，推动简牍的整理和研究，2013 年 9 月 21 日，由长沙市文物考古研究所、文物出版社、清华大学出土文献研究与保护中心、湖南大学岳麓书院国学中心、中国文化遗产研究院古文献研究室联合主办，长沙市文物考古研究所、《文物》编辑部承办的"2013 年长沙五一广场东汉简牍学术研讨会"在长沙召开，多名国内知名学者应邀出席了会议。

《文物》2013 年第 6 期刊登长沙市文物考古研究所《湖南长沙五一广场东汉简牍发掘简报》，详细介绍了该批简牍的出土过程、保存状况、简牍形制、简牍内容、年代信息等，同时公布了 20 例简牍图片，并提供了相应的释文。2015 年 12 月，中西书局出版社出版由长沙市文物考古研究所、清华大学出土文献研究与保护中心、中国文化遗产研究院、湖南大学岳麓书院合编的《长沙五一广场东汉简牍选释》一书，公布了部分简牍图版和释文。全书分为《整理编》和《研究编》。《整理编》包括简牍的彩色及红外线原大照片图版、释文注释，并附以《简牍编号及尺寸对照表》，以及人名、地名、纪年索引。《研究编》则包括了《长沙五一广场东汉简牍文字初探》、《隶书"八分"的解体和行楷书的发展》、《试探东汉"合檄"简》、《"君教诺"考论》等论文，揭示出五一广场东汉简牍在文字学、文献学、法律史、书法等领域的重要地位。2018 年 10 月中西书局出版社又出版由长沙市文物考古研究所、清华大学出土文献研究与保护中心、中国文化遗产研究院、湖南大学岳麓书院合编的《长沙五一广场东汉简牍》（壹）（贰）两册，每册各收录长沙五一广场井窖遗址出土简牍四百枚，包括简牍图版、释文注释及相关附录。图版部分包括彩色及红外线的原大照片，释文部分含整理序号、释文及相关按语，附录含未见字迹简牍序号表、简牍编号及尺寸对照表和异体字表。

三　二〇一一年

（一）湖南长沙尚德街东汉简牍

2011 年，长沙市文物考古研究所在长沙尚德街（现长沙国际金融中心工地位置）考古发掘了一批简牍。该批简牍出土于多口古井中，共有 300 余枚，其中 170 余枚有墨书文字，有近 70 枚在正、反两面写有文字，简牍写于东汉后期的灵帝时代（有熹平、光和年号）。从材质而言，均为木质。从简牍的尺寸来看，除少数尺寸较宽外，其余均是长条状，其中保存较好的长度在 23 厘米左右，大多残断，还有一些只残存为薄小的片状。从书体来看，主要有隶书、草书两种。从形制来看，有木简、木牍、封检、名刺、签牌及异形（人形）简等多种。从内容来看，可以分为公文、私信、药方、杂文书、习字简等五大类。在书写格式方面，大多是从上至下分两列或多列书写，少数是分上下两节多列书写。

　　这批简牍所承载的信息十分珍贵，例如颇多内容涉及皇室诏书，常以"诏曰"开头，大部分都能与汉代的传世及出土文献对读，另有涉及法制的木牍，对于研究当时的立法、司法及中国古代法律的传承有重大意义。简牍中有常用账簿，记载的内容除官方的外，还有许多为百姓日常生活所需的记载，这些都是了解东汉长沙经济和社会民生的新资料。"治百病通"药方简所见有"甘草"、"弓穷"、"当归"、"地黄"等多味中草药，并且简牍基本完整，是保存至今难得的东汉药单。还有一些填补历史空白的发现，如一枚封缄上写有"乌桓"，其在简牍中出现，尚属首次。另外，简牍中记载了不少人名，有的姓氏有传世文献明确只出现于长沙，如"区"姓为研究东汉晚期的姓氏提供了新的资料。岳麓书社 2016 年 12 月出版由长沙市文物考古研究所编写的《长沙尚德街东汉简牍》一书，该书分为考古发掘报告和简牍释文两大部分，考古发掘报告部分全面系统介绍了简牍出土的情况，简牍释文部分以出土简牍的古井为单位，分类展示简牍的高清图片、红外线扫描图片，并对简牍文字内容进行了释读与注释。

（二）山东青岛土山屯汉墓（M6、M8）出土木牍

　　2011 年 4—5 月，为配合胶南市（现黄岛区）"东西大通道"路政工程建设，在前期考古调查、勘探的基础上，青岛市文物保护考古研究所联合胶南市博物馆（现黄岛区博物馆）对工程涉及的遗址保护范围内的土山屯墓地进行了抢救性考古发掘，其中，在 M6 和 M8 各发现一枚简牍。M6 简牍两面均有墨书隶体文字，记载随葬器物，应属于遣册，长 23 厘米、宽 7 厘米、厚 0.7 厘米。M8简牍与 M6 简牍大小相当，两面均有墨书隶体文字，记载随葬器物，亦属于遣册。《考古》2017 年第 10 期刊登的由青岛市文物保护考古研究所和黄岛区博物馆联合撰写的《山东青岛市土山屯墓地的两座汉墓》一文，详细介绍了 M6 和M8 墓葬的发掘情况和出土简牍等文物信息。

（三）武汉大学藏战国竹简

　　2011 年 10 月，武汉大学简帛研究中心获赠一批战国竹简，经一年多的权威鉴定，于 2013 年 1 月 15 日正式宣布入藏。这批竹简约 129 枚，书写文字的竹简有 110 多枚。其中，完整简 30 多枚，长度在 60 厘米—70 厘米之间。这批竹简的大致年代在公元前 350 年或稍晚，记载内容主要为楚占卜祷祠记录，竹简数量较多，保存也较好，对战国时期楚文字、楚人的占卜习俗、楚国的历法和

军事及楚王族三姓之一"景"氏的世系等相关问题的研究，具有重要的学术价值。《光明日报》2013 年 1 月 16 日第 9 版以《战国竹简入藏武汉大学》为题对这批竹简的入藏过程、主要内容和研究价值进行了报道。

（四）新疆龟兹研究院藏木简

2011—2012 年，新疆龟兹研究院、北京大学中国古代史研究中心、中国人民大学国学院西域历史语言研究所联合对新疆龟兹研究院藏木简进行了调查和研究，并对所有木简上的文字进行了转写、转录、注释、汉译与相关分析。根据木简的内容和形制，这批木简被分为了 5 类：第 I 类为畜牧产品支出（简称"畜牧木简"），共 26 个编号；第 II 类为粮食支出，共 7 个编号；第 III 类为不明器物或牲口统计，共 1 个编号；第 IV 类为韵文，共 1 个编号；第 V 类为碎简，现分成 2 个编号，似为寺院文书、契约等，共 12 件，可拼合为 9 件。这批木简不仅反映了古代克孜尔石窟的寺院生活，更显示出此窟在交通形势与佛教经济方面的重要性，具有重要的学术价值。《文物》2013 年第 3 期刊登由新疆龟兹研究院、北京大学中国古代史研究中心和中国人民大学国学院西域历史语言研究所联合撰写的《新疆龟兹研究院藏木简调查研究简报》一文，系统介绍了对新疆龟兹研究院藏木简的研究情况，同时公布了这批木简的部分图片和释文。《文物》2013 年第 12 期刊登荻原裕敏撰写的《新疆龟兹研究院藏龟兹语诗文木牍》一文，首次公开了龟兹研究院所藏的一件书写有龟兹语诗文的方形木牍，木牍内容似与克孜尔石窟的历史或传说有关，而且是吐火罗语现存木简文献中唯一呈韵文形式者。

四　二〇一二年

（一）新疆若羌米兰遗址木简

2012 年，为配合米兰遗址的抢险加固工程，新疆文物考古研究所对米兰遗址进行了考古清理。此次发掘共出土文物 300 余件，均出自 M I 戍堡内与 MIII 佛塔坍塌土中，M I 戍堡内出土遗物 289 件，其中木简 90 件，MIII 佛塔坍塌土中出土遗物 26 件，有木简 1 件。木简文字为吐蕃文，多出现"Nob"一词，具体含义待考。《中国文物报》2013 年 3 月 15 日第 8 版刊登新疆文物考古研究所撰写的《新疆若羌米兰遗址考古发掘新收获》一文，报道了本次考古清理的经过和出土木简等文物的大体情况。

（二）湖北荆州高台战国古井群（J67）出土楚简

2012 年 7 月，荆州博物馆对位于湖北省荆州市荆州区纪南镇高台村的一处战国古井群进行了抢救性发掘，在编号为 J67 的一口战国古井里发掘出土 3 枚有字竹简。2016 年 5 月由武汉大学简帛研究中心主编、上海古籍出版社出版的《简帛》第 12 辑刊载蒋鲁敬、刘建业撰写的《湖北荆州高台战国古井群 J67 出土楚简初探》一文，对竹简出土情况、竹简形制进行了说明，同时对竹简文字进行了初步释读，公布了竹简的摹本图片。

（三）甘肃永昌县水泉子汉墓简牍

2012 年 10 月—12 月，为配合国家重点项目 ——“西气东输三线”工程建设，甘肃省文物考古研究所对永昌县水泉子汉墓群进行了抢救性发掘，共清理墓葬 16 座，其中 M8 出土一批汉简，简文内容是西汉宣帝五凤二年（前 56）历日及相关宜忌。

这批汉简大部分发现于 M8 北棺盖板上，部分散落于两棺间隙中，除 1 枚为竹简外，其余皆是木简，质地为松木。木简的长度基本一致，宽窄、薄厚不一，长约 31 厘米、宽 0.8 厘米—1.3 厘米、厚 0.05 厘米—0.2 厘米，保存状况较差，发现时多已残断、变形，个别断简甚至薄如纸片，当是简册收卷后随葬被挤压所致。现存断简及碎片共 174 个编号，经过整理缀合，可以确定原简册由 35 枚简札组成。简册以隶书书写。从残存编绳痕迹来看，应是先写后编，三道编绳间距均等，未见契口。从部分木简背面残留苇席的痕迹来看，简册的编联次序应是篇题在前，然后是宜忌诸简，最后才是历册的主体部分即全年历表，收卷方式应为从尾至首卷束，篇题简具有封护的作用。该历册在形式上为编册横读，同时其卷前还编有三枚选择术的内容，就出土实物而论，这种编联方式应是首见。竹简所载历日为编册横读式，竖栏为月，横行为日，该年为闰年，故有 13 个月，加之日序，共 14 栏。日干支共有 30 简，小字横行分栏书写，八节、伏腊等历注标在相应日干支之下，竖行大字。

《考古》2017 年第 12 期刊登了甘肃省文物考古研究所撰写的《甘肃永昌县水泉子汉墓群 2012 年发掘简报》，介绍了墓葬群的发掘经过和汉简出土情况。《考古》2018 年第 3 期刊发的由张存良、王永安、马洪连等撰写的《甘肃永昌县水泉子汉简“五凤二年历日”整理与研究》一文，公布了该简册的缀合图片和释文。

五　二〇一三年

（一）四川成都老官山汉墓简牍

2012 年 7 月，经国家文物局批准，成都文物考古研究所和荆州文物保护中心组成联合考古队，对位于成都市金牛区天回镇的一处西汉时期墓地进行了抢救性的考古发掘，至 2013 年下半年，成都老官山汉墓考古有重大发现，出土了一批西汉时期简牍。其中，M1 出土木牍 50 件，根据内容可分为官府文书和巫术两大类；M3 出土竹简 951 支，极大部分为医简。

M3 出土的竹简，分别出土于墓葬北 II 底室和南 II 底室，底室受扰动相对较小，竹简保留了相对原始的堆积状态。其中，编号 M3：121 出土于北 II 底室，竹简数量较多，堆积情况复杂，共清理竹简 730 支，包含医书 5 种和法律文书 1 种。其中《脉书·上经》共 133 支简，出土时分散在两个位置。一部分由 58 支简组成，31 支上段完好，下段不同程度残缺，简最长者为 25.1 厘米，上下两道编绳。另一部分共 75 支简，其中 31 支完整，简长 27.8 厘米、宽 0.85 厘米，两道编绳，无契口。《脉书·下经》共 258 支简，其中 194 支完整，简长 35.8 厘米、宽 0.77 厘米，两道编绳，无契口。《治六十病和齐汤法》共 208 支简，其中 161 支完整，简长 34.3 厘米、宽 0.8 厘米，三道编绳，无契口。《刺数》共 48 支简，其中 25 支完整，简长 30.2 厘米、宽 0.8 厘米，三道编绳，右侧有契口，简背可见划痕，简文字体、墨迹均与其余简有较大差异，可能是这批竹简中最晚抄录者，其形制上的不同是否有时代因素的影响，值得进一步探究。《逆顺五色脉臓验精神》共 63 支简，其中 53 支上段完好，下段不同程度残缺，其余为上下端皆残的残简，简最长者为 26.5 厘米，两道编绳，编绳位置将简均分为三段，每段约 10 厘米。根据残存的编绳判断，简长约 30 厘米、宽 0.77 厘米。《尺简》为法律文书，共 20 支简，其中 10 支完整，简长 22.7 厘米、宽 0.8 厘米，两道编绳，无契口。

《治六十病和齐汤法》、《刺数》两部分，出现了编绳痕迹上下两字间隔较大、刻意避开编绳位置的现象，推测是先编后写，而《脉书·上经》部分中则多见编绳痕迹遮掩字迹的情况，推测是先写后编。《脉书·上经》、《逆顺五色脉臓验精神》及《治六十病和齐汤法》目录简部分，都出现了分栏书写的情况，即一枚竹简中分为上下两栏或上中下三栏书写，阅读时则先自右向左读上一栏，再重移至下一栏的首简自右向左读。《逆顺五色脉臧验精神》中关于呼吸与脉动关系的内容，顺序排列后体现出明显的规律性。上栏为脉一息二动、一息四动、一息六动、再息一动、四息一动，为偶数倍数（或分数）关系；下栏则为脉一息三动、一息一动、三息一动、五息一动、一息五动，为奇数倍数（或分数）关系，显示古代医家非常重视阴阳奇偶数的区别。

M3∶137 出土于南Ⅱ底室，竹简数量较少，堆积较为散乱，保存较差。从中共清理出竹简 221 支，其中完整竹简 56 支，其余为残简。整简长约 30.5 厘米、宽 0.6 厘米、厚 0.1 厘米。大部分简文内容为治疗马病，故命名为《医马书》。另有关于人体经脉的内容，拟命名为《经脉书（残简）》。

综合简文字体与语言特征，专家认定，天回医简的主体部分抄录于西汉吕后至文帝时期，并可能成书于齐地，恰与《史记》所载仓公行医及授学的时代和地域相当。而墓主人下葬年代在景、武之际，其年辈应与仓公弟子相当。此次出土大量西汉时期简牍为四川地区首次发现，这一发现使成都地区成为我国又一处重要汉代简牍出土地。从出土医书内容分析，部分医书极有可能是失传了的中医扁鹊学派经典书籍，为中医发展史研究的重大发现。同时，本次出土的医书对于中医源流及其流派的问题，同样意义重大，起到了填补空白和印证的作用。

2013 年 12 月 20 日《中国文物报》第 4 版刊发了成都文物考古研究所撰写的《成都"老官山"汉墓》一文，初步报道了墓葬的发掘情况和重要成果。《大众考古》2014 年第 1 期《成都老官山汉墓重大发现》、《山东中医杂志》2014 年第 2 期《成都老官山汉墓出土一批竹简医书》等都对出土简牍情况有所介绍。2014 年文物出版社出版的国家文物局编《2013 年中国重要考古发现》一书以"成都天回老官山汉墓"为题对老官山汉墓发掘和出土简牍等文物情况进行了介绍。《考古》2014 年第 7 期刊发由成都文物考古研究所和荆州文物保护中心联合撰写的《成都市天回镇老官山汉墓》一文，详细介绍了考古发掘的过程和出土文物的情况，同时公布了部分简牍的释文。《文物》2017 年 12 期刊发由中国中医科学院中国医史文献研究所、成都文物考古研究院、荆州文物保护中心联合撰写的《四川成都天回汉墓医简整理简报》以及由中国中医科学院中国医史文献研究所撰写的《四川成都天回汉墓医简的命名与学术源流》两篇文章，重点介绍了本次发掘所见医简的整体出土情况、整理过程、命名依据和学术价值等。

（二）湖南益阳兔子山遗址出土简牍

2013 年 5—11 月，为配合基本建设，湖南省文物考古研究所与益阳市文物处联合对兔子山遗址进行勘探和发掘。发掘面积 1000 平方米，清理古井 16 口、灰坑 56 个、灰沟 7 条、房屋建筑遗存 9 处，其中 11 口井出土有简牍。

兔子山遗址出土简牍总数在 16000 枚以上，有成捆或成组出土的完整简牍，但更多的已经残断，还有为数众多的削衣及大量无字简，长度一般为 23.5 厘米，宽为 1.3 厘米—2.8 厘米。特殊的大型木牍已见 3 枚，长 49 厘米、宽 6.5 厘米。简牍文字以毛笔墨书。兔子山遗址出土简牍时代约从公元前 250 年到公元 250 年纵跨五百年，以战国楚国为始，历秦、张楚、西汉、东汉至孙吴嘉禾年间，是目前已发现的古井出土简牍时代序列最为完整的一个遗址。其数量之巨大，时间跨度之长，在湖南乃至全国都是极其罕见的。各时期的简牍可以弥补历史文献的不足，既可编缀益阳乃至湖南的远古历史，也可以推而广之，据此研究各朝的政治、经济、司法制度，了解县乡政府的运作和普通吏员、百姓的生活情况。

六号井出土简牍多有桓帝、灵帝时期的益阳县档案，可与传世文献相关记录互相印证，详细查究某些历史事件的具体情形。同时有献帝至孙权嘉禾之世的文书，或可与走马楼吴简互为补充，有助于对汉末及东吴基层县乡状况的探讨。

八号井的时代约为楚国晚期至西汉早期，井中所出简牍为数不多，但中有一枚觚，上书"张楚之岁"，清晰呈现当时以大事纪年的方法。在《五星占》中出现的"张楚"，出土之初亦引起史学界争论，如今此觚现世，可与之互证，非但可填补这一时期文字实物资料的空白，并且强而有力地说明了时人对张楚政权法统地位的承认，对日后史家再论秦末扰攘时期的政权迭代，有非常重要的意义。

九号井中主要出土了一批楚国和秦代简牍。楚国简牍是记录人口管理的簿籍文书，内容有县、乡名称，行政机构，官吏和相关人员的居住地、姓名及所从事的工作与时间，是考古发现中最早的人口管理记录。秦代简牍中有秦二世昭告文书，简文内容是秦二世继位后第一年的第一个月颁布，文中强调继位的合法性，也稍有改革以惠及民众的意思。其部分内容可与北京大学藏西汉简牍中的《赵正书》互相印证，对于研究秦二世其人和秦代历史具有十分重要的价值。简文"始皇帝"换行顶格书写，是诏书、奏疏提到皇帝或当时朝代名称换行顶格的最早文书实例。

益阳兔子山遗址简牍的出土，《光明日报》2013 年 7 月 23 日第 5 版《兔子山遗址还藏着多少秘密》、《益阳日报》2013 年 7 月 30 日第 4 版《一批承载历史

的简牍》、《中国文化报》2014 年 5 月 6 日第 8 版《湖南益阳兔子山遗址的秘密》
等，都较早进行了报道。2014 年文物出版社出版国家文物局编《2013 年中国重
要考古发现》一书以"湖南益阳兔子山遗址 2013 年发掘收获"为题对兔子山遗
址发掘和简牍等文物出土情况进行了汇报。《大众考古》2014 年第 6 期刊登《洞
庭湖滨兔子山遗址考古 —— 古井中发现的益阳》一文，详细介绍了这批简牍的
发掘经过、分布情况、形制、年代等，对于其中一些极具代表性的简牍，附有
图片和释文，并探讨了其研究价值。《国学学刊》2015 年第 4 期刊登张春龙、张
兴国撰写的《湖南益阳兔子山遗址九号井出土简牍概述》以及《文物》2016 年
第 5 期刊登由湖南省文物考古研究所和益阳市文物处联合撰写的《湖南益阳兔
子山遗址九号井发掘简报》，重点对九号井的发掘情况、简牍出土情况进行了说
明，并公布了部分释文和图片。

六　二〇一四年

（一）青海哇沿水库古代墓葬出土古藏文木简

　　2014 年 4—9 月，青海省文物考古研究所与陕西省考古研究院共同对都兰
县哇沿水库上游古代遗址与墓葬群进行了抢救性发掘，在部分木椁墓中出土有
卜骨和墨书古藏文木简。出土的墨书古藏文卜骨与木简等文字材料为此次发掘
墓葬的断代提供了重要依据，也为古代藏族文字的研究提供了新的材料，具有
非常重要的学术价值与历史意义。《中国文物报》2015 年 7 月 3 日第 8 版刊登青
海省文物考古研究所撰写的《青海都兰热水哇沿水库发掘古代遗址和墓葬 ——
出土墨书古藏文卜骨与木简》一文，对于遗址墓葬的发掘情况和简牍等文物的
出土情况进行了报道。

（二）湖北荆州夏家台墓地（M106）出土战国楚简

　　2014 年 8 月 16 日至 2015 年 8 月 13 日，在荆州市荆州中学新校区建设工程
中，荆州博物馆对位于荆州区郢城镇荆北村与郢南村交界处的刘家台与夏家台
墓地进行了抢救性考古发掘，共发掘战国墓葬 350 座，其中在夏家台 M106 出
土战国楚简 400 余枚（残），内容为《诗经·邶风》十四篇、《尚书·吕刑》篇
和《日书》。《诗经》与《尚书》在楚墓田野考古中为首次发现，不仅可以与传
本进行对照校验，而且对研究中国古代思想、文化、法治等具有十分重大的价

值。《中国文物报》2016年4月8日第8版以《湖北荆州刘家台与夏家台墓地发现大批战国墓葬》为题进行了相关报道。

（三）湖北随州周家寨汉墓简牍

2014年9—11月，为配合当地小区建设，湖北省文物考古研究所和随州市曾都区考古队联合组队对周家寨墓地进行了抢救发掘。本次发掘最重要的收获是在西汉墓M8出土了一批简牍。

竹简1卷，出土于椁室南边厢东端，立靠在隔板上，大致呈卷，基本保持了下葬时的原貌。经清理，共登记竹简566枚，其中完整简约360枚，另有部分有字残片和无字残简。简两端平直不削角，完整简长27.8厘米—28.2厘米。根据宽及厚度大致可分为两类，一种略薄，宽约0.8厘米；一种略厚，宽约1厘米。多数简上存留编绳，常见编绳叠压文字的情况，每支简有上、中、下三道编绳，天头、地脚各约1厘米，中间的编绳大致位于中部。简文墨书于篾黄一面，字体为工整的隶书，厚、薄两类简的书体不同，可能为不同的抄手书写，主要内容为《日书》。木牍1块，置于竹笥内，四边平直，上下两端修平，呈长方形，长25.5厘米、宽3.5厘米。一面有墨书文字，字体为隶书，内容为《告地书》，另一面无字。竹签牌3枚，用竹简加工而成，一端平直，一端加工成尖状，两侧切出"V"形缺口，分别长5.7厘米、6.5厘米、7.6厘米，宽0.8厘米。签牌上文字皆为奴婢的姓名，可能与出土的木俑配合使用。

周家寨M8出土简牍保存良好，文字清晰、书法精美，且数量较大、内容丰富，是我国近年考古出土文献的又一次重要收获，在我国出土简牍史上有着重要地位。这批出土文字是研究我国秦汉社会极其珍贵的原始史料，通过这批简牍，我们有望从数术史、风俗史、社会史等角度窥见西汉社会的若干细节。其中《日书》在内容上与随州孔家坡M8《日书》内容最为接近，二者年代也相仿（根据木牍纪年推算，相距不到10年），可以进行某些对比研究。同时，新出《日书》极大地丰富了秦汉《日书》的内容，对研究秦汉《日书》文本的演变有着重要意义。我们从中可获得汉代《日书》的大量新认识，借此可了解《日书》这种民间选择通书的传承流布状况，为复原中国历史上的择日体系奠定基础。另外，简文中辩证评论《日书》和择日吉凶的阐述带有思辨色彩，反映了朴素的唯物思想，是古代思想史研究的重要材料。在简文中关于桃侯国的记载进一步确认汉初随州境内存在桃侯国的事实，可补史载之不足，也有助于认识该地区在西汉时期的行政区划，对研究西汉侯国地理制度及其历史演变有重要价值。

《中国文物报》2015 年 2 月 27 日第 8 版刊登湖北省文物考古研究所撰写的《湖北随州周家寨汉墓发现大量漆器和简牍》一文，初步介绍了这批简牍的整体情况和学术意义。《大众考古》2015 年第 4 期《湖北随州周家寨墓地》、文物出版社 2015 年出版国家文物局编《2014 中国重要考古发现》一书以"湖北随州周家寨小区墓地 2014 年发掘收获"为题分别对周家寨汉墓发掘和出土简牍等情况进行了介绍。《考古》2017 年第 8 期刊登由湖北省文物考古研究所和随州市曾都区考古队联合撰写的《湖北随州市周家寨墓地 M8 发掘简报》一文，详细介绍了墓地的发掘情况和简牍的出土情况，并公布了几组重要的简牍释文和图片。同期刊登的《随州孔家坡与周家寨汉简〈日书〉"嫁女"篇的编次与缀合》一文，则重点对《日书》内容进行了对比分析。

（四）湖南湘乡三眼井遗址出土简牍

2014 年 10 月，湖南省文物考古研究所在对涟水北岸湘乡市三眼井遗址进行考古发掘时，出土长度 23 厘米的竹简 700 多枚，经鉴定为楚国衙署公文档案。《中国文化报》2015 年 2 月 18 日第 10 版刊登《湘乡发现三眼井古文化遗址：出土战国政府档案》一文，介绍了考古发现经过和简牍出土情况。

（五）湖南长沙古城墙古井出土西汉简牍

2014 年下半年，长沙市文物考古研究所在长沙市青少年宫建筑工地，发现了一段长约 48.7 米的古城墙。同时还发现了战国晚期至明清时期的古井 71 口，其中有几口古井出土了西汉时期的简牍近 100 枚。2014 年 12 月 29 日中国考古网以《长沙发现千余年前古城墙 近百枚西汉简牍重见天日》为题进行了报道。

七　二〇一五年

（一）安徽大学藏战国竹简

2015 年初，安徽大学出土文献与中国古代文明研究协同创新中心入藏一批战国楚简。这批竹简共有编号 1167 个，保存状况总体良好，完简较多。竹简形制多样，长短不一，最短的约 21.3 厘米、最长的约 48.5 厘米、简宽 0.4 厘米—0.8 厘米。长简编绳三道，短简则为两道。残留物显示，编绳属于丝麻类材料，有的染成红色。简背含有丰富信息，不少留有划痕或墨痕，有的还有编号或一些其他文字。竹简由不同人抄写，书体风格多样，字迹清晰，内容全部是书籍类文献，涉及经、史、哲、文和语言文字学等不同学科，具体包括《诗经》、楚国历史、孔子语录等诸子类著作、楚辞以及其他方面的作品，多不见于传世文献。

简本《诗经》是楚地的抄本，也是目前所知时代最早的抄本。简本《诗经》的发现，将会推进《诗经》学研究的进展。与传世的《毛诗》、三家《诗》以及阜阳汉简《诗经》相校核，简本与它们既有相同的一面，也存在明显的差异。简本与各本的异同，为进一步探讨《诗经》学史上《诗》三百的编成时代、孔子删诗说、《毛诗》的流传和性质等重要问题提供了新的线索。简本《诗经》中的大量异文，为古文字学、文献学、汉语史研究增添了宝贵的新材料。竹简中发现的楚史类文献是目前所知时代最早、最为完整且系统的楚史资料，极大丰富了楚史研究的内容，可以证史、补史，对先秦史尤其是楚史研究极为重要。同时，整理者认为安大简楚史可能是楚国的一部官修史书。这批简诸子类文献中，孔子语录等儒家类文献，对儒家学说在战国时期的传播和发展研究提供了新的材料；关于申徒狄、曹沫等文献可以与已经发现的相关文献进行比勘和综合研究；楚辞类文献对楚辞的形成、发展和先秦文学史研究具有重要意义。

安徽大学藏战国竹简是继郭店简、上博简、清华简之后先秦文献的又一次重大发现，对中国古代文明的研究具有重大的价值。《文物》2017 年第 9 期刊登黄德宽《安徽大学藏战国竹简概述》一文，对这批竹简的主要内容、国别、年代以及其所具有的学术价值和意义进行了整体的介绍和说明。同期刊登徐在国《安徽大学藏战国竹简〈诗经〉诗序与异文》一文则重点对竹简《诗经》部分的初步整理情况做了概略的介绍。2019 年 8 月，中西书局出版社出版由安徽大学汉字发展与应用中心编，黄德宽、徐在国主编的《安徽大学藏战国竹简（一）》，集中收录了安徽大学藏战国竹简中的《诗经》部分，内容涉及六国国风 58 篇，共 93 枚竹简，包括原大和放大的竹简图片，释文注释，简本《诗经》与《毛诗》的对照表、诗句韵读，字形表及竹简信息表等。

（二）湖北荆州望山桥一号楚墓竹简

2013 年 9 月至 2015 年 1 月，为配合当地道路改造工程，防止墓葬遭到进一步破坏，荆州博物馆对望山桥墓地进行了抢救性发掘。其中，2015 年 1 月 16 日在望山桥一号楚墓出土了 15 枚竹简。这批竹简均出自椁室南室，均残断。根据竹简形制与内容，可分为卜筮祭祷简和遣册两部分，最长约 32.3 厘米、最短约 9.8 厘米，卜筮祭祷简较宽约 0.8 厘米，遣册较窄约 0.7 厘米。文字墨书写于竹黄面，卜筮祭祷简字体较大，风格飘逸，遣册字体较小，风格收敛，应为两个书手所写。关于这批楚简的发现，《湖北日报》2015 年 1 月 17 日第 3 版以《昨日出土文字竹简和鼎足》为题，率先进行了报道。《中国文物报》2015 年 2 月 27 日第 8 版《湖北荆州楚墓的重大发现 —— 望山桥墓地一号墓》、文物出版社 2016 年出版国家文物局主编《2015 年中国重要考古发现》一书以"湖北荆州望山桥一号楚墓"为题分别介绍了一号墓的发掘和简牍出土情况。《江汉考古》2017 年第 1 期刊登蒋鲁敬、刘建业联合撰写的《荆州望山桥一号楚墓出土卜筮祭祷简及墓葬年代初探》一文，从出土概况、竹简形制和简文内容对荆州望山桥一号楚墓出土的 5 枚卜筮祭祷简作了介绍。《文物》2017 年第 2 期刊登由荆州博物馆撰写的《湖北荆州望山桥一号楚墓发掘简报》公布了其中 8 枚简的图片和释文。

（三）江西南昌西汉海昏侯刘贺墓出土简牍

2011 年 4 月，江西省文物考古研究所对南昌市西汉海昏侯墓园进行了抢救性发掘，2015 年 7 月，考古工作者在刘贺墓主椁室文书档案库发现 5200 余枚简牍，另在主椁室各处发现 110 枚签牌。竹简原放置在三个漆笥内，最少的存简一组，200 余枚，最大的存简三组，4000 余枚，其余 100 余枚放置在另一漆笥内，竹简各卷之间杂有部分木牍，公文奏牍被单独放在另一漆笥内。简牍出土时保存情况较差，存字完整的简牍不足什一。

经初步判断，竹简基本属于古代书籍，另有 500 余枚竹简与昌邑王国、海昏侯国的行政事务和礼仪等有关，按类别整理，主要包括《诗经》、《礼记》类、祠祝礼仪类、《论语》、《春秋》经传、《孝经》类及诸子类、诗赋类、六博类、数术类、方技类等文献。木牍 60 余件，内容除书籍外，多为公文奏牍，主要是海昏侯及夫人分别上书皇帝与皇太后的奏牍和朝中关于刘贺本人的议奏或者诏书。签牌标明随葬衣物的内容与数量等。

海昏侯墓出土简牍（以下简称海昏简牍）中典籍类文献内涵十分丰富，下面按内容分类顺序，简述如下。

1. 六艺类：《诗经》现存竹简 1200 余枚，三道编绳，容字 20—25 字，多已残断，几无完简。简文内容分为篇目与诗文。篇目简分栏书写，多为四栏，约 20 字。简文见"■诗三百五扁（篇）"，另有"颂卌扁（篇）""大雅卅一扁（篇）""国百六十扁（篇）"。据此推算《小雅》应为 74 篇，与今本《毛诗》篇数一致。唯简文言"凡千七十六章"，与今本 1142 章之间存在较大差距。简本诗文形式是正文附训诂，开篇在篇题后有类似诗小序的文字，正文随文训诂，并非每字、句均作训解。每章末尾以小圆点标记章序、句数。每篇末尾汇总章数、每章句数后，以小圆点标记总句数和归纳诗旨的文字。海昏简牍《诗经》的发现，不仅提供了目前所见存字最多的西汉《诗经》文本，更有可能呈现出汉代鲁诗的面貌，为研究汉代诗经学增添了新资料。

《礼记》类：现存竹简约 300 枚，其中大部分为残简，简背多见斜向划痕。根据竹简的形制、容字、文字书体和内容的差异，大致可分为四组。第一组，四道编绳，完简约容 40 字，文字间距较小。内容相当于今本《礼记》的《曲礼上》和《曲礼下》两篇，目前可识读的文字涉及其中近 30 章。简文连抄不分章，亦无章节符号，其文句和用字大多与今本相同。第二组，三道编绳，完简容 26 字。其内容有《祭义》、《丧服四制》等篇与今本《礼记》相合，有《曾子疾病》《曾子事父母》等篇与今本《大戴礼记》相合，文字与今本差异较大。第三组，因残断过甚，无法推知其形制，但文字书体和间距与第二组相近。内容相当于今本《大戴礼记·保傅》，文字大多与今本相同。第四组，出土时与《论语》简混杂在一起，其形制、容字和书体亦与《论语》完全相同，三道编绳，完简容 24 字。每章另起一简抄写，但不见分章符号。其内容有《中庸》篇与今本《礼记》相合，另有"公明仪问曾子论孝"一段见于今本《礼记·祭义》和《大戴礼记·曾子大孝》。海昏简牍中的《礼记》类文献包括形制、书体各异的多个简本，还有一些不见于传世文献的佚文，似说明《礼记》类文献直到宣帝时期仍处于"单篇别行"的状态。另外，上述第四组竹简中《礼记》类简与《论语》简形制和书体完全相同且混杂在一起，说明《礼记》中记录孔子及其弟子言论的内容与《论语》关系密切甚至存在"交集"。

祠祝礼仪类：祠祝简现存 100 余枚，两道编绳，每简容 28—32 字。这类简的核心内容是向神祝祷，以求福报。简文形式与目前已知的秦汉祠祝类文献相似，具体祝祷对象有先农、五帝等，尤以五帝为多。祝辞常为四字韵文，祝祷目的有求雨、祈求丰收、延年益寿、子孙蕃昌等，其中以祝祷农事顺利者占多数。这类竹简很可能是海昏侯或昌邑王国祝官实际使用的文本。值得一提的是，简文中提及的五帝，是与五方、五色等相配伍的"五色帝"，明确以五色帝为祷祠对象的文献，于此应为首见。另有礼仪简 100 余枚，主要记录特定仪式中参与者站立的位置、进退仪节、主持者的号令等，其内容、措辞与《仪礼》等文献十分相似。相关竹简记录的主体皆称"王"，应为刘贺做昌邑王时行用的礼仪，这批汉代诸侯王实际使用的礼仪尚属首次发现，意义重大。这既有助于了解汉代实际行用的礼仪内容，也可一窥这些礼仪与经典文本之间的关系。

《论语》：现存竹简 500 余枚，三道编绳，简背有斜向划痕。每简容 24 字，每章另起，未见分章符号。通篇抄写严整，不用重文、合文符号，也未见句读钩识，书风总体庄重典丽，但存在变化，似非出于同一书手。因保存状况不佳，目前可释读的文字约为今本《论语》的三分之一。各篇首简凡保存较为完整者，背面皆有篇题，目前可见"雍也"、"子路"、"尧"和"智道"等。由此推测，此简本《论语》原是每篇独立成卷。简本《论语》与今本有较多差异，用字习惯亦不尽相同，书中保存有"智（知）道"篇题和一些不见于今本的简文，表明此本应是《汉书·艺文志》所载的《齐论》。厘清此本的篇卷、分章结构和文字内容，不仅有助于增进对《论语》含义的了解，更将为《论语》学史的研究提供重要契机。

《春秋》：现存竹简 200 余枚，皆残断。目前有文字且可辨识的简仅 40 余枚，其内容多是《春秋》僖公经传。简文有部分内容见于今本《春秋》三传，有些内容仅见于《公羊传》，但又与今本《公羊传》存在较大差异。

《孝经》类：现存竹简 600 余枚，均残损严重，内容主要与"孝"的说解和阐释相关。从文字内容上看，"孝"、"亲"、"兄弟"是高频词；从行文结构上看，多处出现一问一答的形式，说解阐释的特点颇为明显。海昏简牍《孝经》类简文是迄今出土的此类文献中最为丰富的，对研究汉代儒家学说有重要意义。

2. 诸子类：有体裁近于"政论"的竹简 50 余枚，多数简保存完好，字迹清晰，两道编绳，每简约容 32 字。简文主张轻徭薄赋、偃武行文，以仁义治国，反对"毒刑骇法"，横征暴敛。简文以周、秦为例，指出周用义治天下，累世六七百岁，而秦以"毒刑骇法，二世而刑亡天下"。这与西汉时期政论文字旨趣相合，思想近于儒家。值得注意的是，简文中有几处言及"春秋曰"，但其所引文句并未见于今本《春秋》经传，尚有待进一步考察。

3. 诗赋类：现存竹简 200 余枚，完简不多，有《子虚赋》及可暂定名为《葬赋》的汉赋。此外，还有一部分歌诗。木牍中亦有诗赋一篇，惜文字漫漶，具体内容有待进一步判断。其中，《子虚赋》现存竹简 10 余枚，残损严重，目前可释读者仅 3 枚，文句大多与《史记》、《汉书》所引该赋相近。《葬赋》现存竹简 20 余枚，两道编绳，保存字数较多的简 15 枚，每简容 30 余字。简文中咏叹生病、下葬、吊唁、哭丧、祭祀等相关事宜，且多次出现"君侯"、"侯"及"夫人"字样，文句表述较为隐晦，其内容是否与海昏侯刘贺有关尚待考察。简本《子虚赋》、《葬赋》等诗赋，结合银雀山汉简《唐勒》、尹湾汉简《神乌赋》与北大汉简《反淫》，对深入研究汉赋在西汉中期的发展、演变提供了新资料。简本歌诗是敦煌汉简《风雨诗》之后的又一重要发现，为汉乐府"采风"、"采诗"的进一步研究提供了契机。

4. 六博：现存"六博"棋谱竹简 1000 余枚，简文亦多残断，完简甚少，目前可辨者有两道编绳，书写字体三种以上。棋谱集中发现于大的漆笥内，另有部分竹简散见其他简册之间。简文有篇题，惜残泐。篇题之下记述形式以"青"、"白"指代双方棋子，依序落在相应行棋位置（棋道）之上，根据不同棋局走势，末尾圆点后均有"青不胜"或"白不胜"的判定。简文所记棋道名称，可与《西京杂记》所记许博昌所传"行棋口诀"、尹湾汉简《博局占》、北大汉简《六博》等以往所见"六博"类文献基本对应。海昏简牍中的六博棋谱尚属首次发现，结合既往所见六博棋局实物与图像资料，定会促进汉代宇宙观念、六博游戏规则等思想文化与社会生活等方面的研究与发展。

5. 数术类：现存竹简 300 余枚。其中有 60 余枚简关于阴阳五行、五方五帝，明确提到五行"金木水火土"、"东方青龙西方白虎南方朱鸟北方玄武"等。另有《易占》类竹简 180 余枚，简文多残断，两道编绳，约容 35 字。简文并不直接抄引《易经》卦爻辞，而是利用《易经》作日常吉凶杂占的数术书，故题为《易占》，而非《易经》。简文格式通常包括四部分：一是讲卦，说明某卦由某个下卦和某个上卦构成，然后用"某卦，某也"开头，简单解释卦义；二是讲象，通常作"某方多少饺，某方多少，干支"，用于裁断吉凶；三是注明此卦属于《易经》上经或下经第多少；四是讲择日，通常作四时孟中季吉凶或某月吉凶，往往还配演禽所属的动物。此外，另可见简文以卦象配姓氏。《易占》之外，另有杂占书 100 余枚，据残简识读，其内容有刑德端令罚与十二时相配占测吉凶，与尹湾汉简《刑德行时》相近。这些数术类古书的发现与整理，对于深入了解汉代数术之学，以及相关的思想史、科技史、社会史研究具有重要意义。

6. 方技类：现存竹简约 200 枚，大致有"房中"、"养生"、"医方"等。"房中"在马王堆帛书《天下至道谈》中记述的"八道"之上增加"虚""实"而成为"十道"。"养生"借"容成氏"之口讲"贵人居处安乐饮食"，并可见"●黄帝一"的章题。"医方"可见部分方名，其中有与祛除蛊虫有关的方法。海昏简牍的方技书，是继马王堆古医书、北京大学藏西汉医书、成都天回汉墓医简之后又一批重要的出土医学文献，将其与以上医书进行比较、综合研究，有助于促进我国早期医学文献和医学史的研究。

　　海昏简牍的出土意义重大，首先，墓中所出西汉简本《诗经》、《礼记》类、《论语》、《孝经》类等儒家经传，是出土典籍类文献的又一次重大发现，其中的《诗经》、《论语》有较明确的师承来源，对于研究儒家学说及其经典的传布、演变有极高的学术价值，历代学者争论不绝的一些疑难问题由此可望解决或得到新的启示，从而促进有关学术研究的深入。其次，墓葬时代、墓主身份明确，同墓所出儒家经典、诗赋、数术与方技文献并重之情形，为了解昭宣时期的思想学术图景提供了资料，也为汉代诸侯王教育、文学水平、修养以及思想信仰等方面的研究提供了契机。以往出土文献中有关西汉中期王、侯一级文书较为缺乏，海昏墓出土简牍中涉及昌邑王、海昏侯的有关文献恰可弥补现有记载的不足。海昏简牍首次发现记载诸侯王、列侯所用具体仪节的内容，更可为西汉历史，特别是有关诸侯王、列侯制度的研究提供新的重要资料。最后，海昏侯墓出土简牍数量庞大，为研究古代简牍书册的用册、修治、编联、篇题、标点符号等问题提供了丰富的实物资料，可推动古代简牍书册制度的研究。海昏简牍书法精美，是研究西汉中期隶书的重要材料，补充了这一时期南方古书写本资料的不足，必将有助于深化对汉代隶书演变过程的认识。

　　《中国文物报》2015 年 11 月 6 日第 1 版刊登《江西南昌西汉海昏侯墓考古取得重要发现》一文，简单介绍了海昏侯墓发掘过程中的各项重要成果。2016年文物出版社出版国家文物局编《2015 年中国重要考古发现》一书以"江西南昌海昏侯墓"为题介绍了海昏侯墓的发掘和简牍等文物出土情况。《考古》2016年第 7 期刊登由江西省文物考古研究所、南昌市博物馆和南昌市新建区博物馆联合撰写的《南昌市西汉海昏侯墓》一文，对海昏侯墓的发掘经过、出土遗物以及发掘价值进行了整体系统的说明。《文物》2018 年第 11 期刊登由江西省文物考古研究所、北京大学出土文献研究所、荆州文物保护中心联合撰写的《江西南昌西汉海昏侯刘贺墓出土简牍》一文，系统说明了简牍的发现经过、出土情况、保存情况、清理过程、内容组成以及这批简牍的学术研究价值。

（四）江苏扬州新出汉广陵王豢狗木牍

　　2015 年，为配合万科房地产项目建设，南京博物院、扬州市文物考古研究所在建设用地范围内清理发掘了一座西汉中期墓葬，共出土 13 件木牍，其中 3件木牍是"侍中臣遂"豢养狗——"廪"丢失后向"王"的奏疏。木牍文末所署干支纪年有"五年九月甲子"和"五年十月己卯"等，经过研究分析，这里使用的是广陵王刘胥纪年。由此可知这 3 件木牍的时代为西汉中期，其记载的

"王"即西汉广陵王刘胥，说明了西汉广陵王刘胥有豢狗的习好。这 3 件木牍是目前已知出土文献中关于汉代诸侯王豢狗情况的唯一官文书，填补了文献记载的空白。《史林》2018 年第 2 期《秦汉时代的狗——以扬州新出土西汉寻狗案为中心》一文中摘引了与寻狗案相关的文书内容。出土文献与中国古代文明研究协同创新中心中国人民大学分中心编著、2018 年 9 月中西书局出版《出土文献的世界——第六届出土文献青年学者论坛论文集》刊载的《扬州新出汉广陵王豢狗木牍释考》，以及 2010 年 6 月广西师范大学出版社出版《简帛研究 2018〈春夏卷〉》刊登的《扬州新出汉广陵王豢狗木牍详考与再研究》，公布了 3 件豢狗木牍奏疏的图片和释文。

（五）新疆吐鲁番木尔吐克萨依戍堡出土木简

2015 年，新疆文物考古研究所党志豪带队在吐鲁番市木尔吐克萨依戍堡西南角的一处房屋里发现了一枚木简，该木简从中间断开，其中的字迹亦看不清楚。《光明日报》2015 年 11 月 3 日第 9 版以《挺立在吐鲁番大地上的烽燧》为题，报道了木尔吐克萨依戍堡木简的出土情况。

八　二〇一六年

（一）新疆尉犁县克亚克库都克烽火台遗址出土木简

2016 年，新疆文物考古研究所胡兴军带队调查了巴州境内沿丝绸之路分布的 33 处烽火台遗址，并重点对 7 处烽火台遗址进行了考古发掘。其中，在尉犁县克亚克库都克烽火台坍塌土清理中发现木简 45 枚，纸质文书 90 余件，可辨识文字有"开元"年号及唐代军事设施"守捉"汉文题记。2017 年 1 月 6 日中国考古网《2015—2016 年新疆文物考古成果汇报会纪要》一文，介绍了木简等文物的出土情况。

九　二〇一七年

（一）山东青岛土山屯墓群出土简牍

2017 年 3—11 月，为配合铁路工程建设，青岛市文物保护考古研究所联合黄岛区博物馆，再次对工程所涉土山屯墓群部分区域进行了考古发掘，在众多出土文物中有木牍共 23 枚，竹简约 10 枚。从内容上看，主要是遣册和上计公文简牍两类。出土的随葬品及对应的遣册，对汉代名物制度的研究，提供了重要的文字资料，特别是"温明"和"玉席"，为解决这类文物定名问题提供了考古依据。上计文书木牍的发现，是继尹湾汉墓、天长纪庄汉墓和松柏汉墓之后，墓葬内出土的第四批上计公文木牍，也是墓葬内发掘出土的第一批完整的汉代县级上计公文木牍。这批木牍保存完整、内容详细、文字清晰、书法工整，对研究汉代行政制度、社会生活史和司法制度等具有十分重要的意义。《大众考古》2017 年第 10 期《山东青岛土山屯墓群》、《中国文物报》2017 年 12 月 22 日第 4 版《青岛土山屯墓群考古发掘获重要新发现》以及文物出版社 2018 年出版国家文物局编《2017 年中国重要考古发现》一书以"山东青岛土山屯墓群发掘收获"为题，都对该墓群考古成果以及简牍相关内容进行了介绍。

十　二〇一八年

（一）山西太原悦龙台墓地出土汉代简牍

2017 年 7—12 月，为配合基本建设，山西省考古研究所、太原市文物考古研究所等联合对建设项目施工区域内的悦龙台墓地进行勘探并进行抢救性发掘。2018 年 1 月初至 9 月，由山西省考古研究所、太原市文物考古研究所、山西博物院、太原市博物馆、北京大学考古文博学院组成的考古队对搬迁至太原市博物馆的 M6 进行了室内考古，发现木简数量约 600 枚，宽约 0.8 厘米，长约 23 厘米，材质为云杉。汉代简牍的发现在山西尚属首次，填补了山西同时期考古空白，同时也将丰富秦汉研究的考古学资料。《中国文物报》2018 年 11 月 16 日第 7 版刊登由山西省考古研究所、太原市文物考古研究所和北京大学考古文博学院联合撰写的《山西首次发现汉代简牍 —— 太原悦龙台 M6 室内考古的新发现》一文对出土简牍情况进行了介绍。

（二）四川渠县城坝遗址出土汉代简牍

2014 年起，四川省文物考古研究院开始对渠县城坝遗址进行系统的考古发掘工作，2018 年 9 月 17 日，四川省文物考古研究院首次对外公布发现简牍的消息。本次发掘的城坝遗址由郭家台城址、津关区、一般聚落区、窑址区、墓葬区、水井区等部分组成，出土的 200 余件竹木简牍主要见于郭家台城址内的水井、窖穴和城外的"津关"区。这批竹木简牍内容丰富，不仅有当时的法律文书、书信以及汉代的启蒙识字课本《仓颉篇》等，还有"竟宁元年"（前 33）、"河平二年（前 27）"等明确年代记载。这是继青川战国木牍、老官山汉墓简牍之后，四川地区第三次发现竹木简牍，具有十分重要的史料价值。《四川日报》2018 年 9 月 18 日第 10 版以《渠县城坝遗址出土"四川最早识字教科书"》为题对简牍出土情况进行了及时的报道。2019 年文物出版社出版的国家文物局编《2018 年中国重要考古发现》一书以"四川渠县城坝遗址"为题对遗址发掘和出土简牍情况进行了介绍。《考古》2019 年第 7 期刊登由四川省文物考古研究院和渠县历史博物馆联合撰写的《四川渠县城坝遗址》一文，介绍了这批简牍的最新整理成果，并公布了部分简牍的图片和释文。

（三）江苏连云港海州区张庄建设工地出土简牍

2018 年 3—8 月，江苏省文物局、连云港市博物馆联合省考古所组建考古队伍，对连云港海州区张庄建设工地发现的墓葬群进行了抢救性发掘，目前已发掘并清理结束的有 29 座墓葬，共出土各类文物 250 余件套，其中有简牍发现。中国考古网 2018 年 9 月 6 日以《江苏连云港海州张庄发现古墓葬群》为题，报道了墓葬发掘及简牍发现基本情况。

（四）湖北荆州胡家草场墓地（M12）出土西汉简牍

2018 年底，荆州博物馆为配合荆州纪南生态文化旅游区项目建设，对胡家草场墓地进行了考古发掘，共清理古墓葬 18 座。其中，M12 出土一批西汉简牍，尤其引人瞩目。这批简牍出土于椁室头厢西北部、置于两件竹笥内，分为竹简、木简、木牍三种，总数量 4546 枚，主要内容包括历谱、编年记、律令、经方、遣册、日书等。

历谱简有两种，分别在其首简的简背上书写有篇题《历》和《日至》。《历》简 100 余枚，记载了从汉文帝后元四年（前 160）起，下推至公元前 64 年之间的每月朔日干支。《日至》简 102 枚，记载了从汉武帝建元元年（前 140）起，下推至公元前 41 年之间的冬至、立春、春分、立夏、夏至、立秋、秋分、立冬之日的干支。所见《历》简以十月为首，《日至》简以冬至为首，据此推测，这两种简的编订应在汉武帝颁行《太初历》（前 104）之前。编年记简 70 枚，记载秦昭王至汉文帝时期的国家大事，每年一简，所记内容与传世文献记载基本相符，有少量歧异。律令简 1500 余枚，均有目录和篇题，目前所见律名有盗律、囚律、关市律、效律、告律、捕律、兴律、厩律、亡律、复律、钱律、贼律、具律、杂律；令名有禁苑令、户令丙等。经方简 1000 余枚，记录了 45 种传统方技，包括治病、保健、育儿、种植、养殖等。

这批西汉简牍，数量多、保存好、种类丰富、价值重大，为历年来我国单座墓葬出土简牍数量之最，是我国简牍考古上的一项重要成果，将有力推进相关领域的研究。这一成果首先在国家文物局 2019 年 5 月 6 日召开的"考古中国"重大研究项目重要进展工作会上公布，简牍的具体内容在国家文物局微信公众号上有介绍。中国文物报 2019 年 5 月 7 日第 2 版以《"考古中国"重大研究项目又获新发现》为题报道了这次活动和出土简牍的相关情况。

（五）湖北荆州龙会河北岸墓地（M324）出土楚简

2018 年 6 月至 2019 年 4 月，为配合 207 国道荆州段改扩建工程，荆州博物馆在秦家咀、龙会河北岸墓地发掘古墓葬 416 座。其中，龙会河北岸墓地 M324 出土战国楚简 324 枚。这批楚简出土于椁室头厢内，根据竹简形制和文字风格，可以初步分为两类。第一类简较长，整简长约 44 厘米，字体为典型的楚文字，简文中有文王、成王、穆王、庄王、共王、康王、灵王、平王、昭王、惠王、简王、声王 12 位楚王谥号，与《史记·楚世家》所载楚王世系相合。第二类简稍短，整简长约 41 厘米，简文记载有周武王、周公旦相关事迹，类似于《尚书·周书》《逸周书》行文句式，疑与西周初年"周公辅政"相关。这批新出楚简，为研究《尚书》类文献传承、西周初年若干史实以及楚国历史大事、政治军事思想等提供了新的实物资料，具有重要学术价值。这一考古成果首先在国家文物局 2019 年 5 月 6 日召开的"考古中国"重大研究项目重要进展工作会上公布，简牍的具体内容在国家文物局微信公众号上有介绍。中国文物报 2019 年 5 月 7 日第 2 版以《"考古中国"重大研究项目又获新发现》为题报道了这次活动和出土简牍的相关情况。

（六）青海都兰热水墓群 2018 血渭一号墓出土藏文木简

2018 年 9 月至 2019 年 10 月，中国社会科学院考古研究所和青海省文物考古研究所组成联合考古队，对青海都兰热水墓群 2018 血渭一号墓进行了阶段性考古发掘，取得了重要收获。该墓葬是迄今为止青藏高原所发现的高规格陵墓当中保存最完整、结构最清晰的一座墓葬。在墓圹填土中发现殉人，并发掘出土大量文物，有藏文木简、金银带具、饰品，丝织品、皮革、漆器、绿松石、水晶等。中国考古网2019年11月22日以《国家文物局发布四项"考古中国"丝绸之路考古重大成果之三：青海都兰热水墓群2018血渭一号墓》为题，介绍了墓葬的发掘和出土文物的情况。

十一　二〇一九

（一）新疆尉犁县克亚克库都克烽燧遗址出土木牍

　　2019年新疆文物考古研究所申报了新疆尉犁县克亚克库都克烽燧遗址考古发掘项目，截至目前已清理发掘出土遗物800余件（组），其中包含有珍贵的纸文书、木牍633件（组）。纸文书出土时多呈团状，经初步释读，确认克亚克库都克烽燧遗址为一处游弈所级机构驻地，管理若干烽铺，负责附近沿线的防御。文书性质主要为唐武周至开元年间，该游弈所与下辖的各个烽铺及上级管理机构之间符帖牒状的军事文书，内容详细记录了与孔雀河沿线烽燧有关的各级军事设施名称，如临河烽、马铺烽、沙堆烽、黑河铺、猪泉谷铺、榆林镇、通海镇、掩耳守捉、于术守捉、焉耆守捉、安西都护府等，填补了历史文献关于唐代安西四镇之一焉耆镇军镇防御体系记载的空白。文书另见有授勋告身、账单、私人信札、书籍册页、文学作品等内容，涉及军事、政治、经济、文学诸多方面；出土木牍保存完整、字迹清晰，内容主要记载烽铺与游弈所间计会交牌与平安火制度，关于记载"计会交牌"制度的木质实物标本，尚为国内首次考古发现。中国考古网2019年11月22日以《国家文物局发布四项"考古中国"丝绸之路考古重大成果之四：新疆尉犁县克亚克库都克烽燧遗址》为题，介绍了简牍等文书的发掘情况。

　　（原载《简帛研究二〇一九（秋冬卷）》，广西师范大学出版社2020年版，发表时有删节，此系删节前的原文。该文是在本人的具体指导下由张瑞执笔完成，系为赓续《新世纪初我国简牍重要发现概述》一文而作，考虑到资料收集与呈现的完整性，征得张瑞同意，收入本书，特此说明）

居延汉简整理添新作
——《地湾汉简》评介

　　2017 年 12 月，由甘肃简牍博物馆、甘肃省文物考古研究所、出土文献与中国古代文明研究协同创新中心中国人民大学分中心等单位合作完成的《地湾汉简》一书，在上海中西书局正式出版。该书收录了 1986 年甘肃金塔地湾遗址考古发掘出土的全部汉简 778 枚，以及当年在肩水金关遗址采集的散简 25 枚，是继《居延汉简甲编》、《居延汉简甲乙编》、《居延新简》、《额济纳汉简》、《肩水金关汉简》之后，中国大陆地区出版的又一有关汉代居延地区出土简牍的大型专题整理成果。

　　该书八开本，除前言、凡例外，正文共 236 页，包括彩色图版、红外线图版、发掘日记和简牍形制尺寸表等四部分。本书编排以当年发掘之探方为单元，分彩色照片和红外线图版两个部分，释文附于每简图版之后，简牍编号一循发掘出土时的原始编号。为使读者能更多了解这批简牍和当年发掘的有关信息，书后附有"简牍形制尺寸表"和发掘者吴礽骧、任步云二位先生的"地湾考古发掘日记"。纵览全书地湾遗址出土汉简具有如下三方面的显著特点：

　　1. 年代连续。据统计，地湾遗址出土的全部 778 枚汉简中，纪年信息明确简牍共有 51 例，涉及西汉昭帝始元、元凤，宣帝本始、地节、元康、五凤、甘露、黄龙，元帝初元、永光，成帝建始、河平、阳朔、永始，哀帝建平、平帝元始、孺子婴居摄、新莽始建国、东汉光武帝建武等年号，年代基本连续，其中以昭帝、宣帝、元帝、成帝、孺子婴居摄、新莽始建国等年号居多，哀帝、平帝、光武帝年号数量很少。简文所见最早纪年为西汉昭帝始元六年（前 81），最晚为东汉光武帝建武三年（27）。史籍记载，武帝元狩二年（前 121），汉收河西地，设立武威、酒泉二郡；元鼎三年（前 114），分陇西、北地郡置天水、安定二郡，六年又分武威郡、酒泉郡置张掖、敦煌二郡；昭帝始元六年（前

81），增设金城郡，陇山以西合为八郡；平帝元始四年（4），王莽于羌中地设立西海郡，新莽末即废。西汉昭宣至新莽时期，中央政府于河西地区增置郡县、徙民实边、筑障塞亭隧，实施了稳定而有效的行政管理与军事防御，地湾汉简中的年号连续现象，正是这一历史事实的客观写照。

2. 内容丰富。根据汉简的记载，在两千多年前，地湾遗址这里是张掖郡肩水都尉下属之肩水候官的驻地，一座西北边塞通往居延地区的军事要塞，北与汉代肩水金关紧邻。肩水候官在西北边塞防御、交通体系中的特殊地位与地理位置，决定了地湾遗址出土汉简内容远较其他同类遗址复杂多样，仅以所见文书言之，其中既有中央与地方郡守、都尉、属国等上级机构下发的文书，又有肩水候官与上级机构、肩水候官与张掖郡所辖县乡亭等机构、肩水候官与其他候官、肩水候官与所辖各部隧，以及肩水候官与肩水金关、肩水置等机构之间的往来文书；既有制书、诏书、府记、除书、爰书、檄书、行塞书、四时书等文书，又有众多自名"甲卒稟名籍"、"吏受奉名籍"、"四时茭谷簿"、"田四时谷簿"、"亭邮障隧簿"等簿籍，以及有关功劳阀阅、谷物出入、物资运输、兵械御器、烽火品约、日迹劳作、书信、病方等类简牍，文书类型不一而足，内容全面而丰富。

3. 价值独特。地湾汉简除具一般河西边塞简牍的史料价值外，自身还有其独特的价值。如简 86EDT5H：191+124+84 载："屋兰听由昆弟皆复故姓王氏上名见五威使者，上寿昆弟宗家皆以复。"屋兰，即屋兰，《汉书·地理志》张掖郡属县。五威使者，《汉书·王莽传》：始建国元年，"秋，遣五威将王奇等十二人班《符命》四十二篇于天下"，"每一将各置左右前后中帅，凡五帅。将持节，称太一之使；帅持幢，称五帝之使"，"五威将奉《符命》，赍印绶，王侯以下及吏官名更者，外及匈奴、西域，徼外蛮夷，皆即授新室印绶，因收故汉印绶。赐吏爵人二级，民爵人一级，女子百户羊酒，蛮夷币帛各有差。大赦天下。"这反映了新莽王朝建立伊始遣派五威使者西出河西、驻足张掖屋兰的历史事实，其优待王姓之记录，堪补史籍记载之缺。简 86EDT34：2 背面残存"从所请张卿少卿，苦事，水到溉多少扁（遍）"、"非为塞渠水也，居延都尉使农令买"等简文，反映了汉代河西地区屯田水利建设之情况。简 86EDHT：17 正面残存"长守富也。高而不危，所以长守贵。富贵"等简文，《吕氏春秋·先览》所引《孝经》、今本《孝经·诸侯章》"高而不危，所以长守贵也。满而不溢，所以长守富也。富贵不离其身，然后能保其社稷，而和其民人"，语序与之有别；《文子·道德》"盈而不亏，所以长守富也。高而不危，所以长守贵也。富贵不离其身，禄及子孙，古之王道具于此矣"，却与之相近，或三者存在文字渊源关系，具有重要校勘价值。

　　重要简牍资料需要高质量、高水平的整理工作。地湾汉简发现于 20 世纪 80 年代，但地湾汉简整理工作却在当下，整理者在秉承西北汉简整理传统的同时，借鉴当今我国简牍整理新的实践，大胆创新，开创性地完成了地湾汉简的整理，丰富了我国出土简帛整理理论与实践。首先，进一步加强简牍整理工作的协同化，本着与文博部门以外的科研机构和大专院校加强合作的精神，由甘肃简牍博物馆、甘肃省文物考古研究所、出土文献与中国古代文明研究协同创新中心中国人民大学分中心合作完成，提高了整理成果的可信度和公信力；其次，大胆促进简牍整理工作的科技化，利用红外线技术和彩色拍照，分别制版呈现，解决了传统黑白图版不清晰影响释文准确性以及难以将原简上的信息全部呈现的难题，而排版上的数字化科技带来的"图片"与"释文"并列，都是简牍整理史上的重要进步；再次，为使读者更多了解简牍自身的考古学信息，除全部提供了简牍自身的二维（长、宽）信息外，首次刊布了发掘者的"发掘日记"，这在我国简牍整理史上尚属首次。

　　地湾汉简的首次发现，始于 20 世纪 30 年代，1930 年中瑞西北科学考察团成员、瑞典考古学家贝格曼在居延地区的近三十处地点掘获汉简 10800 多枚，其中地湾遗址出土简牍 2383 枚，占全部出土汉简的五分之一，现存放于台北"中研院"历史语言研究所。对于该批简牍的整理，1943 年和 1944 年劳榦先生在大陆先后石印刊行了《居延汉简考释·释文之部》、《居延汉简考释·考证之部》，1957 年又在台北出版了《居延汉简考释·图版之部》；最近，台北"中研院"历史语言研究所利用红外线技术重新拍照、释读整理居延汉简，2014 年开始出版第一卷，计划于 2018 年将五卷本全部出齐，这是居延汉简和释文整理的最新成果，地湾汉简作为其中的重要部分也得以崭新的面貌呈现。值此《地湾汉简》出版之际，建议海峡两岸通力合作，尽快将同一遗址出土的这两批汉简整理汇为一书，璧合珠联，嘉惠学林。

　　《地湾汉简》的出版，无疑为现今我国居延汉简的整理再添新作，为研究汉代西北边塞地区的政治、经济、军事、社会、地理、民族等增添了宝贵的第一手资料，必将在简帛学、秦汉史、西北地方史等领域产生深远的影响。

（原载《光明日报》2018 年 6 月 25 日第 14 版，
发表时有删节，此系删节前的原文）

《韩国木简研究》评介

　　戴卫红著《韩国木简研究》一书，2017年10月已由广西师范大学出版社作为中国社会科学院简帛研究中心"简帛研究文库"之一种出版。全书分为上、下两编，上编主要介绍韩国木简的发现及主要内容，韩国、日本、中国学术界对于韩国木简研究的现状，韩国木简研究团体及其组织的学术活动；下编主要利用韩国最新出土的百济、新罗时期的木简，讨论其所反映的户籍、仓库制度，百济时期的地方行政体制、职官制度以及贷食制度，简牍文化在中、日、韩等东亚诸国间的传播及其衍变再生过程等。是书为中国学者研究朝鲜半岛出土木简的第一部论著，具有拓荒性的学术价值和意义。该书的学术贡献与创新至少体现在以下四个方面：

　　第一，首次全面、系统、准确地向中国学术界介绍了韩国木简发现、整理与研究的情况。自1992年中韩两国建交以来，由于文化、地理与历史的因素，韩国学者投入了大量的精力关注、研究中国出土简牍，并取得了丰硕的研究成果。相反，中国学者因为语言、认识等方面的原因，一直以来却较少关注韩国出土木简的研究。近年来这方面的情况虽然有一定改善，中韩两国学者或单独或协作积极向中国学术界介绍韩国出土木简，但不可否认，迄今为止中国学术界对于韩国出土木简的认识、了解还是相当片面、零散和不完整的，更谈不上深入研究了。戴卫红本人有韩语学习的基础和中国社会科学院简帛研究中心工作的背景，利用2012年访学韩国成均馆大学一年的时间，怀着对韩国木简高度的兴趣，遍寻韩国出土木简的资料和研究成果，走访博物馆等相关机构接触木简实物，并以蚂蚁啃骨头精神，一点一点消化，以期真正了解韩国学者对韩国木简最前沿的研究成果。正是笔者的这份执着、努力和坚持，该书最终得以首次向中国学术界呈现出一份有关韩国木简发现、整理与研究情况的迄今最为系统、全面、完整、准确的资料。

第二，开启了中国学者深入研究外国出土简牍的先河。简牍的使用与出土，除中国外，同时期或稍晚的世界其他国家和地区，如韩国、日本和欧洲等地，同样也都有使用和发现。对于外国出土简牍的研究，中国学者由于既往多关注于国内不断大量出土的简牍，有关外国出土简牍的研究成果凤毛麟角，即使有所关注，也多集中、停留于对外国简牍发现、内容价值介绍以及简牍形制比较等层面，而中国学者利用外国出土简牍资料，系统深入研究该国历史、制度和文化的专著，就目前所见，戴卫红著《韩国木简研究》恐是第一部了。此书以韩国木简为中心，深入探讨了木简所反映的户籍、仓库制度，百济时期的地方行政体制、职官制度以及贷食制度等，虽然与日、韩等国学者研究中国简牍的成果相比，数量上相形见绌，但戴卫红著《韩国木简研究》无疑开启了中国学者深入研究外国出土简牍的先河，意义重大，影响深远，期待中国学者继该书之后未来又有《日本木简研究》等系列外国出土简牍研究著作出版面世。

第三，首次从内涵上诠释了中日韩三国简牍文化的关系。中日韩三国近代以来都有大量简牍的出土，据统计，迄今为止中国境内各地出土的简牍有 30 余万枚，日本各地陆续出土的木简有近 40 万枚，韩国 1975—2010 年间共出土木简 1200 余枚，从时代上看，中国简牍为最早，日本木简最晚，韩国木简年代大约为公元 6 世纪前期至公元 8 世纪间，介于二者之间。虽然韩国木简出土数量有限，但其时间、记录内容和形制表明，在古代东亚木简的传播过程中，尤其是中国大陆向日本列岛的传播中，韩国木简充当了重要的交流媒介，然而学术界却一直没有能从简牍自身内涵方面寻找证据进行诠释和印证。该书下编第五章《韩国木简中所见仓库制度》，以 20 世纪 90 年代到 21 世纪初在韩国境内相继出土的新罗、百济时期记有"椋"字的木简为中心，研究指出"椋"是与粮食、物品储存有关的官府仓库系统，百济时期既有属于内官系统的外椋部，也存在归属不明的"仲椋"，新罗时期"椋"有仲椋、下椋之分，是有瓦的地上建筑，有专门的"椋司"来管理；"椋"在中国现存的传世文献中，未见有仓库之意，而它从木京声，从词源、词义上与表仓廪之意的"京"同源，从建筑形制看，"京"底部当有立柱或高台，为地面建筑物，与椋的建筑形制相合。4 世纪末逃亡到朝鲜半岛的中原汉人的壁画墓中，出现了储存食物的"京屋"，5 世纪初的高句丽壁画墓中出现了表仓库之意的"椋"；1972 年古照遗迹（日本松山市南江户四丁目）发掘出土的屋梁、楼板、桩柱等建筑物的木材部件复原的古坟时代前期即 4 世纪时期的高床仓库，以及日本出土的 22 枚写有"椋"字的木简，反映"椋"这样的含义及建筑形制是经由百济流传至日本列岛的。可见简牍文化在中、韩、日等东亚诸国间的传播，韩国木简起着连接中国、日本的重要的媒介作用。

第四，有力地促进了当今国际简帛学体系的构建。中、日、韩三国学者既往曾相继提出过"中国简牍学"、"日本木简学"、"韩国木简学"等概念。如今，各国简帛研究者已从专注本国简牍研究转向探寻世界各地出土木牍的共性、区别与联系，在努力使本国简牍研究国际化的同时，还试图整合、构建国际简帛学的体系，如韩国学者"东亚简牍文化圈"的构想，日本学者"东亚木简学"的提出，表明以世界各地出土简牍为研究对象的国际简帛学的体系构建迫在眉睫。不可否认，中国简帛学以其简帛出土数量大，年代早、种类全、延续久、制度规律显著、学科体系发展完善成熟、研究国际化程度高以及简帛制度、文化在历史上对于汉字文化圈地区辐射作用强等特点和优势，理应在当今国际简帛学体系的构建中占据中心地位，发挥主导作用，但如何构建，构建的条件、基础和可能性是什么，则需要大量具体细致的研究工作。日韩学者所以能首先提出"东亚简牍文化圈"、"东亚木简学"等类似概念，这是与其国际研究视野与实践分不开的，日韩学者对于中国简牍的研究往往成果较多，中国学者除了语言因素，认识上对于外国出土简牍往往重视不够也是重要原因的。该书的出版，填补了中国学者系统深入研究外国简牍的空缺，为当今国际简帛学体系的构建迈出了坚实的一步，贡献了中国学者的智慧。

当然，本书也存在着一些值得探讨的空间，如本书着重于百济木简的研究，而对新罗木简却少有研究，对中、日、韩三国简牍文化的交流、东亚简牍文化传播等进行探讨还有更深入的必要。另外，书中也有一些疏漏之处，如第4页"1980年全罗北道益山市弥勒寺址出土了2枚统一新罗时代的木简"，但在第9页表格中，出土地点简写为"全北益山弥勒寺址"，木简时代简写为"新罗"，似不妥，应该与前文一致；第210页"在4世纪末逃亡到朝鲜半岛的中原汉人的壁画墓中，出现了储存食物的京屋"，而从第223页可知此墓的墓主人冬寿逝于东晋永和十三年（357），因此应该是4世纪中叶。不过，瑕不掩瑜，这部著作无疑是一部具有较高创新价值的简帛学、历史学著作，必将在国际简帛学界产生积极而深远的影响。

（原载《中国史研究动态》2018年第3期）

后 记

　　本书是我三十年来从事简帛研究所撰写的部分学术论文、书评及综述的结集，虽然各篇写作时间有早有晚，文字篇幅有长有短，水平质量也参差有别，但各篇都有一定的原创性认识，反映了自己对该问题的认知水平，是自己学术历程的反映。希望本书所收录诸文对学界有些许参考借鉴作用，促进相关问题的研究，唯有如此，才能无愧于自己的学术初心，无愧于学界师友同仁的厚爱！

　　收入本书的 30 篇论文，主要涉及云梦秦简、里耶秦简、张家山汉简、天长纪庄木牍、尹湾汉简等诸批重要简牍的专题研究，以及简帛学的学科分支、中国简帛学体系的构建、出土简帛整理的理论与实践、简帛学史的理论总结与研究等有关简帛学理论与学科建设的系列前沿思考。这些研究中既专注中国境内出土的简牍帛书资料，亦涉及中国以外世界其他国家出土简牍的整理研究与国际合作；既关注东亚范围内汉文简牍的出土，亦留意我国古代民族文字简牍的价值与意义，具体研究实践与理论凝练提升并重，立足中国与全球视野并举，基本代表和反映了本人各时期简帛研究所取得的阶段性成果、进展和认识，以及长期以来从事简帛研究的学术心路历程和思考努力。这次结集出版，主要在引文、注释和体例上做了相应的核查、统一与规范，对文章内容并未做大的改动，仍保留了原貌，尽管其间不乏浅论和偏见，但也体现了本人当时分析、探索问题的轨迹、思路和认识，这是需要特别说明的。

　　在撰写和发表这些论文的过程中，曾得到了众多师友和同仁的指导和帮助。这次结集出版又承蒙刘屹院长的亲自策划、督促和审定，并得到刘同川博士的电脑技术支持以及商务印书馆贺茹女士的辛勤编辑。在此一并致以诚挚的谢意！

　　"敬畏学术，追求卓越"，这是我们首都师范大学历史学院的院训。今本人虽然已过天命之年，但仍当谨遵践行，刻苦钻研，努力工作，在学术研究的道路上继续前行！

2021 年 3 月